著名帝王

# 宋太祖传

孟宪伟◎编著

煤炭工业出版社
·北京·

**图书在版编目（CIP）数据**

宋太祖传 / 孟宪伟编著.－－北京：煤炭工业出版

社，2018

（中国著名帝王）

ISBN 978－7－5020－6790－8

Ⅰ.①宋…　Ⅱ.①孟…　Ⅲ.①赵匡胤（927－976）—

传记　Ⅳ.①K827=441

中国版本图书馆CIP数据核字（2018）第 164253 号

宋太祖传（中国著名帝王）

| | |
|---|---|
| 编　　著 | 孟宪伟 |
| 责任编辑 | 马明仁 |
| 编　　辑 | 郭浩亮 |
| 封面设计 | 盛世博悦 |

出版发行　煤炭工业出版社（北京市朝阳区芍药居35号　100029）

电　　话　010-84657898（总编室）　010-84657880（读者服务部）

网　　址　www.cciph.com.cn

印　　刷　永清县晔盛亚胶印有限公司

经　　销　全国新华书店

开　　本　710mm×1000mm$^1/_{16}$　印张　20　字数　300千字

版　　次　2018年9月第1版　2018年9月第1次印刷

社内编号　9670　　　　　　　　定价　39.80元

# 目录

# 第一章　生于乱世

## 将门之后

赵匡胤，洛阳夹马营人，生于后唐天成二年（927），卒于宋开宝九年（976），终年四十九岁。

赵匡胤出生在一个官宦之家，赵匡胤的祖上曾历任唐朝的永清、文安、幽都令；曾祖父赵珽，曾官至御史中丞；祖父赵敬，也曾做过营州、蓟州、涿州三州刺史。赵匡胤的父亲赵弘殷，少年时就精于骑射，骁勇过人，成年后投奔到赵王王熔麾下。时逢梁、晋两国交兵，赵弘殷奉命率领五百精兵驰援晋王。在战斗中赵弘殷锐不可当，深得晋王的赏识，被晋王留下当了一名禁兵小头领。后来，晋王夺后梁政权称帝，赵弘殷飞黄腾达，年纪轻轻就官任飞捷指挥使。

赵弘殷已人到中年，膝下尚无子

赵匡胤

金栉

嗣，夫人杜氏曾生育过一子一女，但是很不幸，都先后夭折了。赵匡胤的降生，为赵府带来了喜庆和欢乐，但是喜庆之后，赵氏夫妇不禁为这个儿子将来的前途命运担忧。在这个兵荒马乱的年代，这个孩子的命运会怎样呢？

## 动荡不安的社会

赵弘殷的担忧绝不是杞人忧天，看一看唐中叶以后动乱的社会，就会发现赵弘殷对儿子的担心不无道理。

712年，李隆基登上大唐皇帝宝座。即位之初的唐玄宗，确也表现出了超人的雄才大略，他励精图治，任贤用能，使得大唐帝国走向强盛的顶峰，"千里万里，贡赋于郊；九夷百蛮，归款于阙"，出现了"忆昔开元全盛日，小邑犹藏万家室，稻米流脂粟米白，公私仓廪俱丰实"的"开元盛世"。

可惜的是成也萧何，败也萧何。晚年的唐玄宗，面对着前所未有的盛唐气象志得意满，逐渐滑入了奢侈享乐、纵情声色的泥潭之中。

为了满足一己之私欲，他竟然不顾天怒人怨，夺媳自娶，将自己的儿媳寿王李瑁的妃子杨玉环据为己有，从此以后，"后宫佳丽三千人，三千宠爱在一人""承欢侍宴无闲暇，春从春游夜专夜"。这一对老翁少妇，春夜漫漫，仍嫌其短；日上三竿，犹缠绵床笫。那个年轻时曾特意盖起勤政楼以自勉的李隆基，就再也懒得上朝处理政事了。皇帝昏庸，奸佞当权，宠幸用事，各种野心家、阴谋家乘机而起，朝政日益腐败。

安禄山，就是这样一位野心勃勃的野心家、大阴谋家。这位大腹便便的"胡儿"，依靠溜须拍马、阿谀奉迎而身居高位手握重权，通过做比自己小得多的杨贵妃的干儿子，取得杨贵妃的宠爱，等到自己羽翼已丰时，终于撕下了伪装，扯起了叛乱反唐的大旗，于755年农历十一月正式起兵举起反唐大旗。

"皇帝轮流做，今日到我家。"安禄山来势汹汹，率领十五万叛军一路南下，势如破竹，所向披靡，横扫千军如卷席，过黄河，占洛阳，称皇帝，攻长安。不爱江山爱

唐代妇人像

油滴釉

美人的唐玄宗在干儿子面前一败涂地，惶惶然如丧家之犬，大敌当前，无奈何只得狼狈逃离都城，杨玉环被赐死在马嵬坡，昔日繁华烟消云散，只剩下马嵬驿芳草凄凄，长恨歌至今犹唱。

毕竟叛乱不得人心，历经八年，一度甚嚣尘上、猖獗一时的"安史之乱"终于被平定。不过，唐王朝也因此遭受重创。昔日繁荣强盛的局面如同昨日黄花，一去不返，盛极一时的唐王朝从此走向衰落。更为严重的后果是，腐败的统治者为了求得暂时苟安，没有深谋远虑，"瓜分河北地付授叛将"。在平叛过程中，为了赢得他们的支持，对内地刺史也滥加节度使称号。因此，"安史之乱"后，"方镇相望于内地，大者连州十余，小者犹兼三、四"，藩镇割据的局面就此形成。他们拥兵自重，经常"喜则连横而叛上，怒则以力而相并"，使得唐后期的政局极度动荡不安。

在唐中央与藩镇之间以及各藩镇之间不断斗争的同时，宦官集团和反宦官集团之间，统治集团内部朋党之间的斗争也愈演愈烈，整个政坛一派乌烟瘴气。统治阶级更加腐化堕落，过着醉生梦死、纸醉金迷的糜烂生活。"朱门酒肉臭，路有冻死骨"，广大人民生活在水深火热之中。水能载舟，亦能覆舟，山雨欲来风满楼，大唐帝国的根基已垮，摇摇欲坠了。

"待到秋来九月八，我花开后百花杀。冲天香阵透长安，满城尽带黄金甲。"黄巢，这位对唐王朝政权彻底丧失信心的落第士人，终于拉起了反唐的武装力量，打出了"冲天平均"的大旗，向唐王朝的腐败统治宣战。黄巢登高一呼，天下民众群起响应，黄河上下，长江南北，到处燃起了反抗的烈火，掀起了反抗的怒涛。他们在"冲天""均平"的大旗下，纵横驰骋数万里，足迹踏遍了今山东、河南、安徽、湖南、湖北、江西、江苏、浙江、福建、广东、广西、陕西十二个省份。881年农历一月八日，起义军的队伍浩浩荡荡开进了唐朝都城长安，唐僖宗屁滚尿流地逃往四川。一月十六日，农民起义军建立"大齐"政权，对那些鱼肉百姓的贪官污吏进行了无情镇压。"天街踏尽公卿骨""甲第朱门无一半"，地主阶级的统治，受到了极其沉重的打击。

大敌当前，各地的藩镇、官僚、地主们被迫停止内部争斗，暂时摒弃前嫌，携起手来对付威胁最大的起义军。逃往四川的唐僖宗乘机四处活动，纠集力量，向农民政权展开疯狂反扑。到882年初，各路唐军将长安紧紧包围，形势急转直下，起义军处境万分危急。

善于投机钻营而得到黄巢信任的朱温，受黄巢之命负责长安东面的防务。他

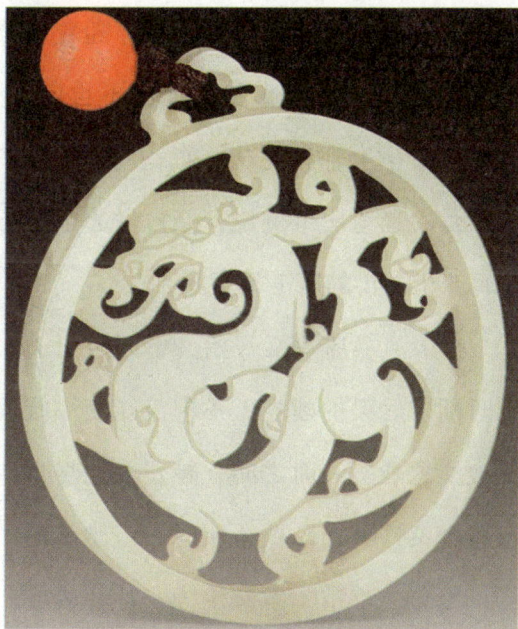

白玉龙纹圆佩

朱温

发现形势不好，竟然率部叛变投敌。唐僖宗喜出望外，不仅给予朱温高官厚禄，且赐名"全忠"，希望他为唐王朝效犬马之劳。朱温果然不负所望，成为唐王朝镇压农民起义军的鹰犬。大齐农民政权在敌人的内外夹攻下，终于失败了。

朱温践踏着农民弟兄的尸骨，爬向权力的顶峰。随着地位的提高和权势的加强，朱温的政治野心也不断膨胀，他已不再满足于处于一人之下万人之上，也梦想着坐上那把龙椅，面南背北，过一把皇帝瘾。于是在907年农历三月，逼迫唐帝逊位，亲自做起了皇帝，将国号改为梁，统治中国二百八十九年的唐王朝至此灭亡。

自朱温篡唐建梁开始，中国历史进入了又一个割据分裂的五代十国时期。后梁的建立，不但没能使军阀混战的局面得到改变，反而使其愈演愈烈。一时之间，神州大地烽烟四起，"毒手尊拳，交相于暮夜；金戈铁马，蹂践于明时"。肥沃的田野，屡屡成为血流成河的战场；繁华的都市，常常沦为一片片废墟。为了当上皇帝，那些大大小小的军阀们，演出一幕幕兄弟相残、父子反目、权臣篡夺、军校拥立的种种丑剧。在血泊中，一顶顶皇冠砰然落地；在拼杀中，一个个新皇帝又粉墨登基。在半个世纪的时间里，仅在中原地区就先后出现五个朝代更迭，八个姓氏，十四个帝君，平均每个皇帝在位时间不足四年。而在南方和山西，先后存在过十个割据政权，这其中尚不包括一些小的割据势力，再加上北方的辽政权，可谓是政权林立，山河破碎。

封建军阀们无休止的争战仇杀，使广大民众遭受着无穷无尽的刀枪之祸，真可谓兵连祸结，民不聊生。唐末的蔡州度使秦宗权，每次出兵都不带军需，而是用车载着穷人尸体以充军粮。他们"所至居老孺，焚屋庐，城府穷为荆莱"。朱温父子为阻止李克用骑兵南下，先后三次掘开黄河堤防，导致山东、河南一带黄河泛滥，变成水乡泽国。似这样惨无人道灭绝人性的事例，在五代十国时期俯拾即是。

生活在兵荒马乱中的平民百姓，无疑是充满痛苦和艰辛的。但是乱世出英雄，动荡的社会也是滋生和孕育英雄的温床。赵弘殷同其他所有做父亲的人一样望子成龙，期待着自己的儿子能成为顶天立地的男子汉、叱咤风云的英雄。于是，赵弘殷给自己儿子起名为"匡胤"，希望他能福大命大，继承和发扬父祖事业，匡正时弊，救国救民。

黄河泛滥

## 漂泊异乡

朱温逼唐帝退位之后，自己称帝，改国号为梁，梁朝就此建立，定都开封，史称"后梁"。朱温为了争夺霸权，同盘踞在今山西的河东军阀、沙陀贵族李克用之间鏖战不已。与此同时，后梁内部也战乱不息，内讧不止。朱温生有八个儿子，长子友裕早死，八子友孜阴谋作乱，被朱温亲手杀死。次子友文，最得朱温喜爱。912年农历六月三日，朱温病危，打算传位于友文。三子友珪得知消息后夜闯寝殿，手刃朱温，然后矫诏处死友文，自己做了皇帝。友珪在位仅半年，朱温四子友贞发动政变，杀掉友珪，成为后梁末帝。残酷的内讧，使后梁王朝备受打击。友贞在位十年，被后唐所灭，整个后梁，仅存在十六年，又是一个短命的王朝。

镏金铜铺首

923年农历四月，李克用之子李存勖在魏州（今河北大名东北）称帝，国号唐，史称为"后唐"。十一月，后唐庄宗李存勖利用后梁内乱之机，乘机发兵攻陷开封，灭掉后梁。924年农历一月，后唐迁都洛阳。李存勖做了不到三年的皇帝，其义兄李嗣源在魏州举兵叛乱，李存勖死于乱军之中，李嗣源夺得帝位，是为后唐明宗。这一年是赵匡胤诞生的前一年。

李嗣源称帝之后，革除弊政，削减冗员，奖励农耕，发展生产，他可以算得上是一位比较有作为的皇帝。因此社会相对安定，人民获得了短暂的喘息之机，"年屡丰登，生民实赖以休息"。可惜好景不长，刚刚稳定的后唐又陷入内部纷争之中。明宗在位七年多，当他垂危之时，长子李从荣发现老父无意传位于己，便迫不及待地发动兵变，结果不仅未夺得帝位，反而遭致杀身之祸。三子李从厚即位仅四个月，后唐又发生内讧，皇位被李嗣源的养子李从珂所夺。而李从珂在位两年半，后唐便被后晋灭亡了。

后唐的统治一共维持了十三年，历经四个皇帝。在这期间，赵匡胤也长成了一位翩翩少年。望子成龙的赵弘殷，自然不希望儿子成为一个只懂舞刀弄枪，不懂文墨的赳赳武夫。虽然朝廷内部变化不断，但对赵弘殷的影响不大，家道尚称小康，能够为儿子提供必要的受教育的机会。于是，他替儿子聘请了一位业师，名叫辛文悦，是一位同乡先辈，也是饱学的宿儒。这样，赵匡胤在这位老师的严格要求下，接受"四书五经"的传统教育。

由于五代政局紊乱，学校不兴。"学而优则仕"被"武而优则仕"所取代。"安朝廷，定祸乱，直须长枪大剑，至如毛锥子

（笔），焉足用哉"，这些无理之词反映了当时的现实。五代时期，兴亡以兵。只要掌握了武装力量，就可以割据一方，称王称霸，乃至问鼎皇帝宝座，攫取最高统治权。而那些手无缚鸡之力满口仁义道德，动辄之乎者也的文人们，却受到了极端的歧视和排斥，处境维艰，"藩镇皆武夫，恃权任气，又往往凌蔑文人，或至非理戕害"；文人士大夫们"絷手绊足，动触罗网，不知何以全生"。即便是跻身卿相，位列宰辅，也不过是武人政权的点缀和装饰，手中毫无实权，只能看武夫悍将们的脸色行事，仰其鼻息。

这样的世道，自然会对渐谙世事的赵匡胤产生影响。加上他本来出身于将门，在刀光剑影中长大。因此，尽管人在私塾，被迫跟随老师摇头晃脑地念着经书，可心思却并没有放在这上面，而是逐渐萌发了依仗武艺建功立业，打出一片天下的念头。于是，在读书的间歇，便同小伙伴们玩起了行军列阵的游戏。每逢放学回家，他总是把孩子们排列成整齐的队伍，自己在队后押阵，一路浩浩荡荡地行进着。年纪尚幼的赵匡胤，对这些游戏兴趣盎然，并从中初步掌握了日后带兵打仗的本领。

随着年龄的增长，赵匡胤已不再满足于玩打仗游戏，目光逐渐转到了骑马射箭上面，这才是日后驰骋沙场用得着的真本领。赵弘殷对儿子的转变，看在眼里喜在心上，并没有进行阻拦，而是顺其自然，并不时加以鼓励和引导。于是，赵匡胤便暗下决心，以坚韧不拔的毅力苦练骑术、箭术，百折不挠，从不懈怠。有一次，他挑选了一匹没有笼头缰绳和坐鞍的烈马练习骑术。当他跃上马背时，烈马受惊，四蹄乱踢，狂嘶一声，突然往城门内疾驰而去。赵匡胤猝不及防，一头撞在城楼的门楣上，从马上摔下来。附近的人大惊失色，以为他这下必死无疑。哪知赵匡胤却毫发无损，只见他一个鲤鱼打挺猛地从地上爬起来，又迅疾地追了上去，纵身一跃，重新骑上马背，烈马终于被驯服了。就这样，赵匡胤练就了一身过硬的武

石敬瑭

艺，为日后冲锋陷阵打下了良好的基础。

这时，又发生了一件改朝换代的大事。936年，李嗣源的女婿石敬瑭，眼见自己的小舅子们为夺取帝位争得不可开交，也不甘落后，在晋阳（今山西太原）起兵反叛。大将杜重威、李守贞、张彦泽等人认贼作父，相继投降，耶律德光率辽军长驱直入中原腹地。947年初，后晋都城开封沦陷，皇帝石重贵被俘，后晋就这样灭亡了。历史往往如此不公，寡廉少耻的石敬瑭却安安稳稳地做了几年皇帝，并得以善终。而他的儿子本想挺起胸膛做人，却落得如此下场，被俘后受尽折磨和侮辱，"自古亡国之丑者，无如帝（石重贵）之甚也"。

开封陷落时，首先是奸臣张彦泽部肆意烧杀抢掠，辽兵入城后又大肆抢劫，无论贫富，概无幸免，弄得十室九空，许多人因此倾家荡产，家破人亡。赵弘殷家也未能幸免，被乱军洗劫。加上家中人口不

断增添，937年添了三子匡义，947年又添了四子光美，本来就不宽裕的家境更是入不敷出，捉襟见肘，举步维艰。

后晋灭亡时，后晋河东节度使刘知远在晋阳称帝，建国号汉，史称后汉。同年三月，辽兵北撤，刘知远乘机进入开封。一年之后，刘知远死去，隐帝刘承祐继位。这一年赵匡胤二十一岁，父母为赵匡胤娶了妻室。

自赵匡胤结婚之后的几年，赵家的生活是在动荡中度过的。朝廷几番更迭，赵弘殷却官职依旧，因为没有得到赏识，二十多年过去了，赵弘殷仕途不得志仍在原地踏步，从没有得到过升官发财的机会，其心中的苦闷是可想而知的。对于赵匡胤而言，堂堂七尺之躯，除了婚姻尚称美满外，其他一事无成，已经长大成人，依旧仰赖父母供给衣食，每想到这一点就羞愧难言。本以为能依靠父亲给自己安排好锦绣前程，哪知父亲连自己都官运不济，看来无法依靠父亲出人头地了。他想大丈夫立身处世，依仗祖宗余荫算不得英雄，依靠自己的双拳打出一片天下才是好汉。想我赵匡胤，正值青春年华，风华正茂，又兼有一身过人的武艺，走出家门，又何愁不能建立一番惊人的功业！正是在这种想法的驱使下，赵匡胤忍痛拜别了父母，告别了妻子，满怀着雄心壮志和对美好未来的憧憬，毅然决然地离开家门，他相信总有一天，他能够建功立业，衣锦还乡！

赵匡胤的想法真是太幼稚了。迎接赵匡胤的不是鲜花美酒，而是残酷的现实。离家后，赵匡胤过着漂泊不定、浪迹天涯的流浪生活，他毫无目的地走着，到过陕西、甘肃，南行又路过湖北。但是机遇并没有垂青赵匡胤，两三年过去了，他依旧是一无所获，两手空空。

在家千日好，出门一时难，赵匡胤算是真切地体会到了。这段时期，赵匡胤遭到过寄人篱下的尴尬，饱尝过穷困潦倒的悲苦，品味过受人白眼的无奈。他对人情冷暖世态炎凉，有了切肤之痛。真是说不尽的辛酸，道不尽的苦辣。这个故事，可以说明当时赵匡胤穷困潦倒的情形。

有一天，赵匡胤路过原州的潘原县（今甘肃平凉东），经过长途跋涉，饥困交加，无奈何只得和衣而卧，在路旁的树荫下聊作休息。休息一会儿之后继续赶路。到了潘原城后，赵匡胤囊中羞涩，盘缠所剩无几。于是打算和一班市井无赖赌博，希望能赢上几吊钱。说也奇怪，这天赵匡胤手气出奇的好，时间不长，他就赢了一大堆银子。正当赵匡胤满心欢喜地准备离开时，这帮输红了眼的赌徒，欺负他是外乡人，竟然一拥而上，拳打脚踢，将赵匡胤痛打了一顿，然后将赵匡胤的钱财一抢而光。赵匡胤势单力孤，人地两生，只得忍气吞声，自认倒霉。赵匡胤不仅没有赢得金钱，反而将自己仅有的一点钱儿也让人家抢了去，真是得不偿失，这真是偷鸡不成蚀把米。

传说有一位和尚在道路旁开垦了几亩土地，种植蔬菜。有一天，这位和尚梦见一条金色黄龙正在他的菜地里啃食莴苣，和尚猛然惊醒，急急忙忙向他的菜地奔去，看见的却是一位相貌不凡的男子正在以莴苣充饥。至于有没有这回事史无可考，但是，这件事说明了赵匡胤饥饿难忍，饥不择食，偷吃别人菜地里的莴苣充饥的事实。

赵匡胤离家之后，沿着黄河西上，浪迹河南、陕西、甘肃，一无所获，穷困落魄，无脸回转家门，只得咬咬牙，转而向东，沿着汉水，前往湖北投奔复州（今湖北天门）防御使王彦超。王彦超看到这

个同事的儿子一副穷困潦倒的样子很是轻蔑，只是拿出十贯钱，像是在打发一个乞丐。"龙困浅滩遭鱼戏，虎落平阳被犬欺。"

赵匡胤怀着一肚子委屈，又奔波到随州（今湖北随县）。随州刺史董宗本倒是看在与他父亲同殿为臣的分儿上，勉强收留了他。可是，董宗本的儿子董遵诲却不买这个账，看不起这个远道而来的穷小子，经常仗势欺人，对赵匡胤冷言冷语。人在屋檐下，不得不低头。可是，寄人篱下的日子的确充满苦涩。有一次，赵匡胤同董遵诲两人一起谈论用兵打仗，不学无术的董遵诲在这一点上自然不是赵匡胤的对手。董遵诲自觉脸上无光，竟然恼羞成怒，挖苦道："阁下既然如此足智多谋，才华盖世，又怎会落得今天这个地步呢？"说完，拂袖而去。而赵匡胤木然地站在那里，只有愤怒和委屈，他感到难以再在此地待下去，只好又踏上流浪的征程。

长途跋涉之后，赵匡胤来到重镇襄阳（今湖北襄樊），举目无亲，四顾茫然，无依无靠，加上不名一文，赵匡胤只得栖身在一家寺院里。寺中平日只靠一点儿香火钱度日，猛然间平添一个白吃白喝白住的大汉，天长日久，的确难以承受。出家人念经诵佛，慈悲为怀，不忍心将赵匡胤强行赶走，又不便继续让他住下，于是心生一计："赵公子相貌不凡，绝不会久居人下。只要往北走，一定会有奇遇，交上好运。我送给你盘缠上路，如何？"赵匡胤毕竟不是市井无赖，察颜观色，便知道该是动身的时候了。

虽然说好男儿志在四方，可古有明训"父母在，不远游"。离家两年多，同家中联系完全中断，不知父母可好，娇妻如何？归去来兮，此地不可久留。于是，赵匡胤踏上了北上开封的古道。

然而，近乡情更怯，一种难言的羞愧又涌上心头。天地之大，竟没有他的容身之处。浪迹天涯，竟一事无成。就这样两手空空的回去，又有何颜面对父母妻弟？接连不断的挫折和冷遇，使赵匡胤不禁有些心灰意懒，愁肠百结。这天，来到商丘，走进一个小酒馆，几杯黄汤下肚，不禁悲从中来，一醉解千愁，今天就来个一醉方休吧。等到酒足饭饱，赵匡胤眯糊着双眼，踏着轻飘飘的步子，信步而行，不知不觉间竟走到一座寺院里。

　　赵匡胤走进大殿，香案上面正摆放着一副杯筊。这杯筊本是唐宋时求神问卜的一种器具，原作"杯珓"，用两个蚌壳做成。当时人们将它抛入空中，落地后看它的盖面朝上还是朝下，以此来占卜，预测吉凶。后来改用竹子或木头砍琢成蛤壳形以代替蚌壳，"杯珓"于是变成了"杯筊"。对自己前途失去信心的赵匡胤，看见杯筊，不禁心中一动。暗忖人们都拿它来占卜吉凶，自己前程渺茫，反正闲来无

窑花卉枕

事，何不也试上一试，看看自己命运究竟如何？

于是，赵匡胤拈过杯筊，闭上双眼默默祈祷着上苍保佑，让我能当上个小军官，一面将杯筊抛掷在地上。得到的不是吉兆。就这样连续占下去，一直祈祷到当上个节度使，都没有应验。我就不信，自己果真如此命苦吗！我这次再测一下，看看我能不能当上皇帝。说来凑巧，这回却应验了，

力士

得到了一个大吉大利最好不过的"圣筊"。赵匡胤有点不相信，是不是眼睛看错了，又揉揉眼睛仔细一看，千真万确是圣筊。想起襄阳那位老和尚的话，赵匡胤满腹狐疑，莫非我真能做皇帝？管他呢，且先到北边去看看，说不定真交上好运呢。

这时，已经灰心丧气的赵匡胤又精神焕发了，他觉也不睡，高声吟颂着自己以前写的一首不伦不类的《咏日诗》："欲出未出光辣达，千山万山如火发，须臾走向天上来，赶却残星赶却月。"精神抖擞，大踏步地向北赶去。恐怕连赵匡胤做梦也没有料到此一去，宣告了自己两三年来流浪生活的终结，并从此步入了一条通向权力顶峰，

前程光辉灿烂的康庄大道。

漂泊异乡的流浪生活，无疑是充满辛酸苦辣。但是赵匡胤从中获益匪浅，颠沛流离的困苦，磨炼了他的意志，开阔了他的视野，体验了民间疾苦。所有这些，都为他以后统军治国打下了良好基础。

"天将降大任于斯人也，必先苦其心志，劳其筋骨，饿其体肤，空乏其身，行佛乱其所为，所以动心忍性，曾益其所不能。"这是孟子的话，对赵匡胤来说，应该是很贴切。

## 初露锋芒

"踏破铁鞋无觅处"赵匡胤的机会来了。当赵匡胤风尘仆仆地赶往北方时，正碰上后汉枢密使（掌管军事机要及边防军事的长官）、留守邺都（今河北大名东北）的郭威招兵买马，出身世宦，身有武艺仪表堂堂的赵匡胤很顺利地成为郭威麾下的一名士兵。赵匡胤东奔西跑，总算找到了一个立足点。这一年，赵匡胤二十三岁。

原来，后汉隐帝即位不久，河中节度使李守贞、永兴节度使赵思绾、凤翔节度使王景崇等人便陆续举兵反叛。隐帝先后派遣白文河、郭从义、常思等率兵平叛，但均被叛军打败，隐帝没办法，只得请求郭威出马。郭威受命出击，一战成功，李守贞兵败自焚而死，赵思绾、王景崇相继投降。郭威凯旋归来，平叛有功自然要加官晋爵，郭威由此成为朝中最具实权的人物，权倾朝野，炙手可热。赵匡胤恰在这时投奔到郭威手下，可以说是投对了门。

950年，郭威以枢密使、天雄军节度使的身份，留守邺都。郭威

17

功高震主，隐帝表面上虽对郭威宠信有加，而内心里却忧心忡忡，对他十分忌惮，担心有一天郭威会威胁到自己的皇位，于是授密诏，令镇宁军节度使李弘义杀掉在澶州（今河南濮阳）的大将王殷，命郭崇前去暗杀在邺都的郭威。哪知李弘义胆小怕事，害怕事情不成引火烧身，于是暗中向王殷泄了密，王殷急忙派人驰告郭威。事不宜迟，郭威立即行动。郭威决定伪作诏书，并在诏书中命令郭威诛杀部下将校，郭威在军中深孚众望，威望很高，这下群情更是激愤，纷纷表示誓死效命，拥戴郭威为主，杀掉昏君。郭威看见时机已经成熟，于十一月率兵渡过黄河，矛头指向京师。隐帝闻讯，杀掉郭威留在京师的家属，然后派兵抵抗。哪知精兵强将早已聚集在郭威周围，隐帝的军队不堪一击。郭威一路南下，势如破竹。尚未到达京师，隐帝已被手下处死。郭威率领百官，请立继君，太后于是择立武宁节度使刘赟。十二月，京师纷乱未定，又传来辽兵南犯的消息，郭威率兵北上迎击。师至澶州，不战而返。此时，从徐州赶往京师接任皇位的刘赟还在途中，被郭威派人杀掉，还没有坐上龙椅就一命归西。于是，文武百官拥立郭威为帝。广顺元年（951）一月，郭威终于从幕后走上台前，坐上了龙庭，改国号为周，史称后周。

赵匡胤一心向上爬，在这种改朝换代的斗争中，自然不会放过机会。他上蹿下跳，表现出色，博得了郭威的欣赏。郭威称帝后，论功行赏，赵匡胤也实现了他的一个心愿，成为禁军东西班行首，一个皇宫禁卫军的小头目。官职尽管不大，但同过去浪迹天涯时相比已是天壤之别。这一年，赵匡胤二十四岁。

赵匡胤终于衣锦还乡。让他欣慰的是，父母健在，娇妻安好，弟弟们逐渐成人。赵匡胤在公务之余，尽享合家团聚的天伦之乐。这几年，夫人为他生下了两女一子。事业已走上正轨，家庭也美满幸福，赵匡胤的日子过得很如意。

广顺三年（953），由于业绩突出，赵匡胤得到了升迁的机会，被派到滑州（今河南滑县）当副指挥使。这也是赵匡胤生命中的一个十字路口，如果赵匡胤就此成行，他个人以及中国的历史可能会重写。就在这个紧要关头，还未出发上任，恰好柴荣从澶州内调开封府尹（开封府长官）。因为柴荣过去在军中曾认识赵匡胤，两个人很投缘，知道他很有些才能，正好自己身边也需要人才，于是就上奏朝廷，把他留在身边，担任开封府马直军使（府属骑兵指挥官）。赵匡胤终于遇上了贵人，这个人就是柴荣。

柴荣，原是郭威内侄，从小就跟随姑姑生长在郭威家中，很受姑父、姑母喜爱。由于郭威儿子被杀，遂以其为子。郭威东征西讨，他也时常追随在左右。郭威在邺都起兵反汉后，由柴荣留守邺都。郭威当上皇帝后，柴荣自然平步青云，官拜

郭威

镇宁军节度使，检校太傅、同中书门下平章事。但因同枢密使王峻不和，没有在京师任职。后来王峻有罪被杀，柴荣才被内调开封府尹，并被封为晋王。赵匡胤深知柴荣的重要，能被未来的皇帝赏识，对于赵匡胤来说可谓是喜从天降。尽管这时担任的官职并不显要，但毕竟走进了权力的核心。对赵匡胤来说，可谓是前途无量。

954年，周太祖郭威病死，柴荣继位为皇帝，是为世宗，改元显德。世宗即位仅两个月，北汉刘崇就同辽联合，统军四方，向后周发动了大举进攻，企图乘后周国丧、世宗新立之机将后周一举消灭。汉辽联兵，气势汹汹，在太平驿（上党西北八十里）击败后周军后，逼近上党（今山西长治市）。柴荣得报，怒火中烧，决定组织兵力反击刘崇。于是调兵遣将，几路进军。东路由符彦卿、郭崇率领，自磁州（今河北磁县）北出，截断刘崇后路；西路由王颜超、韩通率领，

柴荣塑像

由晋州（今山西临汾）东北，出击；南路由樊爱能、何徽、白重赞率领，从泽州（今山西晋城）北上迎击。柴荣御驾亲征，亲自率军从开封出发，经怀州（今山西沁阳）、泽州北上，赵匡胤率领二千名侍卫亲兵随同出征。刘崇舍潞州（今山酉长治）不攻，绕城南下高平（今属山西）。于是，高平之战就此拉开帷幕。

刘崇将所部分左军、中军、右军，左军由张元徽率领，右军由辽骑兵组成，自己则亲率中军，摆出一副要同周军决战的阵势。柴荣也将部队分为三部，李重进、白重赞部为左翼，樊爱能、何徽部为右翼，向训、史彦超率精锐骑兵把守中央，自己亲自临阵督战。刘崇在兵力上占有优势，自以为胜券在握，在辽人面前逞能，竟忘乎所以，认为辽右翼不必出战，仅靠汉军就可一战而胜。这时，猛烈的东北风突然刮起来，刘崇心中大喜："此乃天助我也！"立即下令进攻，企图借助风势消灭后周军。然而时间不长，风向逆转，迅猛的南风卷起了阵阵黄沙，只吹得北汉将士眼迷头晕，不辨东西，阵脚大乱。刘崇刚愎自用不听劝告，坚持让部队出击，让左军骑兵猛击周右翼樊爱能、何徽部。形势本来对刘崇不利，但樊爱能、何徽等人饱食终日，军纪涣散，所部将骄兵惰，被汉军的骤然进攻吓得屁滚尿流，步兵不战而降，骑兵纵马狂逃，并且一路大叫大嚷："不好了，辽兵来了，我军被打败了，大家快逃呀！"右翼的溃败，打乱了周军的整个阵势，形势万分危急。这时，周世宗身边只有赵匡胤和张永德各自率领的亲兵共四千人。初次参加大规模作战的赵匡胤，在这一危急关头镇定自若。他指着西面的山坡，对张永德说："阁下所部都是神射手，可迅速占领那个高地，我率部下骑兵从左面包抄过，两面夹击，必能

取胜，国家存亡，在此一举！"接着，又大声激励部下，鼓舞士气："养兵千日，用兵一时。今皇上处境危急，正是我辈效命立功之时，大家随我冲啊！"说完腾身上马，勇往直前冲向敌阵。在他的带动下士气高涨，士兵们个个奋勇争先，扑向敌阵。张元徽被当场击毙，汉军群龙无首，开始溃败，战场形势终于逆转。恰在这时，后周河阳节度使刘词率领的后续部队及时赶到，立即投入战斗。汉军被杀得丢盔弃甲，溃不成军，刘崇惶惶如丧家之犬，率领一些残兵败将逃回太原。

周世宗终于赢得了即位以来第一次大战的胜利。战争结束之后，依例论功行赏。樊爱能、何徽以下七十多名临阵脱逃的将校，依军法皆被处死，落了个身首异处的可悲下场。而赵匡胤自从军以来，虽然极得皇上赏识，并没有表现出多少超人的才能。郭威夺取后汉政权时，他虽参与其事，但因当时身份低微，只不过是一名普通军卒，因此几乎没起多大作用。世宗虽视他为心腹，但时间不长，也没有大显身手的机会。这次，赵匡胤总算抓住了千载难逢、稍纵即逝的良机，在皇上面前大大地露了一回脸。周世宗自然对此铭记在心，没有亏待他，赏给他做殿前都虞候，赵匡胤由此跻身于高级将领的行列。这一职务，是许多人苦求终身也难以得到的，就连他的父亲赵弘殷奋斗了几十年，其职位尚比这一官职低得多。而赵匡胤在短短的三年时间内，便由一个普通士兵成为大权在握的高级将领，没有依赖祖宗余荫，完全依靠个人的努力，可谓是青云直上，一步登天。

高平之战，使周世宗痛彻地认识到拥有一支军纪严明，富有战斗力的军队是何等重要。战后不久，他就开始整顿军队，严明军纪。他把这项工作全权委托给赵匡胤负责。赵匡胤秉承周世宗的旨意，大刀阔斧裁汰老弱，减少冗员，改组禁军，并将禁军中"武艺超绝"的士兵挑选出来，编入殿前

五代十国时期的各种钱币

诸班。同时，加强军事训练，严明军纪军法。经过这番大张旗鼓的整顿，呈现出新的风貌，战斗力有了很大提高，于是"士卒精强，近代无比"，周世宗对此很高兴。而赵匡胤本人，则通过这项工作不但得到周世宗的信任，而且在禁军中树立了威信，将自己的影响渗透到禁军之中。这时播下的种子，在六年后代周建宋的过程中得到了巨大的收获。

后周代汉，表现出了不同于五代十国其他政权的崭新气象。郭威出身贫寒，了解民间疾苦。他当了皇帝后生活节俭，虚怀纳谏，惩治贪官，革除弊政，废除苛捐杂税，奖励发展生产。在五代帝王中，周世宗是最具雄才大略的一位。即使是在整个中国历史上，也可算是一位很有作为的政治家。他在继承郭威改革的基础上，把改革进一步推向深入。955年农历四月，即周世宗即位的第二年，他便下诏书令朝官每人撰写一篇《为君难为臣不易论》、一篇《平边策》，对治理国

唐侍女图

家和统一全国提出自己的想法和建议，以便在决策中作为参考。周世宗在致力于修明内政的同时，图谋统一全国。并发动了统一天下的战争，在战争中，赵匡胤表现得相当出色，逐渐成为周世宗的左膀右臂，不可缺少的干将。

周世宗的兵锋，首先指向了后蜀的秦州（今甘肃天水）、凤州（今陕西凤县）、成州（今甘肃成县）、阶州（今甘肃武都）四州之地。这四州是后蜀在后晋末年乘中原内乱之机所占据的。由于后蜀的残暴统治，使那里的百姓流离失所，怨声载道。后周建立后，四川百姓不断有人逃到开封，要求出兵赶走后蜀，拯救那里的百姓于水深火热之中。显德二年（955）四月，柴荣任命大将向训、王景领兵出发，收复四州之地。后蜀闻讯后周出兵，于是发兵抵抗。周军久攻不下，师劳兵疲，战事处于胶着状态。周世宗看到师久无功，心中犹豫不决，继续进攻又怕难以取胜，罢师撤军又心有不甘，于是派赵匡胤前去观察形势以定行止。赵匡胤星夜兼程赶到前线后，深入前沿，经过细致的调查研究，认为四州之地不难攻取。回来后详细地进行了报告，周世宗坚定了信心，并根据赵匡胤的建议，调整了兵力部署。到十一月份，四州之地全部收复，周世宗所进行的统一战争，首战告捷。

周世宗的下一个战略目标是南唐。还在收复秦、凤、阶、成四州之役尚未结束时，周世宗即开始筹划进攻南唐事宜。收复四州战役结束后任命李谷率兵马，扑向南唐。李谷沿颍水至淮河重要渡口正阳（今安徽寿县西）。正阳渡南边叫东正阳，北边叫西正阳。李谷军抵西正阳后，在淮水之上架设浮桥，攻克东正阳，大军推进到寿州（今安徽寿县）城下。寿州（今安徽寿县）是淮北军事重镇，南唐在此驻有重兵，并由名将刘仁赡坐镇指挥。此人通晓兵法，治军有方，周军兵临城下，他镇定自若，从容调度，不慌不忙地部署着守城事宜。周军大举南下的消息，很快传到南唐，南唐立即派大将刘彦贞将兵二万增援寿州，又派皇甫晖和姚凤率兵三万屯定远（今安徽定远），同时以水陆兵万余驻涂山（今安徽怀远东南）作为策应。时间不长刘彦贞所率援军抵达来远镇（在寿县西南），乘战船数百只沿淮水逼近正阳渡。李谷看见河面上黑压压的战船袭来，情知形势不妙，假如敌军夺取正阳浮桥，那么己军就会陷入重围，腹背受敌。三十六计走为上，于是赶紧焚烧粮草，退守西正阳。

第二年春，周世宗见前方战事吃紧，遂御驾亲征，赵匡胤也随同南下。周世宗命令李重进将兵先赴正阳，增援李谷。接着又以白重赞

屯兵颍州（今安徽阜阳）的颍上县。李重进策马赶到西正阳，即渡过淮水到东正阳，同北进的南唐刘彦贞遭遇，两军展开激战。在李重进的猛击下南唐军大败，"伏尸三十里"，刘彦贞也战死阵中。周世宗在此次获胜后，以李重进取代李谷，负责指挥军事行动，并将正阳浮桥移到正阳东面的下蔡镇，既而又亲自率师围攻寿州，刘仁赡负隅顽抗，周军久攻不下，世宗于是决定采取"先外后内"的战略方针先分兵攻取淮南其他州县，扫清外围，切断外援，使寿州彻底孤立，待其内无粮草，外无援兵之时，一举攻克。

此时，驻于涂山的南唐水陆军万余人正蠢蠢欲动，威胁着后周围攻寿州的部队。为了拔除这个钉子，赵匡胤率部向深山进发。赵匡胤先在涡口（今怀远东北）设伏兵，然后派遣一百名骑兵直冲敌阵，边战边退，诱敌上钩。南唐军不知这是诱敌之计，拼命追赶，钻进了赵匡胤的埋伏圈，周军奋勇拼杀，南唐军溃不成军，斩杀南唐将领何延锡，绞获战船五十余艘，后周军大获全胜。

后周要切断寿州外援，首先必须攻克滁州（今安徽滁县）。这是因为滁州是淮河南岸军事重镇，南唐都城金陵（今南京）西北的天然屏障。滁州的地势举足轻重，攻克滁州，不仅可以断绝寿州外援，更重要的是控制了南下长江的门户。南唐深知滁州的重要，在此驻有重兵，滁州北面的清流关，形势险要，易守难攻，且有刚从正阳东面撤退下来的皇甫晖、姚凤所率一万余人把守，因此，攻克滁州并非轻而易举；赵匡胤再次挺身而出。

赵匡胤率领几千人的队伍，昼夜兼程，与皇甫晖战于清流山下。由于众寡相差悬殊，加上地形不利，因此初战失利。很明显，强攻难以取胜，只能采取智取。他从附近村民那里打听到，有个幽州（今北京）人赵学究，隐居在此，以当教书先生谋生。此人诡计多端，可能会有奇谋妙计。赵匡胤于是换上一身便服，亲自前往拜访请教。赵学究事先已得知赵匡胤的真实身份，见他屈驾前来心中不免暗喜。自以为攀上高枝，但表面上装出一副若无其事的样子，要学学当年隐居在茅庐的诸葛亮，摆出了自命清高的样子。经赵匡胤再三恳求，他才徐徐而言："我有奇计，可以让将军转祸为福，由败而胜。在清流

大明塔

山背后，有条小径通往滁州城。由于道路艰难迂远，平时无人行走，鲜有人知。将军如果从这里绕道而出，趁着西涧水涨之期，泆水而下，出其不意，攻其不备，那么滁州城即可唾手而得。"

赵匡胤顿时喜出望外，连夜率领大军沿小路悄悄而行，神不知鬼不觉地突然出现在山后。初战获胜，沾沾自喜的皇甫晖得报大惊失色，急忙放弃清流关，退到滁州城。赵匡胤策马追至城下，要皇甫晖赶快投降。皇甫晖在城头，高声叫道："休得多言，只有战死的将军，没有投降的懦夫。要我投降，那是痴心妄想。如果你有胆量，就

让我率部出城，摆好阵势，和你一决高下。靠玩弄阴谋诡计取胜，不算英雄好汉！"赵匡胤闻言，微微一笑；"那好，我就答应你，让你在城外列阵，跟你一决雌雄。"于是，皇甫晖放下城门吊桥，率兵蜂拥而出。由于人马众多吊桥狭窄，拥挤不堪，乱成一团。机不可失，赵匡胤跃马直冲皇甫晖，部队随后猛扑南唐军。赵匡胤左冲右突，一面砍杀一面高声叫喊："南唐兵将听清了，我只取皇甫晖一人首级，其他的人如放下武器，我们概不过问，予以优待！"南唐军毫无准备，在骤然打击下，惊慌失措。赵匡胤跃马冲到皇甫晖面前，一剑砍中他的头部，士兵们一拥而上，将皇甫晖活捉。姚凤也在这场混战中被周军俘虏。树倒猢狲散，南唐军见主将被俘，一哄而散，周军一举拿下滁州城。拔除了敌人的这一据点，解除了周军的后顾之忧，极大地鼓舞了后周的士气。各地周军乘胜追击，连下扬州、泰州（均在今江苏），一时"淮南之地，已半为周有"。

南唐不甘心失败，派大将陆孟俊率军反攻，在夺回泰州后，继而进迫扬州。这时镇守扬州的是后周大将韩

邢窑狮

令坤，看到敌军来势凶猛，心下恐惧，便想放弃扬州后撤。周世宗闻报，一面派张承德率部驰援扬州，一面下令赵匡胤率步骑兵二千人，屯驻六合（今江苏省），以牵制和分散南唐军减轻对扬州的压力，支援韩令坤坚守扬州。赵匡胤一到六合，就宣布："扬州周军，如果胆敢后退，凡是经过六合的，将被斩断双脚！"韩令坤部得知消息，不敢后退，唯有死守。结果，大败前来攻城的南唐军，俘虏主将陆孟俊。

这时，南唐又派大将李景达统兵，由瓜步（在六合东南）进窥六合，企图一举歼灭赵匡胤部周军。李景达进至离六合二十多里的地方后，便停止前进，安营扎寨。赵匡胤部将纷纷请战，赵匡胤说："他们设栅自固，表明对我心怀恐惧。我军人数只有二千人，如果主动出击，被他们知道我军虚实，这个仗就不好打了。不如等待他们前来进攻，我才能寻机击败他们。"过了几天，李景达见周军按兵不动，心下放宽，便率部逼近六合，发动攻击。赵匡胤下令奋起反击，南唐兵大败，被杀被俘五千余人。残余的一万多溃兵，也成惊弓之鸟，溃退至江边，唯恐追兵杀来，争抢船只南渡，坠入江中淹死的不计其数。这次战斗，由于兵力相差悬殊，个别士兵临阵退缩。赵匡胤亲自督阵，看到那些不肯奋力向前的士兵，就用剑在他的头盔上斫个印迹。战后整顿队伍，论功行赏。让将士们把头盔交上来，将士们不解其意。赵匡胤向他们做了解释，然后命人将几十名头盔上有剑痕的士兵押出行列，宣布他们的罪状，然后当众下令斩首。这一下全军震动，士兵再也不敢贪生怕死。军队的战斗力进一步得到加强。

两个月后，赵匡胤撤军，路过寿州。这时周世宗已先行返京，由

李重进负责指挥围攻寿州。当赵匡胤来到寿州时，正遇上周军久攻寿州不下，加上粮运不继，军中粮食匮乏，天气又酷热难耐，士气低落，军心涣散。将官们也是议论纷纷，归心似箭，盼望早日撤兵，回转京城。赵匡胤一看形势不妙，便决定暂时留驻寿州，协助李重进，千方百计鼓舞士气。经过赵匡胤的努力，士气重新振作，形势迅速好转，军心趋向稳定。战局终于得到改观，赵匡胤放心地起程了。

赵匡胤凯旋而归。在战争中，赵匡胤屡立战功，表现出了杰出的军事才能，不仅赢得了人们的普遍赞誉，更赢得了周世宗的嘉许。因战功显赫，周世宗任命他为同州节度使兼殿前都指挥使。节度使，名高位尊。自唐"安史之乱"以来，有多少人对这一职务魂牵梦萦；又有多少人以此晋身，最终得以龙飞九五，问鼎皇座。赵匡胤因滁州战役之功，而得到这一职务，标志着他威望日隆，根基已固，以致后来人们将这里称为赵氏王朝的发祥之地。宋真宗赵恒在位时，特地在滁州盖起了一座庙宇叫端庙，将大殿命名为"端命"，意思是说："太祖历试于周，功业自此而成，王业自此而始。"由此可见，任节度使一事，实在是赵匡胤政治生活中的一个重大转折点。这一年，赵匡胤年仅二十九岁。

这次南征的收获，除了得到节度使之外。那就是他遇到了赵普，这件事很值得庆贺。赵普其人，他足智多谋，善于机变，刚毅果断，明时势，娴政事，是个旷世奇才。关于赵匡胤同赵普相识的经过，传说赵匡胤在攻打清流关时，那个献计的赵学究就是赵普，其实不然。赵普，字则平，确是幽州人。因家乡战乱连绵，和父亲一起举家南下避乱。周世宗即位之初，赵普曾当过大将刘词的幕僚。刘词去世时，曾遗书上奏朝廷，举荐赵普。赵匡胤攻克滁州后，赵普被宰相范质任命为滁州军事判官（佐理州务的官员），于是两人相识了，但开始时赵匡胤对赵普并没有什么特殊的印象。凑巧的是，这时赵匡胤的父亲赵弘殷在滁州生病，赵匡胤本人军务繁忙，无暇照料。赵普于是自告奋勇，为赵弘殷侍汤奉药，照料得无微不至，使老人家深受感动，因此也引

赵普

起了赵匡胤的好感。赵匡胤同他会谈了一次，就被赵普满腹的经纶所折服。于是就像刘备遇到了诸葛亮一样，把他当作了宝贝。赵匡胤急切地想把他调到自己身边。因此在封为节度使后，即上表推荐赵普为节度推官，帮助自己处理政务。一番君臣遇合的佳话从此开始，赵普由此而成为赵匡胤的心腹和主要谋士，为后来赵匡胤夺取天下献计定策，出尽了全力，立下了汗马功劳。

周世宗出兵南征，虽然取得不少的胜利，但区区一座寿州城仍坚如磐石，如刺在喉，周世宗每念寿州，怒火中烧。不仅刘仁赡顽强死守，南唐李景达又从濠州（今安徽凤阳东）派来了援兵，驻扎在城南的制高点紫金山上，联结十多个营寨，与城中声息相通，遥相呼应。并修筑了一条通道，通往寿州城，从中运送粮草，接济城中的唐军。

# 宋太祖 传

蹴鞠纹铜镜

显德四年（957）春天，周世宗再次南征，发誓要攻克寿州，扫除这个障碍，赵匡胤随驾出征。

周世宗在寿州附近扎营，他考察了紫金山的地势，决定首先击败城外援敌，于是将军队调遣到紫金山南侧，然后命令赵匡胤率部攻击南唐集结在紫金山上的各处营寨。赵匡胤率领所部，由下而上发起仰攻，连破数寨，消灭三千多敌人，摧毁南唐所筑甬道，切断了城内南唐军与城外的联系。次日，其余各寨也尽被攻破。战败的南唐军，纷纷沿淮河向东溃逃。后周兵分三路，追击逃兵。周世宗率领亲军沿淮河北岸向东追赶，驱驰二百余里，抵达镇淮军（涡口）；诸将率步骑沿淮河南岸向东挺进，水师则顺流而下，南唐兵被杀被俘以及溺水而死者，不计其数。周世宗抵达镇淮军后，即在那里架搭浮桥，跨越淮水，阻挡南唐由濠州通往寿州的李景达援军。正准备北援的李景达，闻讯后自知不敌，从濠州退回金陵。寿州守将的刘仁赡，在寿州苦苦支撑了一年多时间，心力交瘁，听到援兵被歼的消息后，仰天长叹，立刻昏迷不醒。部下看见外援已绝，内又粮尽力竭，完全绝望，乘刘仁赡昏迷不醒，开城投降，寿州终于被后周攻克。大军凯旋而归，赵匡胤因功改领义成军节度使，检校太保，兼殿前都指挥使。

这年冬天，周世宗再次亲征淮南，目标是濠、泗州，赵匡胤率部任前锋，向濠州进发。为了阻止周军，南唐在城东北的十八里滩上建立堡寨，企图利用这里四面环水的天然屏障，阻击周军，保卫州城，淮水拦住去路。周世宗正打算用骆驼济师渡过淮水，赵匡胤却策马跃入河中，强渡淮水。南唐战船见状急忙上前包围，却被赵匡胤杀得七零八落，七十多艘战船化为灰烬，水寨一下就被攻破。后周大军沿淮水水陆齐进，逼近泗州城（今安徽盱眙北）。赵匡胤率军用火点烧了泗州城门，守将范再遇被迫投降，后周占领了泗州。后周军从这里向东，兵分两路，周世宗自领一军在淮河之北，赵匡胤率军一部在淮河之南，在两岸夹河而进，一路上浩浩荡荡，金鼓齐鸣，声震几十里，所经之处，南唐兵闻风而逃。行至楚州（今江苏淮安）附近，赵匡胤率军攻打楚州，楚军被击败，楚州守将陈承昭被俘，大军南向，势如破竹。赵匡胤率部在迎銮口（令江苏仪征）击败唐军，乘胜追击，直至长江南岸，焚毁了不少唐军营寨。不久，又在瓜步大破南唐战船一百多艘。

此时，南唐水军主力已大部被歼灭，淮南东部地区全被后周占领，后周势力已拓展到长江北岸，随时可以渡江南下，剿灭南唐。南唐小朝廷为了苟延残喘，只得遣使求和，请求息兵，割江北十四州土地给后周，双方划江为界。显德五年（958）三月，和议告成，南唐江北十四州、纳入后周版图。至此，历时两年零四个月的征南战争胜利结束。赵匡胤在这次征讨淮南的战争中又立下不少战功，班师之后，赵匡胤改领忠武军节度使。

这几年，赵匡胤的仕途可谓是春风得意，出奇地顺利。但是他的家庭，却接连发生不幸。先是父亲去世，接着夫人贺氏病故，给赵匡

胤的心中，留下巨大的创痛。

父以子贵，他的父亲赵弘殷，因为儿子受皇上恩宠而跻身显贵，被封为检校司徒，与赵匡胤同典禁军，荣耀一时。周世宗亲征淮南，赵弘殷随军南下时任前军副都指挥使的身份。但战争开始不久，就身患疾病，只得动身北返。当经过寿州城下时，正值夜半时分。他高声呼唤守城的儿子打开城门放他进去，赵匡胤站立城头看到父亲到来，却回答说："父与子虽是至亲，但王法大于人情。如今两国交战，按规定只能在白天打开城门。儿子身当重任，理当率先垂范，以身作则，不能徇情枉法。只好委屈父亲明天进城了。"赵弘殷理解儿子的苦衷，在寒风中耐心地等待天明。因为夜遇风寒，使病情更加严重。一进城便卧床不起，两个月之后，在军中去世。按照当时的礼制，父母去世，得辞去官职守丧三年。但后周和南唐交战正酣，时值多事之秋，正是用人之际。赵匡胤守丧时间不长，就被周世宗重新招回。赵匡胤只得压下悲痛的心情，重新回到军中。

赵匡胤的心情刚刚有所好转的时候，不幸又一次降临到他的头上。父亲去世才两年，妻子贺氏也因病归西。虽然说大丈夫何患无妻，但他与贺氏的感情不同一般。结婚之后，夫妻俩情真意笃。贺氏温文尔雅，性情贤淑，十多年来，不仅为他生育了两女一儿，而且孝敬公婆，抚育子女，堪称贤妻良母。赵匡胤长年奔波在外，生活在刀山剑海之中，让贺氏整日里担惊受怕，没有过上几天安宁的日子。本道是夫贵妻荣，哪知自己的仕途刚步入坦途，贺氏却离他而去。每念至此，赵匡胤悲恸欲绝。

温柔乡是英雄冢。好在赵匡胤不是只爱美人不爱江山的人。事业对于他而言，比家庭更重要。赵匡胤经受住了生活的打击，他揩干了眼泪，把悲痛埋在心底，又毅然决然地踏上征途。

占领淮南后，后周的国力大为增强，兵强马壮。于是，周世宗又想转戈北向，谋划对付辽朝。显德六年（959）三月，周世宗开始北伐亲征辽朝。北伐进展顺利，后周兵锋所指，边界城邑，望风归附，仅用了一个多月的时间，便攻克了瀛（今河北河间）、莫（今河北任兵）、易（今河北青县）三州十七县以及莫州北面的瓦桥关（今河北雄县境）、益津关（今河北霸县境）、淤口关（今河北霸县信安镇）三关，关南之地全部收复。

持海东青石俑

真是天有不测风云，正当周世宗雄心勃勃乘胜进军北上攻取幽州的时候，突然病倒，北伐军只得改变计划，匆忙撤兵。五月底，周世宗回到开封，病情不仅没有起色，反而日渐沉重。周世宗自知不久于人世，便着手安排后事，提拔赵匡胤任殿前都点检（禁军最高统帅），希望他能尽心尽力地辅佐继位的幼主。六月十八日，周世宗与世长辞，终年仅三十九岁。年仅七岁的皇太子柴宗训继位。

　　周世宗来不及深思熟虑，更来不及长期酝酿，事关后周社稷命运的皇位继承问题就这样在病危中匆忙决定了，这本身就是一种缺憾，"主少国疑"已经很现实地摆在人们面前，像一片巨大的阴影笼罩在后周朝野。无疑，这是一个改朝换代的天赐良机。当时最有资格，最有实力的莫过于赵匡胤。

　　在情感上，赵匡胤将永远不会忘记已故的周世宗柴荣，知遇之恩没齿难忘，临终之时授予他为都检点，暗含托孤之意，他心里很清楚，然而，政治是无情的，赵匡胤有着和柴荣一样的雄心，他也要君临天下，他相信有这个能力，相信自己比柴荣做得更加出色。

# 第二章　开封称帝

## 积聚实力

纵有冲天志向，如果没有实力，最终也是枉然，赵匡胤很早就深知这个道理，时刻注意培植亲信，壮大自己的实力，这项工作，早在他投身郭威帐下的时候就开始了。

事实上，要增强自己的实力，无非使用这样几种手段：权力、金钱、感情。如果权势灼人炙手可热，那么趋炎附势、攀龙附凤的人便会蜂拥而至。钱能通神，重赏之下必有勇夫，金钱所至必能有人为己出力效命。赵匡胤开始的时候一无所有，既没有权势，更无金钱，能够拉拢人的只能用感情，赵匡胤正是这样，使用了一种古老而又行之有效的方法，即通过拜把子兄弟来拉拢人才，培植自己的实力。

这一点，同后周开国皇帝郭威的做法出奇地相似。郭威早年，曾同一班情投意合的中下级军官结为生死兄弟，号称"十军主"。他们曾刺臂宣誓"凡我十人，龙蛇混合，异日富贵无相忘，苟渝此言，神降之罚"。后来，在"十军主"的鼎力相助之下，郭威才得以称帝。赵匡胤也有一帮把兄弟，号称"义社十兄弟"，他们是杨光义、石守信、李继勋、王审琦、刘庆义、刘守忠、刘廷让、韩重赟、王政忠等人。这些人大都是后汉初投入郭威麾下的，他们与赵匡胤成为生死

之交。经过几年的奋斗经过赵匡胤的提拔，他们一个个都成为手握兵权的中高级将领。这帮弟兄自然迫切希望自己的拜把子弟兄能入主皇宫，自己也好鸡犬升天，跟着得到享不尽的荣华富贵。实际上，没有他们的支持，赵匡胤的梦想恐怕很难变成现实。这一点，赵匡胤本人也不得不承认。在赵匡胤称帝后的第二年七月，赵匡胤把这帮昔日的弟兄召进宫中，设宴款待，酬谢他们的拥戴之功，赵匡胤在酒席上，吐出了肺腑之言："如果没有弟兄们的鼎力相助，我不可能有今天，感念你们的功德，真是无日或忘。"

此外，同赵匡胤关系密切的将领还有许多人。如官任虎捷右厢都指挥使的赵彦徽，赵匡胤曾拜他为兄。官任河阳节度使的赵晁，是赵匡胤之父赵弘殷的拜把子更不是外人。大将韩令坤曾是赵匡胤儿时的小伙伴。他们的关系，自然非同小可。另一大将慕容延钊，做过赵匡胤的副手，两人的私交也不错，即使是后来当了皇帝，仍一直把延钊称为兄长。高怀德、张令铎等将领，也是赵匡胤的好友。这些人虽不

耀州窑青釉刻花莲瓣纹碗

如"义社十兄弟"那样死心踏地地为赵匡胤出力，但也很希望赵匡胤当皇帝。

在高平之战后，赵匡胤受命整顿禁军，便把自己的影响牢固地树立在禁军中。在此后的六年时间里，赵匡胤一直担任禁军将领。他本人出身于普通士卒，因此了解士兵的疾苦，知道士兵的需求。在带兵过程中，赵匡胤与士兵同甘共苦，仗义疏财，得到赏赐即平分给部下，从而得到士兵的拥护。加上他能征惯战，也使士兵打心眼儿里佩服。因此，赵匡胤在军队中享有崇高的威望。如果赵匡胤有所行动，很容易得到士兵们的支持。

赵匡胤具有远见卓识，不仅在军队系统建造自己的关系网，还极力网罗其他人才，组成自己的智囊团。其中，除了前面已提到的赵普外，还有吕余庆、刘熙古、沈义伦、李处耘、王仁赡、楚昭辅等人，当然也还包括弟弟赵光义。这些人足智多谋，都是不可多得的人才，赵匡胤想方设法地把他们拉到自己的身边。他们也确实没有让赵匡胤失望，殚虑竭智，为赵匡胤夺取乃至巩固政权立下了汗马功劳。

功夫不负有心人。几年之后，赵匡胤的苦心经营颇具成效，拥有了蔚为壮观的庞大实力，一遇风吹草动，赵匡胤的言行便举足轻重，完全能够左右一个王朝的生死存亡了。

## 扫除障碍

赵匡胤虽然拥有了改朝换代的实力，但是，他并不能轻举妄动，他需要时机，时机成熟之后自然会水到渠成。

赵匡胤很清楚，之所以说时机未成熟，是因为他前进的路上存在障碍。还有几块拦路石横亘在赵匡胤的面前。李重进、张永德便是其中最为重要的两人。这些人同后周王朝有着千丝万缕的联系，他们本人，也在蠢蠢欲动，觊觎皇帝宝座。要想一举成功，赵匡胤必须首先清除障碍，搬倒拦路虎。于是，赵匡胤开始行动了。

李重进是郭威的外甥，而张永德则是郭威的女婿，他们重权在握，地位高于赵匡胤，如果他们能和衷共济，联手合作，完全有可能改变赵匡胤的命运。可遗憾的是，两人为了争权夺利，钩心斗角，纷争不断。要了解其中奥妙，首先要从后周的军制谈起。

后周军制同后汉相比，一个重大的变化就是增设殿前司，与侍卫亲军司分掌全国兵权。郭威本是在侍卫亲军司的高中级将领支持下夺取政权的，他对兵权问题很重视，为防止别人故技重演，把侍卫亲军司的权力分散了，新创殿前司，任命李重进担任殿前都指挥使。下辖左右两厢骑兵，左右两厢步兵，每厢各两军，总兵力二万余人。人数虽然不多，但很有战斗力，是一支中央禁卫军，地位至为重要。

侍卫亲军司的最高统帅是侍卫亲军马步军都指挥使，其次为副都指挥使、都虞候。下设马军都指挥使，统率骑兵；步军都指挥使，统率步兵。马步军又分左右两厢，厢下设军，所辖兵力大大多于殿前司。郭威称帝后，王殷任侍卫亲军马步军都指挥使，位高权重，有"震主之势"。王殷成了郭威的一块心病。郭威去世前，害怕王殷发动兵变夺取后周政权，便设计将他处死，改任李重进为马步军都虞候，统率侍卫司。又任命驸马张永德为殿前都指挥使，统率殿前司。

由于两司实力不同，官员级别也就有所差别。殿前司的都指挥使地位比侍卫司的马步军都虞候略低，也就是说，张永德比李重进的权力小。高平之战中，由侍卫亲军司组成的右翼军一触即溃，幸赖殿前司军拼命奋战，才扭转了战局使后周军反败为胜。战后，世宗为严肃军纪处死贪生怕死，临阵脱逃的将领七十余人，并对军队进行整顿。赵匡胤受命挑选"武艺超绝者，署为殿前诸班"。通过精选组成的皇帝近卫班归殿前司指挥，这样，殿前司的兵力得到进一步扩充，人数达到近三万人。与此同时，由于侍卫亲军司的士兵，"累朝以来，老少相半，强懦不分"，也被精简裁并，于是数量比原来有所下降，不足六万人。

殿前司的兵力得到加强，但张永德的地位却没有得到提高。相反，李重进却由都虞候升为都指挥使，这使张永德心理失去平衡。于是，伺机报复李重进，在背后大讲李重进的坏话，甚至派人向世宗密告"重进有奸谋"。二人之间的矛盾不断升级。周世宗对此洞若观火，于是特设殿前都点检一职，由张永德担任，以此来安抚张永德的不满和怨气。这样，张永德总算是和李重进地位相当，平起平坐了。鹬蚌相争，渔翁得利，张永德的空缺，留给

汉白玉角兽

了赵匡胤。

尽管张永德和李重进为争权夺利打得不可开交，但如果后周的统治受到威胁，他们的地位受到影响，他们肯定不会坐视不管，听之任之的。因此，赵匡胤要谋夺最高统治权，首先就要除掉这两个人，至少要将他们从这两个性命攸关的位子上拉走。经过一番思考，赵匡胤首先选择了张永德。

张永德一直是赵匡胤的上司，对赵匡胤也算不错，两人甚至还可以说是朋友。赵匡胤虽名位渐高，但因做官廉洁，手头没有积蓄，甚至家庭用度，也常捉襟见肘，张永德不仅在政治上给予提携关照，还不时在经济上予以资助接济。贺氏夫人死后，赵匡胤续娶将军王饶的女儿做继室，张永德又慷慨地赠送了他几千缗金帛，使他风风光光地办了个婚礼，张永德对赵匡胤可以算是不薄。但是最好的朋友往往是最可怕的敌人，无毒不丈夫，政治斗争是无比残酷的，来不得半点妇人之仁。赵匡胤于是祭起了黑刀，从背后向张永德的头上砍去。

作为最高统治者，或许会容忍部下霸占几个民女，侵夺几亩土地，但如果图谋不轨，企图染指皇帝宝座，那就十恶不赦，万万不能容忍了。赵匡胤于是决定从这上面着手。显德六年（959），周世宗北征，无意中得到检符木牌一块，长约三尺，上面刻着"点检做天子"的字样，这时任殿前都点检的正是张永德。周世宗看到这一木牌，心中不禁一动："难道我周氏天下要断送在张永德手中？"联想张永德和李重进为争权夺利内讧不断，加上他身为附马，重兵在握，如果自己一命归天，张永德就更加难以控制，应该早些提防。于是，在生命垂危之际，为保住周氏江山代代相传，便以明升暗降的方式，"加检校大尉，同中书门下平章事"，解除了张永德的兵权。周世宗死后，张永德又移忠武军节度使。所谓"点检做天子"，实际上是赵匡胤故意制造的谣言，张永德作为郭威的女婿，虽然手中握有兵权，但他在军队中没有什么群众基础。没有图谋帝位的条件，因此一纸命令，只好乖乖交出殿前都点检的大印，赵匡胤的目的达到了。赵匡胤此举可谓一箭双雕，不仅除去了一只拦路虎，还爬上了殿前都点检的位子，成为殿前司几万兵众的最高统帅。

张永德的问题解决了，下一个就轮到李重进了。同张永德一样，李重进也是作为郭威的外甥平步青云而掌握兵权的。郭威临终前"受顾命，令拜世宗，以定君臣之分"。李重进尽管表面上满口答应，但内心却有点不是滋味。后来辅佐世宗，南征北战，表现也很不错。可惜的是他没有政治家的远见，没有培植起自己的势力。但是他作为佐命元勋，且掌握了侍卫亲军司的数万大军，要想扳倒这个大树，难度自然不小，不过办法总是有的。

周世宗死后，年仅七岁的儿子宗训继位。他的母亲符太后也只刚刚二十出头，凑巧的是符太后同赵匡胤弟弟赵光义的妻子是亲姐妹。于是，赵光义的妻子这时被派上用场，衔命来到宫中，鼓动三寸不烂之舌，极力煽风点火。符太后处事经验不足，胸无主见，没有看穿亲姐妹的用心，便同意了赵光义妻子的意见。于是，一道圣旨，将李重进被贬到离京城遥远的扬州当节度使，虽仍保留侍卫马步军都指挥使的职务，但已有名无实，鞭长莫及，难以遥控京城的事态了。李重进就这样被逐出权力核心。

到这时，殿前司的权力分布情况是：殿前都点检赵匡胤，副都点

检慕容延钊，都指挥使石守信，都虞候王审琦。石守信、王审琦是赵匡胤的把兄弟，慕容延钊也同赵匡胤关系不错。至此，赵匡胤已完全掌握了殿前司。

再来看看侍卫亲军司，前五号人物是：马步军都指挥使李重进，副都指挥使韩通，都虞候韩令坤，马军都指挥使高怀德，步军都指挥使张令锋。其中，李重进已被贬到扬州，高怀德、张令铎、韩令坤都是赵匡胤的自己人。执掌侍卫司大权的唯剩韩通一人不利于赵匡胤，韩通"振迹戎伍，委质前朝，彰灼茂功，践更勇爵"，在李重进离京后，成为侍卫司的头号人物，掌握了数万大军，对周也是忠心耿耿，应该有能力阻止任何不利于后周政权的举动。可惜的是此人出身行伍，勇有余而谋不足，性情刚愎暴戾，喜欢胡作非为，依恃大权在握，盛气凌人，谁都不放在眼里，吹胡子瞪眼睛，因此被人背后称作"韩瞪眼"，最后成了爹不亲，娘不爱，朋友不多，仇人不少，一个孤家寡人，没有多少人买他的账。因此，尽管韩通大权在握，也难有什么作为，不足为虑。

那么，此时朝中的情形又如何呢？新继位的宗训，年幼无知，自然不能负起治理国家的重任，军国政务，完全交给大臣们处理。世宗去世前，加枢密使魏仁浦中书侍郎同平章事，与范质、王溥军一道辅助宗训，使周氏王朝代代相传。但魏仁浦出身小吏，不是科班出身，难孚众望。范质、王溥"忠厚长者"，只知清廉自持，循规蹈矩，照章办事，从个人品质上可说是老好人，但却不能在变乱中力挽狂澜，在政权危机存亡的关键时刻，没有勇气和能力挺身而出，安邦定国。

天下没有不透风的墙，若要人不知，除非己莫为。当时人们对赵匡胤的举动并非毫无觉察。谏官郑起看见赵匡胤久掌禁兵，"有人望，乃贻书范质，极言其事，质不听"。杨徽之也曾"言于世宗，以为上（赵匡胤）有人望，不宜典禁兵"。但周世宗很自信，无论从哪方面来说，只要自己在世，赵匡胤绝不敢有非分之举，同时，赵匡胤曾是自己的"患难兄弟"，又是自己一手栽培和提拔起来的，绝不会

周世宗

做忘恩负义之人。当然，更重要的赵匡胤本人工于心计，老谋深算，极善于掩饰自己，终于骗取了周世宗的信任，因而对于赵匡胤不利的逆耳忠言，自然难以被周世宗相信。下面这个故事，很能说明问题。

雄才大略的周世宗清楚地看到，导致改朝换代的根本原因就是兵强将悍。因此即位之后，对武将们刻意防范，以发变生不测。赵匡胤兵权在握，正是周世宗刻意提防的对象之一。伴君如伴虎，赵匡胤如履薄冰，以免不小心被皇上抓住把柄，成为刀下冤鬼。据说，周世宗顽固而荒唐地认为，皇上必须长得方面大耳，尖嘴猴腮的人是不配做人君的。因此，他即位后，唯恐自己的皇位被那些方面大耳的人夺去，便使人暗地里罗织罪名，杀了许多方面大耳的大臣。

赵匡胤生得相貌堂堂，亦是方面大耳，也曾引起周世宗的注意。有一天，世宗召赵匡胤一起喝酒。醉眼蒙眬中，周世宗盯着赵匡胤的双眼说道："爱卿方面大耳，一派帝王气象，说不定他日会位居九五

第二章　开封称帝

45

之尊呢？"赵匡胤一听，顿时吓得满身冷汗。为了掩饰自己慌乱的心情，猛喝了几口酒，然后假装醉眼蒙眬地说："臣不仅方面大耳，而且身壮如牛。不过，臣的躯体乃至性命，都完全属于陛下。如果皇上喜欢，臣甘愿为您奉献一切。莫道是脸耳，就是心肝也很肥厚呢！皇上需要，只管操刀来取，臣不敢皱一下眉头！"周世宗只不过是试探赵匡胤，闻言不觉有些尴尬："爱卿言重了。"赵匡胤却装出一副很伤心的样子："皇上适才所言，好似万箭穿心。臣方面大耳，乃是父母所赐；皇上身登大宝，却是天命所归。臣不能违父母之命而生就这个样子，就像皇上不能违天命而拒绝皇位，陛下看臣该如何是好呢？"周世宗开怀大笑："朕不过是酒后戏言，爱卿不必当真。"

因为赵匡胤反应敏捷，随机应变，这件事

三彩双鱼形细颈壶

就这样被他应付过去了，总算没露出什么破绽。但赵匡胤从此却担惊受怕，担心有一天会被周世宗借故杀掉。所以此后处处小心谨慎，不敢有丝毫的松懈大意。在征伐南唐的战争中，赵匡胤异常勇猛让南唐恨之入骨，于是便玩弄离间计，企图借周世宗之手除去这个可怕的敌人。派人送信给赵匡胤，并奉上白银三千两。赵匡胤本人就是玩弄阴谋的宗师级人物，一眼识破南唐的用心，自然不会上当。他爽快地收下礼物，然后全部送交国库，南唐的离间计归于失败。赵匡胤知道功高遭忌，尽量克制自己，不但没有盛气凌人，反而待人处事更加谦恭。冲锋在前，领赏在后，凡是战功皆推与部下，不敢据为己有。父亲带病夜过滁州城，越匡胤以忠于王室将父亲拒于城外，周世宗后来知道后，心中甚是感动。战争结束后，周世宗当着满朝文武对赵匡胤说："朕亲征南唐，历数诸将，功劳没有比卿再高的，就是卿的父亲，也未尝没有给朕立下功劳。朕当重赏卿家父子，以劝诫众将。"赵匡胤听罢，忙伏地叩道："这次王师出征，所以获胜，全仗陛下英明，声威远震，以及众将士的拼命效命，臣实在不值一提，不敢贪功邀赏。"赵匡胤如此谦逊，周世宗很高兴，早先对赵匡胤的疑心终于完全冰释了。

就这样，赵匡胤用自己的智慧和奸诈赢得了周世宗的信任，躲过了周世宗的猜忌。以致后来在因"都点检做天子"的谣言而罢免张永德之后，又让赵匡胤当上了都点检。周世宗做梦都没有料到前一位都点检做天子是假，而后一位都点检做天子却成了真。这一方面说明周世宗聪明一世糊涂一时，终被赵匡胤所蒙骗；另一方面也说明赵匡胤确实善于伪装，奸诈无比。

客观地说，赵匡胤对周世宗确实是心存畏惧，且敬佩有加的。如果周世宗不是突然病故，赵匡胤尽管有心，但他天胆也不敢付诸行动去谋夺皇位。周世宗英年早逝，给赵匡胤提供了难逢的契机。满

第二章　开封称帝

朝文武，谁又能够阻挡赵匡胤称帝的步伐？其他的人不值一提，只有韩通。韩通本人是个起起武夫，胸无点墨，可他有个儿子韩徽却足智多谋。韩徽小时生病，落下终生残疾，成了驼背。被人称为"橐驼儿"。别看他长得丑陋，却很有远见，经常劝父亲早日下手，除掉赵匡胤，否则将悔之不及，但都被愚蠢的韩通所拒绝。其实，这时的赵匡胤羽翼已丰，势力庞大，要除掉他又谈何容易。这时对于赵匡胤而言，真是万事俱备，皇位已是近在咫尺，前进道路上的障碍已经全部清除，只剩下采取什么措施去实现他的雄伟计划了。

## 陈桥兵变

郭威当年奉命率兵北上，抵抗契丹的入侵，当军队前进到澶州时，郭威突然发动兵变，然后回师京城。赵匡胤及其周围的人对这件事并不陌生，他们在这件事上获得启示，于是他们采取了几乎是完全相同的方式夺得后周政权。

960年春节，朝廷突然接到来自镇、定两州的奏报，说是辽和北汉联合南下，入侵边境。宰相范质、王溥闻报大惊未加核实，急忙商议，决定派赵匡胤率殿前司军北上抵御。所谓辽兵入侵，辽史上并无记载，它不过是赵匡胤集团制造的谣言，作为实现自己阴谋的一个环节罢了。这是因为开封作为后周的都城，有重兵防卫，加上尚有侍卫司的庞大兵力，如果在京城举事，万一遇到侍卫司部队的抵抗，鹿死谁手不得而知。而离开京城，所统辖的部队已经其本上被自己控制，应该不会遇到什么阻力。权衡再三，赵匡胤决定离开京城，夺取政权。

与此同时，赵匡胤又派人大造舆论"将以出军之日，策点检为天子"。和上次制造谣言不同，上次是为了除掉政治上的对手张永德，而这次却是为了自己夺取政权。一时间，将要改朝换代的消息，传遍京城每一个角落，只是瞒住了高墙深院之中的内宫，他们还蒙在鼓里，对此一无所知。老百姓不辨真假，十年前郭威兵变进入开封后纵兵大掠的情景又浮现在眼前。于是，本该是喜气洋洋，充满欢庆祥和的传统佳节，却是满城风雨，人心惶惶，从市井百姓到达官显贵，搬家的，逃难的，早已混乱不堪。

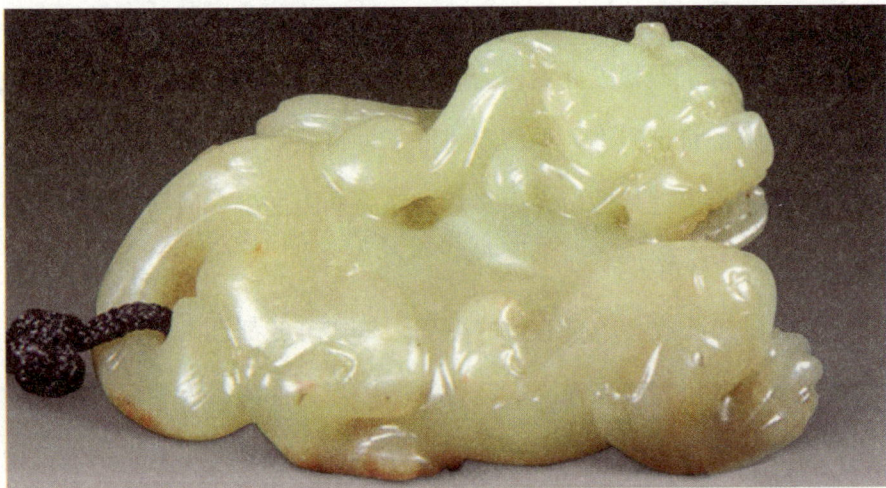

黄玉辟邪

事态演变至此，赵匡胤的图谋已昭然若揭。但是，最有力量制止事变发生的韩通，却依旧不相信赵匡胤敢犯上作乱，对于充斥耳边的传言，置若罔闻。大年初一的晚上，赵匡胤到韩通府上辞行，韩徽献计，恳求乘机干掉赵匡胤，但被韩通阻止。巩固后周政权的最后一个机会，被韩通失去了。赵匡胤代周自立已无法阻止，势在必行了。

正月初二，赵匡胤率领大军，浩浩荡荡开出京城北上抗辽。由于赵匡胤加意约束，军纪肃然。见此情景，躁动不安的人们逐渐安定下来。走出城门，据说有一个名叫苗训的军校，号称通晓天文，宣称看到东方天边太阳下面又长出一个太阳，相互搏斗了很久，新生的太阳终于战胜了原来的那个太阳，于是，上天授命，赵匡胤天命所归的舆论，迅速在军中传遍开来。

大军慢吞吞地行至开封东北四十里地的陈桥驿，此时太阳已经落山，便就地安营扎寨，歇息下来。晚上，整座军营，乱成一团。士兵们交头接耳，议论纷纷。将校们也齐集一起，狂呼乱叫："当今皇上年幼无知，我辈即使抛头颅，洒热血，冲锋陷阵为国破敌，又有谁知道我们的功劳，不如先立点检为天子，然后再北征不迟。"赵匡胤假意出来劝阻，将校们本来早已串通好了，自然没有听从赵匡胤暗自高兴，出来劝阻不过是做做表面文章，略一劝阻之后，回到帐中，痛痛快快地喝了个一醉方休。

赵匡胤如此放心，自有他的道理，一切事务都已由一班心腹谋士们处理。主要策划者赵光义、赵普部署停当，连夜派人驰返京城，向石守信、王审琦等人送信，让他们做好准备，一旦大军返京，就由他们打开城门，放部队入城。

事情进展顺利，一切按计划进行。次日天刚亮，一夜无眠环立赵匡胤帐前的将士们发出了"嗷嗷"的呼叫，此地呼声一起，四面群起响应，响声动地，声震原野。接着，一部分将士握刀持剑，拥向赵匡胤的中军大帐，守卫在门外的赵光义连忙推醒尚在鼾睡的兄长。赵匡胤酒意刚去，不紧不慢地下了床。这时将校们个个手持兵器，立于庭前，齐声高叫："我辈无主，愿奉点检为皇上！"不等赵匡胤答话，一起闯进来将他拥至厅堂，把一件早已预备好的绣黄龙袍披在他的身上。然后退至庭前，齐刷刷跪倒在地，口中高呼"万岁"。

赵匡胤知道自己开口的时机已到，于是，赵匡胤高声宣布："你们贪图富贵，强立我为天子，我心存感激。但是无规矩不成方圆，你们如果能服从我的命令，我当这个天子。否则，就请诸位另请高明。"众将齐声高呼："我们一定服从命令！"赵匡胤当即"约法三章"："少帝及太后，我曾北面称臣；文武百官，都同我并肩共事。对他们，你们不能随意侵犯凌辱。近代帝王起兵，初入京师时都纵兵大掠。今天你们不得再这样劫掠都市民众，抢夺府库财物。服从命令的，将得到重赏；不服从命令的，将杀无赦！"

赵匡胤率师离京，就是为了黄袍加身。如今目的已达到，本就子虚乌有的辽汉联兵入侵的消息，自然也就烟消云散了。于是，赵匡胤调转马头，回师京城。早已等候的石守信、王审琦，打开城门，赵匡胤一路毫无阻挡地进

崇兴寺双塔

铜镏金龟形香熏

入城中。开封的百姓，饱受兵变之苦，听说大军去而复回，不免担惊受怕。等到部队入城之后，秋毫无犯，解甲归营，一颗颗悬着的心才放了下来。有几个市井无赖想趁机劫掠，不料被巡逻的士兵捉住，就地杀掉。京城的秩序，很快安定下来，赵匡胤也回到了殿前都点检的公署。

这时，正是早朝时分。后周的宰相大臣们，听说兵变的消息，一个个大惊失色，手足无措。只有韩通一人，从朝中飞奔回家，企图组织抵抗。途中，被赵匡胤的部将王彦升撞见。王彦升跃马随后追赶，韩通刚进家门，还来不及掩闭大门，就被王彦升闯入府内杀死，那个曾劝说干掉赵匡胤的韩橐驼，也被王彦升杀掉。宰相范质紧紧抓住另一宰相王溥的手，痛悔不已地说：“匆匆派兵，导致此变。我们有负先皇临终所托，断送了周家天下，罪该万死啊！”他们并不清楚，即使不派赵匡胤去，变乱迟早也会发生。

正当范质、王溥等一班文臣长吁短叹之时，士兵们冲了进来，逼迫范质等人来到赵匡胤的都点检公署。赵匡胤见到范质等人，表面上倒也浮现一丝羞愧，假惺惺地表示难过，流下几滴眼泪。"我受世宗厚恩，今日被六军所逼实在是被逼无奈，迫不得已，走到这一步，实在让人惭愧。"范质正待上前搭话，想板起面孔斥责赵匡胤一番，军校罗彦环持剑上前，厉声喝道："我辈无主，今日必得天子。无知老儿，休得胡言！"范质、王溥等人面面相觑，六神无主。终究是自己的性命要紧，识时务者为俊杰，迟疑片刻，王溥首先退至阶下，倒身下拜。范质没有办法，也只好跟着跪下，高呼"万岁"。世宗临终顾命的大臣，就这样改换了门庭。剩下宫中的寡妇孤儿，唯一能做的就是拱手让出江山。

事态的发展，出人意料的顺利，赵匡胤兵不血刃，轻而易举地达到了目的。于是，赵匡胤的部下们筹备着禅代大典。夜长梦多，事不宜迟，当天下午，开封城中锣鼓喧天，旌旗招展。崇元殿上，百官齐聚，站定班次，隆重的禅代仪式开始了。翰林学士承旨陶谷，拿出早已准备好的禅位诏书，以宗训的名义高声宣布：

天生蒸民，树之司牧，二帝推公而禅位，三王乘时而革命，其极一也。予末小子，遭家不造，人心已去，国命有归。咨尔归德军节度使殿前都点检赵某，禀上圣之姿，有神武之略，佐我烈祖，格于皇天；逮事世宗，功存纳麓，东征西怨，厥续懋焉。天地鬼神，享于有德，讴歌狱讼，归于至仁，应天顺民，法尧禅舜。如释重负，予其作宾。呜呼钦哉，只畏天命！

赵匡胤在宣徽使的引导下跪倒龙墀，北面拜受。然后，后周宰相扶掖赵匡胤升殿，换上龙袍，接受群臣拜贺，赵匡胤至此正式即位，成为皇帝。因为所领的归德军在宋州（今河南商丘），于是定国号为宋，改元建隆。大宋开国，赵匡胤后被尊称宋太祖。这一年，赵匡胤年仅三十四岁。

## 平息叛乱

赵匡胤终于面南背北，成为九五之尊，他上台后最为紧迫的任务就是巩固自己的新生政权，巩固政权的首要措施就是稳定朝中文武百官，使他们能为赵宋王朝出力效劳。

一朝天子一朝臣，话虽这样说，但赵匡胤毕竟棋高一着，他没有采取简单而极端的方式，将原后周旧臣通通扫地出门，而是采取了安抚的手法，封后周末代皇帝宗训为郑王，尊符太后为周太后，迁居西宫，在生活上尽力予以优待和关照。郭氏、柴氏的后代，也被封官晋爵。原来的文武百官，一般原封不动，照旧录用，范质、王溥仍任宰相。这样，就减少了由于人事大幅度变化所带来的冲击和震荡。同时，对于拥立自己当皇帝的有功之臣，赵匡胤自然没有忘记，给他们加官晋爵，授予实权。但是，如果这些人居功自傲，也不放纵姑息。有一天，京城巡检官王彦升半夜三更地敲开宰相王溥的大门，要宰相接风慰劳，其目的无非是想借机敲诈一笔钱财。王溥也不是好惹的，喝酒可以，钱财吗分文不给，第二天还到皇上面前告了王彦升的御状。赵匡胤经查，确有其事，毫不客气地罢免了王彦升的职务。此举一箭双雕，一方面使留用的后周旧臣，感到自己的地位有了保障，因而对新政权由心存狐疑观望转为衷心拥护；另一方面，也对那些拥戴有功之臣敲响了警钟，必须戒骄戒躁，否则绝不姑息。于是，朝中秩序很快安定下来。

接着，赵匡胤又开始安抚地方上的那些节度使。当赵家王朝建立之初，赵匡胤就派出许多使节，前往各地，传达新朝廷的诏旨。但是，要让那些拥有实力的节度使们俯首帖耳，恭顺地接受新王朝的统治，则要比驯服朝廷内的那些手无寸铁的文官们复杂和困难得多。

各个强藩的情况也不一样，有些人本来就和赵匡胤关系不错，如正在北方巡边的镇安节度使韩令坤，重兵驻屯真定（今河北正定）的镇宁军节度使慕容延钊，都是赵匡胤往来密切的好友，他们接到新皇帝的诏书后自然都欣喜异常。有一部分人，对赵匡胤建立的新皇朝持观望态度，但他们信奉的信条是识时务者为俊杰，尽管心存犹疑，也不会贸然反对，于是便承认了既成事实，接受了赵匡胤的统治。至于另外一些人，同后周有着千丝万缕的联系，自己又手握重兵，自然不甘心听从赵匡胤的命令，于是便明里暗里同新建立的王朝作对，甚至公然起兵反抗，企图取赵匡胤而代之，李筠和李重进就是这样的人物。对于这样敢于以卵击石的顽固分子，赵匡胤也就毫不手软，断然诉诸武力。

李筠，原名李荣，因避世宗讳改名李筠，在后周时任昭义军节度使，辖有潞州（今山西长治）、泽州（今山西晋城）、沁州（今山西沁源）三州之地。李筠镇守此地八年多，依恃自己是后周开国功臣，骄横跋扈，截留中央赋税，招纳亡命之徒，扩充军队，其拥兵自重已

陈桥驿遗址

非一日。就连世宗柴荣也没放在眼里。柴荣念他是郭威旧臣，不和他计较。如今，出身低微的赵匡胤，竟然也穿戴衮冕坐起龙庭，要他俯首称臣，自然是十二分的不情愿。对于这点，赵匡胤特别清楚。所以在即位之初，就拜他为中书令，企图用高官厚禄来笼络这位后周勋旧元老。然而，李筠对此不屑一顾，他认为自己实力雄厚，可以与赵匡胤较量一番，并且有希望取胜。

这天，赵匡胤派出的专使来到潞州，李筠心中不快，竟要把使者拒之门外。后经过左右幕僚的竭力劝说，才勉强接纳了使者，跪拜新皇帝的诏书。但愤懑之情，溢于言表。随后，照例要摆酒设宴，庆贺新皇帝登基。李筠心情烦闷，无心喝酒，正在大家欢宴的时候，李筠突然吩咐手下，拿出郭威的一幅画像，高挂在堂前，自己则呜呜咽咽，哭个不停。满堂宾客个个大惊失色，急忙对使者解释说：

"令公饮酒过量，酒后失态，切莫见怪！"此事不胫而走，很快传到北汉统治者刘钧那里北汉看到李筠和赵匡胤之间的矛盾难以调和，觉得有机可乘，便暗中修书一封，密约刘筠联兵攻宋。李筠接到来信，特别高兴。只是左右大都不赞成他起兵反对大宋，李筠恐怕隐瞒不住，便将书信送到朝廷。其实，赵匡胤对李筠的私下活动一清二楚，只是没有捅破这层窗户纸，于是亲笔写了封回信，将李筠大大安慰了一番。

李筠的长子李守节，却同他父亲持有不同政见，不止一次地劝说李筠，希望他放弃同朝廷对抗的念头。但李筠利令智昏，一意孤行。赵匡胤得知李氏父子意见不一，于是任命李守节为皇城使，以瓦解对方的力量。李筠也乘机派儿子入朝，观察朝廷动静，了解朝中虚实。赵匡胤在宫中接见李守节，开口便问："太子，你远离朝廷到此干什么？"李守节大惊失色，急忙叩头："陛下何出此言？看来是有人离间。"赵匡胤说道："李筠命你前来，无非是想让我把你杀掉，他便以此为借口举兵反叛。你回去告诉他，在我未做天子时，任由他随便怎么做。但如今我已做了天子，难道他就不能收敛一点儿吗？"李守节返回潞州，转达了赵匡胤的这番话。但李筠却没有一点儿悔意，他见阴谋已经败露，一不做二不休，干脆公然和朝廷对抗起来。

建隆元年（960）四月，李筠正式举起了反宋的大旗，他发布宣战檄文，历数赵匡胤的罪状，把赵匡胤派来的监军周光逊等人扣押，向北汉称臣纳款，请求派兵支援。同时派兵袭击泽州，擒杀宋将张福，占领州城。北汉刘钧闻报大喜，亲自出马同李筠商议联兵事宜。行至太平驿（今长治西北），李筠已亲率僚属迎候在路旁。刘钧立即封他

为西平王，赏赐他许多马匹珍玩。而李筠见刘钧仪卫单薄，认为刘钧没有帝王气象，心中不免有些懊恼。而刘钧听见李筠口口声声不负周氏旧恩，而后周同北汉又是世仇，心中自然不悦。李筠回去后，刘钧又派卢赞前往泽潞监军，更加引起李筠反感。于是，双方在开始联合时便没有多少诚意，同床异梦，各怀异志。

李筠起兵之后，有三条计策可用。一是利用天然的山险。因为潞州地处宋与北汉之间，地位险要。其南面的泽州有天井关，关南便是太行山。如果李筠固守潞泽，作持久作战的打算，先消耗掉对方的实力，然后待机反攻，事尚有可为。较之这一保守的计策，幕僚闾丘仲卿提出了更为积极的建议："西下太行，直抵怀孟，塞虎牢，据洛邑，东向而争天下，计之上也。"但是狂妄的李筠，没有采纳上述正确的建议。他对当时的情形做了错误的估计，认为："我本是周朝宿将，与世宗义同兄弟，禁卫都是老相识，听说我大军前来，必定临阵倒戈，前来归顺。况且我手中有猛将儋圭，日驰七百里的骏马拨汗，又何忧不能得到天下呢？"于是草率决策，留李守节守潞州，自己亲率三万兵马南下，企图直捣开封，一举灭亡宋朝。

但实际上，李筠不过是痴人说梦。他之起兵，本是为了实现个人野心，只以讨伐叛逆做旗号，但此时原后周军队早已控制在赵匡胤手中，所有将领也都是赵匡胤的自己人，因此，李筠的号召，在朝廷内得不到回应，就是在其他藩镇中，公开响应的也廖廖无几。北汉虽不十分可靠，毕竟是可以借重的力量。可是由于双方矛盾重重，北汉采取了坐山观虎斗的态度，主力逗留在太平驿，根本未随李筠一起行动。况且李筠集团内部，意见也不一致。部属们对反宋意见不一，支持者有，不以为然者也为数不少。因此，李筠基本上是孤军奋战，其下场早已注定，必败无疑。

李筠磨刀霍霍，赵匡胤也在调兵遣将，部署反击。赵匡胤即召集文武臣僚商议讨伐李筠对策。枢密使吴廷祚认为："潞州地势险要，如果李筠固守不出，那么短期内很难将其平定。但李筠狂骄无谋，我只要迅速出兵，他必定会恃勇主动迎击。这样，只要他离开巢穴，就会被我击败。"枢密直学士赵普也认为："李筠以为国家新建，不会轻易动用军队。我如果倍道兼行，出其不意，攻其不备，可一战而胜。"赵匡胤也认识到此举关系到新政权的安危，必须以迅雷不及掩耳的行动扑灭李筠的反抗，否则迁延日久，一定影到新政权的稳定。于是采纳了他们的建议。命石守信、高怀德率兵为西路，由孟津直趋天井关，慕容延钊、王全斌由东路策应，一举平息叛乱。

石守信、高怀德率领前锋先期出发。临行前，赵匡胤指示："不能放李筠下太行，下太行等于放虎归山，应迅速引兵控制关隘，阻止其南下，这样就必定击败李筠。"石守信遵照指令，自孟津渡过黄河，经怀州（今

先忧后乐坊

契丹银币

河南沁阳）疾驰，抢先控制了要地天井关。李筠率兵三万屯于泽州之南。半个月后，在长平（今山西晋城东北）与石守信部宋军遭遇。宋军大胜，歼灭叛军三千余人。

接着，自己率军出发，路途远，五天之后到达河阳（今河南孟县），渡过黄河，进入太行山，赵匡胤下诏亲征，留赵光义等人坐镇开封。山路狭窄，崎岖不平，大军行动迟缓。赵匡胤身先士卒，搬走了挡在路上的石块，群臣和众将士立即跟着行动，嶙峋险恶的山径，变成平坦通道。不久，赵匡胤同石守信会师，在泽州南面击败李筠主力，杀死北汉监军使卢赞，毙敌数千人。李筠连遭败绩，力量不足，被迫退入泽州、婴城固守。宋军随后追至城下，开始攻城。

泽州攻城战进行的十分激烈，赵匡胤亲自督阵，指挥各军攻城。但泽州城虽不大，却坚固异常，宋军列栅围攻，十多天不见成效。因为宋军的猛烈进攻，导致李筠集团的分化，潞州将领王全德、王延鲁先后出城投降，削弱了李筠的力量。李筠围守泽州，危在旦夕。李筠之爱妾刘氏，见城已不可守，便对李筠说："孤城危蹙，破在俄顷。不如率领心腹，突围而出，胜过坐而待毙。"李筠觉得言之有理，遂准备在晚上率众突围。部下有人认为："如果率众出城，有人劫持令公投降，将悔之无及！"李筠本来有勇无谋，胸无主见，认为这种事情也可能发生，于是放弃了突围的念头，准备顽抗到底。

李筠坚守不出，宋军开始对泽州发起最后的总攻。将领马全义率领敢死队数十人，率先登上城头。手臂被箭矢击穿，血流如注，马全义面不改色，拔出箭矢，又投入激战，部下深受鼓舞，终于攻入城内。李筠拒不投降，投入火中自焚而死。次日，赵匡胤乘胜进攻潞州，李守节见大势已去，举城投降。李筠叛乱至此平定，前后用了不到两个月的时间。

扬州的李重进闻听李筠起兵，他也蠢蠢欲动，企图和李筠南北呼应，推翻宋朝。

李重进是后周久握兵权的宿将，又是郭威的外甥。周世宗时同赵匡胤两人分掌内外兵权，那时已是貌合神离。宗训继位后，李重进被赶出朝廷，到扬州做了淮南道节度使。李重进知道是赵匡胤从中做梗，心中对他充满怨恨。赵匡胤夺取政权后，也对李重进心怀戒备。李重进知道赵匡胤对他不放心，因此对新政权首鼠两端，不怎么死心塌地。赵匡胤在加封他为中书令以示安抚的同时，又罢免了他马步军都指挥使的职务，剥夺了他的兵权。李重进包藏祸心，请求入朝觐见，以试探赵匡胤。赵匡胤自不希望看到这个饱含敌意的危险分子来到京师这个是非之地，便婉言加以拒绝。当然，复信的措辞，出自名家手笔，其理由也正正当当："君为元首，臣作股肱，虽在远方，还同一体，保君臣之分，方契永图，修朝觐之仪，何须此日！"李重进从婉约的辞令中，看到自己终将不会见容于新王朝，自己也不会再有

什么前途。于是在扬州筑城浚壕，招兵买马，伺机反抗。

李筠在潞州起兵的消息传来，李重进简直欣喜若狂，觉得时机已经成熟，便派幕僚翟守珣火速前去，企图同李筠建立反宋联盟，南北夹攻，共同打击赵匡胤。

李重进哪里想到身受重任的翟守珣，却是一个早就同赵匡胤有联系的人物，也可以说是赵匡胤的卧底。所以，他在去了潞州之后，又偷偷溜至开封，面见赵匡胤，将李重进的情况向赵匡胤做了汇报。此时赵匡胤同李筠交战正酣，在获得这一消息后，为了避免腹背受敌。于是决定对李重进施以缓兵之计，先稳定南方，待集中力量干掉李筠之后，再回头收拾李重进。

因此，赵匡胤一面厚赐翟守珣，让他回到扬州后，想方设法劝说李重进"稍缓其谋"，"无令二凶并作，分我兵势"。另一方面又"赐重进铁券"，表示对李重进的信任，以解除他的疑虑。李重进相信了翟守珣的话，迟迟没有采取行动。以致错失了良机，使赵匡胤赢得了宝贵的时间。

赵匡胤平定李筠之后，便开始集中兵力对付李重进了。先来一个调虎离山，下令重进改领平卢节度使，移镇青州（今山东益都）。赵匡胤明知李重进不会俯首听命，但表面上仍派陈思海做特使，赐予李重进铁券。这一套欺世盗名的做法，无非是要让天下人，特别是后周旧臣知道："我对周室旧臣无所猜忌，重进不体谅我这番苦心，心怀叵测，自寻死路，那就怪不得我赵某心狠手辣了。"正如赵匡胤所料，李重进不愿离开扬州，拘禁了陈思海。并派人到南唐搬请援兵。这时南唐国势日衰，无力出兵，不仅拒绝了李重进的请求，还劝说李重进："大丈夫因失意而造反，屡见不鲜，只看时机是否恰当罢了。在宋建立之初，李筠作乱，人心未稳，应该趁机起事。阁下没有乘机而起。如今大宋人心已定，

赵匡胤"黄袍加身"处陈桥驿遗址

反想以数千乌合之众，对抗天下精兵，那简直是在做梦。我即使是有兵有粮，也不敢资助你去干这种毫无希望的蠢事。"但李重进反意已定，听不进劝告，决心起兵抗宋。

南唐拒绝援助，李重进只能依靠自己，孤军奋战了。不过，李重进来到扬州时日不久，根基未稳，所统辖的淮南，正是当年被他征服的南唐臣民，自然也不会跟着他冒抄家灭族的风险。李重进本人富可敌国，对待部下却刻薄寡恩，是一个一毛不拔的吝啬鬼。"未尝有觞酒豆肉及其士卒"，招致部下的离心离德。在扬州监军的安友规，看到李重进有反叛之意，便同几个亲信逃出扬州。李重进大怒，立即逮捕了几十个平日对他不服气的军校。这些人愤愤不平，大声抗议："我们本是为周朝来此屯戍，公如果遵奉周室，何不让我们到阵前效命？"李重进听不进去，一气之下将他们通通杀掉。这样，李重进不仅外无盟友，内部也失去人心，众叛亲离，成为孤家寡人。

李重进反叛的消息传到朝廷，之后赵匡胤立即部署征讨事宜，

命令石守信为扬州行营都部署，王审琦为副，李处耘为都监，率领禁军南下扬州平息李重进叛乱。扬州地区地势平旷，除淮河外无险可恃，易攻难守。李重进"凭恃长淮，缮修孤垒，无诸葛诞之恩信，士卒离心；有袁本初之强梁，计谋不用。外绝救援，内乏资粮，急攻亦取，缓攻亦取"。根据各种情况判断，李重进败局已定，但赵匡胤仍决定速战速决，以避免叛乱的扩大和蔓延。于是，赵匡胤再次御驾亲征。

征讨李重进的大军，大军从京师出发，乘船东下，经宿州、泗州，然后舍舟登陆。一路上浩浩荡荡，鸣鼓前行。半个月之后，赵匡胤到达扬州北面的大仪镇。这时捷报传来："扬州破在旦夕，愿车驾临视"。赵匡胤连忙下令起程，马不停蹄地赶赴扬州城下之后，立即发动攻势，当天就攻拔扬州。扬州陷落，李重进全家自焚而死，李重进反叛至此遂告平定。

赵匡胤平息二李叛乱，具有很重要的现实意义，用二李的结局来告诉那些拥兵自重而又心中犹疑不定的那些节度使，妄图反抗，只能自取灭亡，只有老老实实地服从大宋王朝，才是唯一正确的选择。于是，地方局面很快稳定下来。接着，赵匡胤又采取了一系列必要的军政措施，逐步将地方上的兵权、财权、政权收为中央，就此加强了中央集权，赵宋政权得已稳固。

# 第三章　挥师南下

## 雪夜定策

赵匡胤平定二李叛乱之后，赵宋王朝的统治得到进一步巩固，统一全国，自然成为赵匡胤下一个奋斗目标。

当时，赵宋政权虽承袭了后周统治区域，拥有一百一十一州、九十六万户，有效统治区域，仅仅局限于中原地区。在其南面，尚有南平、武平、后蜀、南汉、南唐、吴越；在其北面，还有辽和北汉政权。分裂割据的局面依旧。要统一全国，并不是一件轻而易举的事情。首先，最关键的问题就是战略方针的选择和制定。

赵匡胤面对"卧榻之侧，皆他人家"的严峻形势，在即位之初即已开始考虑这一问题，他为此常常彻夜难眠。

这是隆冬时节的一个夜晚，北风呼号，大雪纷飞，天气寒冷异常。银妆素裹的开封城失去了平时的喧闹，沉睡在一片银白色的冬夜里。街上行人早已绝迹，赵匡胤拥被坐于龙床，苦思用兵方略，久久难以入睡。后来索性爬起床来，穿上貂皮大衣，悄悄走出宫门，来到赵普的门前。一阵急促的敲门声，惊醒了已经入睡的赵普。赵普推开大门，立刻惊呆了，只见皇上伫立在风雪之中，已变成了一个雪人。赵普急忙将赵匡胤迎入府中，燃起火炉，摆上几碟小菜，为

65

磁州窑黑花草叶纹长腹瓷瓶

赵匡胤接风祛寒。君臣围坐炉旁，亲密无间。夫人和氏亲自把盏，殷勤劝酒。酒过三巡，颊红耳热，赵普才开口问道："夜深寒甚，陛下为何冒雪出宫？"赵匡胤回答："除了睡榻之外，都是别人的地盘，我又怎能安然入睡？心中焦急，因此特来找你商议对策。"赵匡胤继续往下说："我的打算是先收复太原。你以为如何？"赵普默然良久，才表情淡漠地缓缓回答："陛下要先伐北汉，微臣没有什么好说的。"赵匡胤知道这是赵普委婉地表示反对，便问道：""爱卿为什么不同意呢？""赵普思忖片刻："太原位于西北二边，如果一举而下，那么，辽军南下的祸患，就要由我朝独自抵挡了。臣以为不如暂留北汉不攻，等到平定南方诸国之后，再转兵北向，区区一座孤城，不足为虑。"赵匡胤开怀大笑："爱卿不必多言，我刚才已知道你的意思了。我也正是此意，所谓英雄所见略同，不谋而合。我说要先攻太原，不过是试探试探你的反应罢了。"一席长谈，明确了先南后北统一全国的战略方针。

当然，一个关系到赵宋千秋大业的战略方针，不可能就这样简单制定出来。而是经过两年多的酝酿和反复求证，形成最终决策。其实早在赵匡胤即位不久，就开始"密访策略"，就统一方针问题广泛征求臣僚们的意见。当时的官员大都不赞成先攻北边，而主张应兵锋南指。正是在博采众议的基础上，才促使赵匡胤定下了先南后北的战略方针。

　　这个战略方针的出笼，根植于赵匡胤君臣对当时各方实力的冷峻思考。战争，首先是交战各方军事实力的较量。宋王朝建立之时，神州大地依旧是分崩离析，政权鼎峙。宋和辽虽然力量比较强大，但就辽和宋的力量对比而言，辽的经济、军事实力又显然占据了优势。仅从军力方面讲，辽有军队三十万，以擅长骑射的骑兵为主力；宋初军队只有十九万多人，其中步兵占大多数。在燕山以南华北的旷野平原很适合辽的骑兵作战。再看北汉，兵力不多，却精悍无比，又有辽朝作为后盾，绝不能轻举妄动。在这种情况下，如果贸然向北进兵，不仅毫无取胜的把握，而且很可能损兵折将，动摇新建宋王朝的根基。对此，赵匡胤不能不仔细考虑。

　　战争，还是双方经济实力的较量。要支撑长期战争，就需要雄厚的财力做保障，国库空虚想完成国家统一，只不过是在自欺欺人。赵家政权虽有后周所奠定的良好基础，但中原地区自唐中叶以来，兵连祸结，战乱不断，社会生产遭到严重破坏。恢复和发展生产，增强财力，需要日积月累，绝不能一蹴而就。而这个时期的南方，虽也有政权的更迭和军事上的冲突杀伐，但时间较短，规模也较小，有些地方甚至几十年干戈不及，基本上对社会经济没有造成特别严重的破坏。

北方历次战乱，都造成大量人口南移避乱，使南方得到开发，经济重心转到南方，南方的经济实力胜过北方。更重要的是，南方各政权政治腐败，军力衰弱，容易攻取。在上述情况下，赵匡胤选择了南方，不过是顺理成章，形势使然。

先南后北的战略，并不是赵匡胤集团的发明创造。其实早在后周世宗时，世宗命近臣各自撰著策论，大臣王朴就提出了先南后北、统一全国的方略："凡攻取之道，必先其易者。"如果先取南唐，"得江南，则岭南巴蜀，可传檄而定。南方既定，则燕地必望风内附。若其不至，移兵攻之，庶几可平矣。唯太原必死之寇，不可以恩信诱，必当以兵强击之。然彼自高平之败，力竭气沮，必未能为边患，宜且以为后图"。王朴的建议很有道理，后来世宗南征北伐，就是部分采纳了他的建议。身为后周大将的赵匡胤，对此是很清楚的。他对王朴的才华很钦佩，夺取帝位后，曾感慨地说，假如王朴在世，恐怕自己难以身穿龙袍，坐上龙庭。因此，王朴提出的这个著名的策略，自然会给赵匡胤带来很大影响。当然，赵匡胤也没有完全照搬，而是在继承的基础上，根据当时的实际情况，对他的理论给予了丰富和发展。

那么，先南后北的战略到底包括哪些内容呢？赵匡胤本人对此做过较为完整的表述，他说："中原地区自五代以来，战乱不断，国库空虚。必先取巴蜀，其次取广南、江南。这样，国库才能丰盈。北汉与辽接壤，如先攻取北汉，那么辽国就会长驱直入，还不如先让他苟延残喘，作为我们的屏障，等到我国富兵强之后再攻取它，为时不晚。"这一战略的着眼点是先弱后强，也就是先易后难，北守南攻，待取得南方雄厚的人力物力资源后，再集中力量统一北方。当然，任何战略方针的制定，都离不开当时的环境和主客观方面的条件，同时，时移则事易，制定战略方针也会随情况的变化而发生变化。赵匡胤在实施这一战略的过程中，并不是一成不变，而是视当时的情况进行了不断地调整和完善。

## 吞荆湖

战略方针既已制定，接下来的问题就是怎样付诸实际行动了。赵匡胤把荆湖地区的武平和南平割据势力，作为首先攻击的目标。南平是后梁时高季兴所建立的割据政权，都江陵（今属湖北），拥有荆州（今湖北江陵）、归州（今湖北秭归）、峡州（今湖北宜昌）三州之地，居江汉一隅，势力薄弱，五代时一直对中原各王朝俯首称臣。赵宋建立后，南平首领高保融亦对宋称臣，"一岁之间三入贡"。960年，高保融病死，由其弟高保勖继位，被宋封为南平节度使。

武平，原为唐末武安军节度使马殷在湖南建立的割据政权。到后晋时，已是"传国三世，有地数千里，

宋三彩跪拜俑

养兵十万人"。后周时武平，被南唐所灭，部将周行逢等起兵击败南唐，占据湖南十四州，被世宗封为武平（治朗州，今常德）节度使。宋建立后，加封周行逢为中书令。

建隆三年（962）九月，周行逢病死，其子周保权继位，当时年仅十一岁。衡州（今湖南衡阳）刺史张文表听说后勃然大怒："我和周行逢一起，出生入死才创下这份家业，如今行逢已死，本该由我执政，没想到竟传给了他的儿子。要我北面向竖子称臣，我怎能忍下这口恶气？"当时正值周保权遣兵到永州（今湖南零陵），从衡州路过，张文表利用这个机会，吞并了这支队伍，发动兵变。然后命令士兵们披麻戴孝，伪装成奔丧的样子，直奔朗州。路经潭州（今湖南长沙）时，潭州守将廖简平时对张文表不屑一顾，不加防范。正在大宴宾客的时候，手下报告张文表兵至，廖简满不在乎，在客人面前吹牛："这个黄口小儿，本领稀松平常，只要我一出马，便可手到擒来，怕他什么？"继续同宾客们大吃大喝。张文表没遇到任何阻力，径直进城。进城之后，率兵直入府内。这时，廖简已喝得酩酊大醉，东倒西歪，站立不稳，更拿不动刀剑，无力反抗，只得盘坐地上，如泼妇骂街，对张文表破口大骂。张文表大开杀戒，廖简及在座宾客全部被杀。

就在武平发生内乱的时候，南平也发生了变乱。十一月，南平首领者高保勖病死，由其侄高继冲继立。赵匡胤早已图谋南下，在此之前曾派卢怀忠从荆南回来出使荆南，刺探"人情去就，山川向背"等情报。卢怀忠回来报告说，南平只有三万兵马，且政治腐败，横征暴敛，民不聊生，不难击破；赵匡胤当时就想采取行动。这时看到武平和南平接连发生战乱，更有利于吞并荆湖，只是尚无充足的理由做借口。正当赵匡胤为此焦虑的时候，出兵的理由不用找，自己就送上门来了。

原来，周保权得知张文表发动叛乱占领潭州，心中大恐，一面令大将杨师璠率兵前往平叛，一面遣使向宋朝求援。赵匡胤得报大喜，遂决定效法春秋时晋师假途灭虢的故技，一箭双雕，"出师湖南，假道荆渚"，以借道为名灭南平，以救援为由灭武平。

假途灭虢的故事，人们并不陌生。公元前658年，晋国大夫荀息献计晋献公，用良马美玉贿赂虞国，以借虞国之道攻打虢国，晋献公依计而行。虞国大臣宫之奇识破了晋国的险恶用心，极力劝阻，但虞公贪图贿赂，不仅满口答应晋兵路过虞国，还主动发兵充当晋军的先锋，将虢兵击败。公元前655年，晋军再次向虞借道，这次宫之奇又极力劝谏："虢国是虞国的屏障，和我们唇齿相依，唇亡齿寒。假如虞国被晋吞并，那么虢国灭亡的日子也就为期不远了。"但愚蠢透顶的虞公仍执迷不悟不听劝阻。事态的发展果如宫之奇所料，晋在灭虢后，回师驻于虞，乘虞不备，发动突袭，一举将虞消灭。赵匡胤吞并荆湖的手法，应该同晋师假途灭虢如出一辙。

赵匡胤对武平求援的要求满口应允，一面向南平借道，并令其派水军三千人到潭州助战。同时，任命慕容延钊为湖南道行营都部署，李处耘为都监，率安州（今湖北安陆）、复州（今湖北天门）等十州兵南下。乾德元年（963）一月七日，宋军开始行动。宋军尚未进入湖南，杨师璠已经攻陷潭州，张文表被乱军所杀，叛乱被平息。但宋军并未因此而改变行动，依旧按原订计划继续南下。

雪夜访普图

李处耘率兵到襄州（今湖北襄阳）后，即派人到荆南借路。这时的南平统治者高继冲是一个庸碌之辈，虽然继承了他老子的职位，却昏庸无能，从来不理政事，所有政务都由一群臣僚处理。而他的臣僚们对宋的借道要求，也是议论纷纷，意见不一。一些将领持反对意见，并主张用武力抗拒，要求在荆门道路险隘处布设埋伏，等到宋军夜间经过时发起突然攻击，只要将其击败，宋军自会北撤。但更多的人只图自保，劝说高继冲满足宋军的借道要求。其中也有个别人看到统一是大势所趋，反抗是徒劳的，如同以卵击石，无济于事，因此也劝说高继冲放弃不自量力的抵抗打算。如孙光宪就是这样说的："周世宗时，已有一统天下的意愿。如今新立的宋朝，目标更加宏伟远大，讨伐张文表，不过是初试锋芒，小试牛刀。湖湘既平，断然不会北返，将借到的道路还给我们。

既然抵抗无益，不如主动将疆土献给朝廷，这样既可以免去一方生灵涂炭，而公也能不失去荣华富贵。"高继冲没有主见，只好听从大多数人的意见，不仅答应宋军的要求，还派他的叔父高保寅前去慰劳宋军，侦察宋军的动向。

二月九日，高保寅带着犒师的酒肉的来到荆门，同宋军相遇。李处耘热情地接待了他们，并挽留他们在军营中过夜。高保寅等人喜出望外，以为宋军此来并无恶意，便遣使飞报江陵。当晚，慕容延钊大摆宴席，为高保寅等人接风洗尘。与此同时，李处耘已暗中率领数千轻骑，快马加鞭，风驰电掣地赶往江陵。荆门距离江陵路程只有一百多里，高继冲正在焦急地等候高保寅的消息，突然听说宋军已至，诚惶诚恐，只好出城迎接，在江陵城北十五里处，同李处耘部相遇。李处耘同他略事寒暄，令他在城外等候慕容延钊大军，而自己则率兵从北门冲进江陵，迅速占领城内要地。等到高继冲伴随慕容延钊入城，宋兵已经完全占领了江陵城，布列街巷，完全控制了城中局势。高继冲眼见大势已去，走投无路，只得奉表投降，献出所管辖三州十七县土地。就这样，宋军以借道为名，乘南平观望游移之机，以迅雷不及掩耳之势突然兵临城下，兵不血刃吞并了南平。

宋兵占领荆南后，加紧征调南平兵卒万余人，与宋军一起，昼夜兼程向湖南进发。周保权闻讯，大惊失色，急召左右僚属商量对策。有人主张投降，其理由是张文表已死而宋师依然南下，其用意不言自明，显然是要占领湖湘之地。如今高继冲已投降，唇亡齿寒，仅靠朗州势难抵御强大的敌人，投降赵宋是明智之举。而将领张从富等反对投降，力主抵抗。慕容延钊派丁德裕率师前往招降，张从富不但拒不

接受，而且派兵严守要隘，凿沉船只，砍伐树木，堵塞道路，以阻止宋军。赵匡胤亲自遣使劝降："应你们的请求，才发大军相助。可如今却出尔反尔，抗拒王师，是何道理？希望诸位明形势，识时务，不要螳臂挡车，自取灭亡，使百姓生灵涂炭！"但周保权在张从富等人的怂恿下对此不予理睬。宋军劝降不成，只好兵戎相见。

于是，慕容延钊分兵两路，水陆并进；水军东趋岳州（今湖南岳阳）；陆师则出澧州（今湖南澧县），直扑朗州。解晖和武怀节奉命率水军从江陵沿长江顺流而下，二月底在岳阳北的三江口大败武平军，歼敌四千余人，缴获战船七百余艘，接着占领岳州。陆路由李处耘带领先锋前行，慕容延钊率大军过后，三月初进抵澧州南，同张从富军遭遇。两军尚未交锋，张从富部望风而溃，宋军尾随追击，追杀敌军无数。李处耘为了进一步恐吓敌军，选择了几十个膀大腰圆的俘虏，处死后煮熟，用作下酒菜。还故意在一部分年轻的俘虏脸上刺字，然后将他们放回朗州。这些俘虏死里逃生，回到朗州，把这个令人恐怖的消息，迅速散布开来，顿时引起朗州驻军骚动。士兵害怕落下个被屠宰的下场，便成群结队，纵火焚城，抢劫财物，然后各自奔逃。宋军乘机长驱直入，进入朗州城。张从富逃至西山下，被宋军杀掉。周保权在汪端的护卫下，藏在一座寺庙中。宋军搜来时，汪端独自逃走，周保权老老实实地当了俘虏。武平割据政权就这样灭亡了。

荆湖地区"南通长沙，东距建康，西通巴蜀"，战略地位尤为重要。赵宋吞并荆湖，其意义尤为深远。此战是赵宋统一战争中的初战，初战告捷，极大地振奋了宋军的斗志，鼓舞了宋军的士气。并使宋王朝的势力扩张到到长江以南。占据了这一长江中游战略要地，使宋切断了后蜀和南唐两大割据政权之间的联系。为以后宋朝入川灭属，东灭南唐，进军岭南创造了极其有利的条件。

## 灭后蜀

荆湖地区的战略地位极其重要，宋朝占领荆湖地区之后，取得特别有利的战略地位，左可以倾南唐，南可以通南汉，右可以瞰后蜀。赵匡胤于是开始谋划攻蜀事宜。

后蜀是后唐时四川节度使孟知祥于934年建立的一个割据政权，共占有两川、汉中四十五州，都于成都。这里素有天府之国之美誉，土地肥沃，经济发达，在南方各政权中，称得上是实力比较雄厚的大国。但自孟昶继位后，腐化堕落，奢侈放纵，加上所用之人大都是平庸无能之辈，如王昭远、韩保正等人分掌内外大权，备受宠信。其母李氏曾劝说："我曾见后唐庄宗跨过黄河与梁军交战，也曾见你父亲在并州抵御辽兵，后来又入蜀平定两川，那时掌握兵权的都是享有战功之人，因此士卒畏服。但现在的王昭远，出身微贱，从你就学时始，就服侍在你的左右从来没有上过战场。韩保正等人又都是世家子弟，平时又不知兵，一旦边境有警，这些人怎能御敌？"但孟昶置若罔闻。他们胡作非为，直把一片大好河山，弄得是乌烟瘴气。

赵匡胤在吞并荆湖后准备灭后蜀，任命张晖为凤州团练使兼西面行营巡检壕寨桥道使，侦察川陕地形，以便做好从陆路攻蜀的准备。又在开封凿池引入蔡河水，组建水军，建造舰船，练习水战，以备从水路溯江入蜀。

宋吞并荆湖，后蜀吃惊非小。宰相李昊劝孟昶臣服宋朝，以保荣华富贵，但被王昭远阻止。这时宋军已东临三峡，北控陇右和秦岭各隘口，后蜀所依恃的要地有长江三峡和米仓山等。于是，王昭远派兵东屯三峡，并在涪州（今四川涪陵）、沪州（今四川沪州市）、戎州（今四川宜宾）等州扩充水军，以防备宋军进攻。

正在这时，有好事之徒向王昭远进言："阁下平素无尺寸之功，今天身居高位，手握大权，如不谋惊世之功，又怎能让人心服？不如出兵遣使通好北汉，劝说他们出兵，我则自黄花、子午谷出兵响应，与北汉夹击宋朝，即可将关右地区，收归我有。"王昭远听后颇为动心，就极力鼓动孟昶依计而行。乾德二年（964）十月，孟昶派孙遇等人做特使，带着蜡丸帛书偷越宋境，企图联结北汉。不料其中一名叫赵彦韬的军校，中途叛变，改变方向投往宋朝，向赵匡胤密报了后蜀情况，并且很详细地绘出后蜀山川形势和兵力分布图，连同书信一起献给赵匡胤。书信上写的是："早岁曾奉尺书，远达睿听，丹素备陈于翰墨，欢盟已保于金兰；泊传吊伐之嘉音，实动辅车之喜色。寻于褒汉，添驻师徒，只待灵旗之济河，便遣前锋以出境。"这分明是要同北汉联兵攻宋。赵匡胤看完，非但没有生气，而且还高兴异常，因为他终于找到了确凿的证据和充足的理由向后蜀发动进攻，因此，他不禁开怀大笑："我师出有名了！"

十一月二日，赵匡胤下达了攻蜀的命令，兵分两路：北路以王全斌、崔彦进为正、副都部署，王仁赡为都监，率领步骑兵三万人出凤州，沿嘉陵江南下；东路以刘光义为副都部署，曹彬为都监，率步骑兵二万出归州，湖长江西上，两路分进合击，会师于成都。临行前，赵匡胤为诸将摆酒壮行，分别将阵图授予王全斌等人，并特别叮嘱刘光义，蜀军在夔州（今四川奉节东）设有锁江浮桥，上置有木栅三重，夹江配有大炮封锁江面对宋军很不利。因此必须先夺取浮桥，然后水陆夹击，才能取胜。同时严令三军不得"焚荡庐舍，驱略吏民"，违者严惩不贷。与此同时，还下令在开封右掖门南汴水旁边，替孟昶盖起一所住宅，房屋大小共五百多间，生活用品一应俱全，只等它的主人孟昶前来入住了。

孟昶得知宋师来攻，命王昭远为北面行营都统，赵崇韬为都监，韩保正、李进为正、副招讨使。由王昭远、赵崇韬率兵北上扼守广元、剑门等关隘；韩保正、李进率兵数万驻守兴元（今陕西汉中），阻止宋军南下。孟昶对王昭远说："宋军是你招来的，自然应该由你去抵挡，希望你为朕打个胜仗！"王昭远志大才疏，华而不实，自恃平日读过几本兵书，就目空一切了，把临阵杀敌看作切瓜切菜那般容易。将行时，孟昶派李昊在郊外为王昭远饯行。几杯烈酒下肚。王昭远不禁豪气冲天："我手下有二三万健儿，即使是夺取中

鎏金"中国大宁"规矩纹铜镜

原也易如反掌，至于克敌制胜，又何在话下？"说完，只见他一挥铁如意，如同诸葛亮手拿羽毛扇一般，昂首挺胸地地率兵出发了。

十二月中旬，北路宋军攻入蜀境，所向无敌，连拔兴州（今陕西略阳）外围各要点。十九日，击败蜀军七千余人，进克兴州，缴获军粮四十余万斛，蜀兴州守将蓝思绾退保西县（今陕西勉县西）；韩保正也放弃兴元，逃到西县。西县是入川的咽喉，控扼栈道的门户。韩保正就此在这里固守，以阻止宋军进一步南下。这时，宋军前锋史延德领兵已直逼县城，韩保正却懦怯不敢迎战，只是派兵数万依山背城，结阵自保。史延德见状领兵进击，大败蜀军，然后乘胜追击，活捉韩保正、李进，残余的蜀军烧毁栈道，退保葭萌（今四川广元西北）。

这时王昭远、赵崇韬率军屯驻利州（治今四川广元），派兵在大、小漫天寨（在利州城北）立寨而守。利州坐落在在嘉陵江东岸，群山环绕，形势险峻，是入蜀的必往之路。因栈道被毁，宋军无法长驱直入。王全斌命崔彦进率军一部赶修栈道，攻克小漫天寨，自己则亲率主力由嘉川东南的罗川小路，迂回南进，与崔彦进合攻利州。蜀军见宋军攻破小漫天寨，退驻大漫天寨。时间不长，王全斌和崔彦进在大漫天寨、小漫天寨之间的嘉陵江渡口深渡会师，夺占桥梁，并兵分三路，夹攻大漫天寨。蜀军集中精锐奋力抵抗，但终被宋军击溃。宋军乘胜进击，连拔蜀军各寨。王昭远、赵崇韬又亲自率兵堵截宋军，被宋军击溃，宋军追至利州北。王昭远慌忙弃城渡江，退保剑门（今四川剑阁东北），逃跑之后焚毁桥梁。十二月三十日，宋军攻克利州，获粮八十万斛。

在成都的孟昶，听到王昭远兵败忧心如焚，忍痛拿出钱财，招募三万余名士卒，由他的儿子元钹率领前往增援剑门。剑门"凭高据险，界山为门"，是屏障成都的要地，剑门的得失直接关系到成都的安危。但受命担任救援任务的元钹，从来不懂带兵打仗，副将以下也都昏庸无能。军队中旗帜均用彩色刺绣，杆上缠绕蜀锦。出发时天降小雨，元钹怕绣旗从旗杆上被雨淋湿，下令将旗拆下来，等到雨过天晴，又把旗帜重新系上，一不小心，几千面绣旗全部倒挂在旗杆上，花花绿绿，宛如一个庞大的马戏团，出尽了洋相。沿途百姓看到这样滑稽的队伍无不掩嘴窃笑：像这样的军队，也能打仗？元钹出发时，还带着成群的姬妾和几十个戏子，只顾自己享乐，而置迫在眉睫的战事于不顾，一路上游山玩水，日夜嬉戏。

宋军占领利州后直捣剑门，进占益光（今四川昭化）。王全斌率部来到剑门城下，见剑门险峻，且有重兵把守，一时难以攻取，便召集将领，商讨计策："剑门天险，一夫当关，万夫莫开。诸位可畅所欲言，各陈所见。"部下军官向韬发言："听降卒牟进讲，益光江东越过几重大山，有一条小路叫来苏，出剑门南二十里，至青疆店和大道相通。大军如走这条路，即可绕至剑门之南，断敌后路，攻占剑门。"王全斌一听大喜，决定全军取道来苏。但将领康延泽则提出异议："蜀军屡战屡败，士气低落，可急攻而下。况且来苏道路艰难狭窄，大军通行困难，不宜作迂远进攻。只可遣一偏将前往，抄小路到青疆后配合大军，南北夹击，必能一举攻克剑门，活捉王昭远。"王全斌认为这样做比较稳妥，于是采纳了他的建议，自率主力从正面进攻剑门，由史延德率兵一部走来苏迂回关南。

青釉刻花莲瓣纹盖罐

蜀军做梦也没有料到宋军竟然从来苏南来，惊慌失措，纷纷弃寨而逃，宋军顺利抵达青疆。王昭远听说宋军到来，只留偏师把守剑门，自己率兵退守汉源坡（今剑阁东北三十里）。宋军前后夹击，迅速攻占剑门，并乘胜向汉源坡挺进。王昭远顿时慌了神儿，两腿发软，坐在胡床（一种可折叠的轻便坐具）上，竟然无法站立。倒是赵崇韬看到宋军赶来，尚还表现出一点儿英雄气慨，他提起宝剑，飞身上马，布阵迎战。此时军心已经大乱，一触即溃，万余人被歼，赵崇韬也当了俘虏。两军交战的时候，王昭远偷偷地脱掉战袍和盔甲，换上老百姓的衣服，狼狈逃到东川（今四川三台），躲藏在一家居民的茅房中。这个出征时豪气冲天的大英雄，如今却是整天痛哭流涕，双目红肿，不断哀叹"运去英雄不自由"。没过几天，就被宋军搜出，押往开封去了。

在北路军势如破竹的同时，东路宋军的进展也相当顺利。十二月下旬，刘光义、曹彬率兵攻入巫峡，连连获胜，歼灭蜀军近万人，夺得战舰二百多艘。进抵夔州锁江浮桥三十里处时，按照赵匡胤事先"切勿以舟师争战，当先遣步骑潜击"的指示，舍舟登岸，击败两岸守军，夺得浮桥。接着"牵舟而上"，进至白帝城（夔州）西。夔州是"巴蜀之喉咙"，地位特别重要，蜀军守将高彦俦认为，宋军涉险远来，必定寻求速战速决，因此应坚壁扼守。但监军武守谦认为，敌已兵临城下，不能避战不出，懦弱怕死。各抒己见，争得面红耳赤。十二月二十六日，武守谦强行出战作，率领所部千余人杀出城去被宋军一阵痛击，大败而归。宋军紧随其后，突入城内，高彦俦拼死力战，受伤十多处，左右逃散殆尽。眼见局势已不可挽回，愤愧难当，跑回家中，纵火自焚而死。宋军就此占领夔州，打开了由长江入蜀的大门。然后自此浩浩荡荡沿江西上，万州（今四川万县）、开州（今四川开县）、忠州（今四川忠县）、遂州（今四川遂宁）等州守军都献城投降，宋军顺利入城。

蜀军失败的消息，接二连三地不断传来，孟昶惊慌失措，问计于群臣，老将石斌建议："宋军远道奔袭，难以持久。不如聚兵坚守，宋军师劳兵疲自会退去。"孟昶哀叹道："养兵千日，用兵一时。我父子用锦衣美食，养兵四十年，哪知一旦遇敌，竟不能为我东放一箭。今日闭垒坚守，有谁肯为我效死出力呢？"乾德三年（956）一月初，北路宋军直逼成都，东路军也接踵而至。一月七日，孟昶见大势已去，没有别的办法只得接受宰相李昊的建议，由李昊草写降表，送至宋军营中孟昶投降，王全斌随即将军队开入城中。

自王全斌从开封率军入蜀，到孟昶投降，平定后蜀只用了六十六天时间。后蜀所辖四十五州、一百九十八县归入宋朝版图。孟昶随即

率领全家及僚属顺江而下，经江陵、襄阳到达开封，住进了赵匡胤事先为他修建的府第，后蜀灭亡。

## 平南汉

宋朝早已吞并湖南，灭后蜀之后又占领四川，为宋军进一步征服南汉创造了有利条件，但连续用兵，远途征战，面临许多困难，赵匡胤暂时把这件事搁置下来。

南汉是唐清海军节度使刘隐建立的一个割据政权。刘隐死后，其弟刘继为节度使，被后梁封为南海王，917年称帝，国号大越，定都广州。次年改国号为汉，史称南汉。刘铱在位五年，刘玢在位一年，刘晟在位十五年，刘铱在位十四年。辖境四十七州，包括今广东全省以及广西东部。这个割据政权已经存在三十余年。

在当时的各割据政权中，南汉统治者最为昏庸残暴，奢侈腐朽，简直到了令人发指无以复加的地步。刘铱天天在宫中和一个波斯女人荒淫嬉戏，政事全部委托给宫里的宦官和宫女。小小一个宫廷，宦官竟多达七千多人。这些人充斥朝廷，胡作非为，为非作歹，无法无天，把整个广州变成了一座活地狱。刘铱认为，大臣如果有家室，便不能对朝廷尽忠，于是群臣中有才能的人，都被阉割。刘铱还设立烧煮、剥剔、刀山、剑树等酷刑，或者强迫罪人和虎象决斗。导致血肉横飞，冤痛之声充斥庭堂。宦官陈延寿说："作诸淫巧，日费数万金。宫城左右离宫数十，铱游幸常至月余或旬日。"刘铱的残暴统治使南汉人民处在水深火热之中。赵匡胤得知刘铱的胡作非为，曾惊骇地说："我当救此一方之民于水火之中。"只是那时尚忙于征讨后蜀，无暇顾及征讨南的事宜。

平定后蜀之后，宋军对南汉虎视眈眈。但南汉竟不知处境之危险，不自量力地不断骚扰宋境，引火烧身。如963年，南

箭镞

汉出兵袭扰江华（今湖南江华东南）等地，次年又侵潭州。赵匡胤曾先后两次致书南汉，劝其顺应时势臣服宋朝，刘铱不仅不听，反而派兵攻掠宋的道州（今湖南道县）。

赵匡胤见刘铱一意孤行，便决定讨伐南汉。开宝二年（969）六月，任命王明为荆湖路转运使，为进攻南汉做好准备工作。次年，南汉侵略道州时，州刺史王继勋主动请战："刘铱为政昏暴，民众饱受其毒害，请出兵讨伐！"赵匡胤义愤填膺，于九月一日任命潘美为贺州道兵马行营都部署，尹崇珂为副，王继勋为兵马都监，率领十州兵从湖南出发，避开越城岭、都庞岭、萌渚岭、骑田岭、大庾岭五岭的险道，向贺州（今广西贺县东南）进发，打算由南汉中部突入，一举荡平南汉。

九月中旬，宋军攻拔冯乘（今湖南江华西南），越过萌渚岭，经

白霞（今广西钟山西），直指贺州。贺州守将陈守忠派人向刘铱告急，南汉接到警报，举朝震惊，赶紧派宦官龚澄枢前往贺州，慰劳前方将士。贺州守军久戍边境，条件艰苦，听说朝廷派人前来慰劳，人人都以为会得到赏赐，不料这位专使却是两手空空。士兵们大失所望，悲愤异常，再也不愿为刘铱卖命。宋军前锋抵达芳林（贺县北），龚澄枢惊恐万分，连忙坐条小船逃回广州去了。宋军顺利进抵贺州城下，刘铱又派大将伍彦柔率兵溯郁江、贺水西上，北援贺州。九月十五日，宋军对贺州形成包围，同时分兵沿贺水南下。后来听说伍彦柔援军将至，主动后撤了二十里，在南乡（今贺县信都）布下三重埋伏，等待南汉援兵前来、九月二十日，伍彦柔夜泊南乡。第二天黎明，舍舟登岸，伍彦柔挟着弹弓，坐在胡床上指挥部队向贺州进发。突然，宋军伏兵齐发，箭如雨下，伍彦柔措手不及，阵脚大乱，顷刻之间，大部分士兵被杀死，伍彦柔被活捉，当即处死示众。贺州守军得知消息，无不惊恐万状。但依旧是否立即攻城，潘美有些犹豫，这时，垂死挣扎，不肯投降。正当众将犹豫不决时，王明向潘美进言："应当迅速攻击，不然敌援兵再至，而我又屯兵坚城之下，恐怕于我军不利。"不待潘美同意，王明就带领部众及民夫数千人，携带工具，挖土填塞濠堑，直抵城门外面。城上守军望见惊慌失措，无奈只好打开城门，向宋军投降。

宋军占领贺州后，本来能够长驱直进，但西面的富州（今广西昭平）、昭州（今广西平乐西北）、桂州（今广西桂林）和东面的连州（今广东连县）、韶州（今广东昭关西南）、英州（今广东英德）、雄州（今广东南雄）等州都有南汉守军把守，时刻威胁自己的侧后。

潘美为了解除后顾之忧，并调动南汉的主力西上，以便使东部空虚，遂亲督战船，扬言要沿贺水顺流东下，直取广州。刘𬬭闻讯忧心如焚，却又无计可施，只得起用被罢免多年的老将潘崇彻，加封他为内太师、马步军都统等官职，让他率兵五万进屯贺江口（今广东村开西北），以阻宋军。潘崇彻本是南汉尚存唯一的能战之将，所率军队战斗力也较强。刘𬬭急时抱佛脚，想让潘崇彻为他卖命，哪知潘崇彻却不买这个账，他被解除兵权多年，心中对刘𬬭愤恨难平，因此在进驻贺江口后，按兵不动，观望不前。潘美见潘崇彻拥兵自保，便挥师西上，南汉昭州、桂州守将得知宋军来攻，弃城而逃，宋军兵不血刃，便轻而易举地占领了这两州。十月下旬，宋军又连战皆捷，相继攻克昭、富、桂等州，从而解除了后顾之忧。十一月，潘美迅速转兵东向，攻克连州。刘𬬭在宋军大举进攻下，愚蠢地认为宋军的意图不过是为了夺取湖南十四州，如今其目的已经达到，不会南下了，因此未再加强守备。潘美则乘虚东进，于十二月直逼韶州。

韶州位于今北江上游和武水的汇合处，据五岭中的大庾岭之口，是广州的北大门。韶州有失，广州也势将难保。刘𬬭得知宋军进逼韶州，急忙派遣都统李承渥率兵十余万保韶州，屯于韶州城南五里的莲花峰下。南汉军队中饲养有大象，每次作战中，都将象群列于阵前，每头在象驮载十余名士兵，都手持兵器。这种庞然大物乍看上去的确让人害怕，而实际上却如同表演马戏，在两军交锋中毫无用处。李承渥想用这种办法吓退宋军，用此吓阻，结果是搬起石头砸自己的脚。果然，潘美看见象群，便将强弓劲弩集中起来，一声令下，万箭齐发，大象负伤受惊，疯狂地跳跃奔跑，有的大象调转头来，冲向南汉

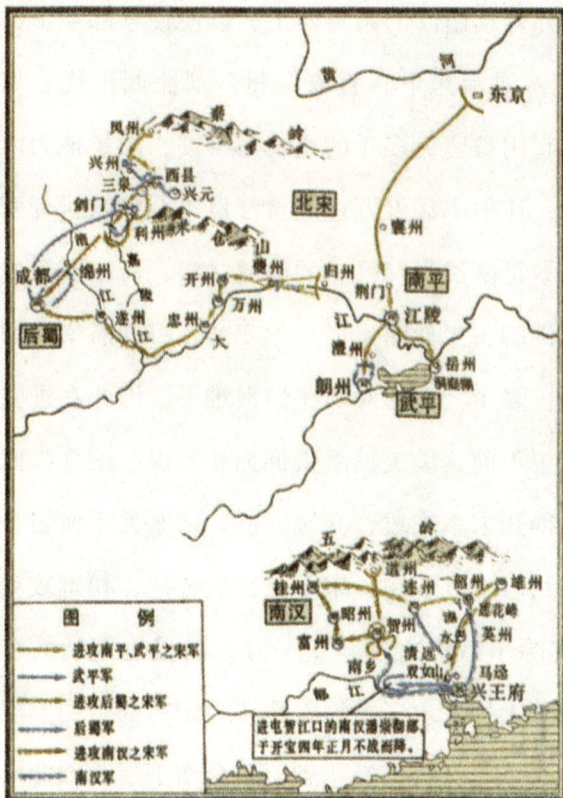

宋灭南平、武平、后蜀、南汉作战经过示意图

军。南汉军阵势大乱，南汉士兵被大象踩踏无数，骑在象背上的士兵，也纷纷坠地。宋军乘势进攻，南汉军大败。李承渥单人独骑，逃回广州。宋军攻占韶州，打开了通往广州的通道。

李承渥的惨败和韶州的陷落，使南汉举国震恐。刘𬬱惊慌之余只得部署保卫广州，一面调兵遣将，一面下令挖掘壕堑，增修城池，企图固守。然而，一些能征惯战的大将，早已被自己杀死，环顾朝中，已无人可用。宦官刘鸾真，为了讨好刘𬬱推荐他的养子郭崇岳。六神无主的刘𬬱，像抓住了一根救命稻草，不管他有无才能，便立即任命他为招讨使，与大将植廷晓率兵六万，屯驻马涅（今广州北，亦名席帽山、马鞍山），建立营栅，抗拒宋兵，守卫广州。

开宝四年（971）一月，英州、雄州又被宋军攻克。这时屯驻于贺江口持观望态度的潘崇彻，见南汉大势已去，便率部投降宋军。侧翼威胁已经全部解除，宋军于是放心大胆地直奔广州，很快抵达泷头

（英德南）。刘铱见形势危急，便遣使到宋军营中，请求宋军停止进攻，双方停战讲和。这时潘美已胜券在握，南汉灭亡指日可待，并且赵匡胤事先已有指令，只许刘铱无条件投降，其余一切免谈，刘铱的要求无异于与虎谋皮，自然遭到了潘美的断然拒绝。泷头以南，山水交错，地形险恶，适宜于布设伏兵。潘美担心刘铱使诈部队中伏，便拘留使者，作为人质，挟持使者，率部队迅速越过险地，于一月二十八日到达马迁，屯兵广州城西十里的双女山（也叫凤山）。

郭崇岳无勇无谋，本非将才，所率之兵大多曾败于宋军，早已失魂落魄，了无斗志。宋军几次叫阵，郭崇岳都不敢出兵。除了一味地坚壁自守，他唯一所做的就是日夜祈祷，乞求鬼神保佑。马迁是南汉的最后一道防线，离广州仅有一百里路程，随着宋军的逼近，刘铱犹如热锅上的蚂蚁，惶惶不可终日。他见大势已去，便将搜刮来的金银珠宝、嫔妃内宠一起装载在十多条船上，从海上逃走。不料未及出发，宦官乐范勾结一千多名卫兵，将船只全部盗走。刘铱逃跑不成，求和落空，只得派人到潘美军前乞求投降。

乞降的使者到了宋营，被潘美派人押送到开封向赵匡胤汇报，刘铱不见使者回转，以为乞降遭到拒绝，只好再令郭崇岳严兵戒备。二月一日，又令其弟弟刘保兴率领最后一批兵力，到马迁增援督战。此时南汉还有兵力十五万之众，植廷晓一直主张出击，这时见到兵力多于宋军许多，占据优势，更是积极要求出战："宋军乘席卷之势，锐不可当。我们士卒众多，如果不驱策而前，将坐而待毙。"郭崇岳无法再坚守下去，只得采纳他的意见。

二月四日，植廷晓带领前锋，走出营寨来到河畔，依水布阵，郭

崇岳自率一军殿后，作为后援。潘美闻报也令众军齐出，涉水渡河，直冲南汉军阵。植廷晓极力拒战，兵败身亡。郭崇岳一见势头不对，调转马头逃回营寨闭门不出。潘美策马赶到，沿着营寨走了一圈，便对王明说："汉军营寨全是用竹木制成，如果使用火攻，必然引起混乱。我再乘势而攻，可获全胜。"于是决定采用火攻。当晚，潘美派出一队士兵，每人手持两个柴把，抄小路悄悄来到南汉营前，一声令下，点燃柴把万炬齐发，投向汉军营寨。风助火势，火借风威，汉军营寨一时火光熊熊，烟雾遮天。南汉军顿时阵脚大乱。宋军乘势攻营，大败汉军，郭崇岳被乱军杀死，刘保兴侥幸留得一条性命，逃回广州，宋军紧追不舍，抵达城下。

此时的广州已是万分危急。紧要关头，宦官龚澄枢又出起了馊主意："宋军前来，不过是想得到我国的珍宝罢了。如果尽焚珍宝，他们得到的只是一座空城，必定不能久驻，自然就会撤军北归。"愚昧无知的刘铱，再次听信了他的话，一把大火，点燃了宫殿府库。可惜一夜之间，几十年时间搜刮来的民脂民膏，在冲天的烈火中化为灰烬。第二天，刘铱脱下皇冠，穿着素服，到潘美那里投降，宋军于是进入广州城。经过五个多月的艰苦征战，宋朝终于征服南汉，把岭南地区划入宋朝的版图。

## 征南唐

宋朝灭了南汉之后，势力延伸到了珠江下游地区，长江下游江北地区，使南唐的都城金陵（今南京）处在宋的三面包围之中，处境危如累卵。

南唐是十国中吴将李昪建立的政权，据有江淮，定都于金陵。到李璟统治时期，"属中原多故，卢文进、李金全、皇甫晖之徒，皆奔于景"。东灭蜀，西灭楚，辖有三十六州，势力空前强大，然而好景不长，随着周世宗的南征，江北之地尽失，双方只有一江之隔，后周始终威胁着南唐的安全。李璟被迫去掉帝号，向后周奉表称臣，国势从此日益衰落。宋建立后，李璟自感不是宋的对手，继续对宋进贡称臣，还将都城从金陵迁往南昌，直到后来死在那里，继位的便是著名的后主李煜。

李煜的词，人们是再熟悉不过的了。其中《虞美人》一首更是千古绝唱，把一派哀婉凄绝的愁怨之情表现得淋漓尽致："春花秋月何时了，往事知多少！小楼昨夜又东风，故国不堪回首月明中。雕栏玉砌应犹在，只是朱颜改。问君能有几多愁，恰似一江春水向东流。"昔日的一国之君，突然沦落为阶下之囚，自然会有一番亡国之叹，沧桑沉

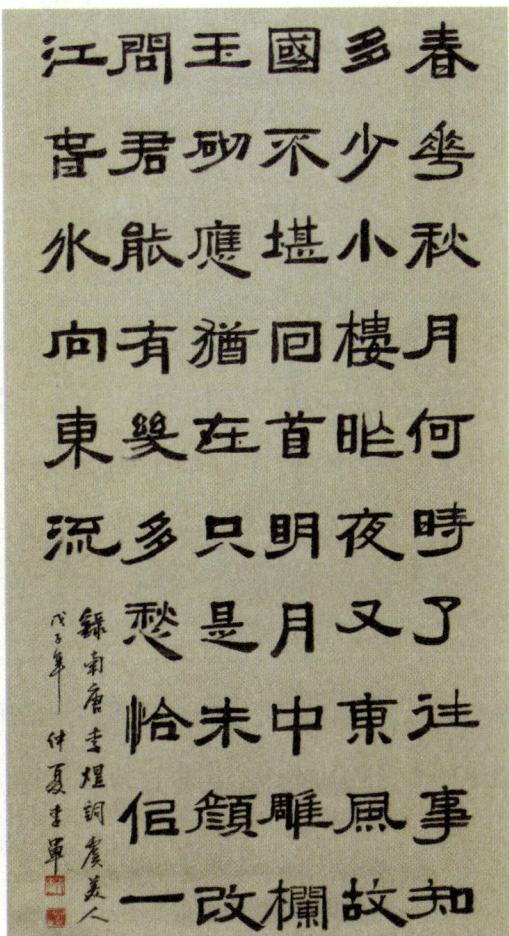

李煜诗词《虞美人》

浮之怨。然而，既知今日，何必当初？李煜生于深宫之中，长于妇人之手，李煜留给人们的印象是弱者、败者、悲者，人们在叹其命运之惨、哀其亡国之痛的同时，又不断地责其误国误己之过，哀其不幸，怒其不争。确实，李煜没有理由怨天尤人，他的悲惨结局完全是他自己一手造成的。

李煜，初名从嘉，字重光，号钟隐，又称钟仁隐士，钟峰隐者，钟峰白莲居士，莲峰居士。从他的名号，可以看见一派文人骚客儒雅清逸的习性，他是一个很出色的文人。然而历史的阴错阳差，却把他深深地卷进政治斗争的惊涛骇浪，抛入刀兵水火的旋涡之中，并最终把他吞灭，使他最后吟出亡国之音。

961年李璟去世，李煜是他的第六个儿子，文才出众，工书善画，尤长于诗词歌赋。他从小无心政治，却有志于"思迫巢许，远慕夷齐"。巢父、许由、伯夷、叔齐，个个都是上古远国事、避纷争，躲避政治与现实的所谓隐士。但由于太子李冀和几个兄长都已死去，即使他百般地不情愿，国主的桂冠还是落在他的头上。

既然历史选择了他，尽管他不情愿，也必须担负起这副重任。李煜登基之后面临的是一个破烂摊子，国库空虚，兵力衰弱，内无良臣辅佐，外有强国虎视眈眈，这确实需要超人的才智才能渡过难关。李煜天资聪颖，如果他把兴趣转移到治国上，必定会有所作为。令人遗憾的是，他从不关心国事，依旧是我行我素，奢侈享乐，宫中有销金红罗帐，镶饰白金、玳瑁，以珍奇宝物、奇花异草装饰殿庭，题名"锦洞天"。他宠爱的周后，通书史，善音律，尤工琵琶。曾整理演奏盛唐时的霓裳羽衣曲，又作"邀醉舞""恨来迟"等新曲。周后死去不久，李煜又看上她的妹妹，是谓小周后，宫外流传着她"衩袜步香阶，手提金镂鞋"。李煜曾为小周后在万花丛中筑亭，上覆红罗，在上面寻欢作乐。宫中有一女宵娘，体态轻盈，能歌善舞，用帛缠足，纤小弯曲形如新月，在六尺高的金莲花上翩翩起舞，素袜纤足宛如水仙凌波，所谓"莲中花更好，云里月长新"。导致妇女争相效仿，以缠足为美，这就是后世妇女缠足，并称之"金莲"的由来。

李煜岂止是一书生，他还是一位虔诚的佛教信徒，他在国事上不如意时，便想在佛法中寻求解脱，小周后自幼信奉佛教，她深深体会到李煜内心的压抑主导悲苦，因此全力支持李煜虔诚敬佛，于是李煜更加荒废了政务，与小周后一起，整日在佛法祥韵中寻求心理的平衡与安宁。李煜不惜重金在金陵城中以及皇宫内院，大造寺院佛塔，供养的僧尼数以万计。"南唐四百八十寺，多少楼台烟雨中"，可谓是生动的描述。

早在李璟还在世时，就对宋的威胁惴惴不安。李煜继位后，荒殆政务，更是无心进取，只求苟且偷安，委曲求全。他自动

释迦牟尼

削去南唐国号，称江南国主。下令贬损仪制，更改官职名称。他这样奴颜婢膝，只有一个目的，那就是为了保住小朝廷。因此对宋称臣纳贡，贡献的珍宝财物不绝于途，希望以此讨得赵匡胤的欢心，表明自己甘为藩王、乐做附庸的心迹。

赵匡胤在消灭南平、武平、后蜀和南汉之前，对李煜倒也很不错，一直对他采取安抚政策，以求暂时稳定南唐。960年，也就是赵宋建立的当年，南唐杜著、薛良因犯罪逃到开封，献取南唐策，赵匡胤将杜著斩首，把薛良流放。李璟死后，李煜上表宋廷，希望追尊帝号，赵匡胤慨然允诺。时值南唐发生饥荒，赵匡胤还拨粮给予救济。宋攻南汉前。李煜还写信劝说刘鋹投降。虽然双方各怀异心，彼此心照不宣，但总的来说，双方的关系还算融洽和睦，没有什么不愉快。

宋朝逐渐平定其他割据政权，统一在即。赵匡胤的眼光又瞄上南唐的版图。他也逐渐撕下了和善的伪装，露出了狰狞的面目。李煜遣弟从善入朝时，被赵匡胤留在开封。李煜一再请求放他回国，赵匡胤都没有应允。与此同时，赵匡胤积极谋划，准备大举攻南唐。

首先，实施离间计，除掉南唐名将林仁肇。林仁肇原是南都（今南昌）留守，能征善战，在南唐享有很高的威望。宋攻南汉时，林仁肇向李煜建议："宋在淮南的戍兵不多，不久前灭蜀，今又攻岭南，劳师的袭远，兵将疲惫。臣请率数万兵马，自寿春北渡，收复江北失地。宋必定派兵来援。臣据淮南抵御，他也无奈我何。为了避免连累朝廷，我起兵时，就对外宣扬我反叛。事情成功，则有利于社稷；如果失败，那么由我一人承担后果。"但被李煜拒绝。赵匡胤素闻林仁肇骁勇，对他颇为忌惮。于是想出了一个办法，以除去林仁肇。

赵匡胤收买了一个林仁肇的侍从，偷到一幅他的画像，悬挂在一间房子里，故意让南唐使者看到，并且说："林仁肇将来降，先持此为信物。"又指着一座空房子说："我将把此屋赐予林仁肇。"使者大吃一惊，急忙送信回国。"想不到林仁肇外表忠诚，内心却如此奸诈，着实可恶！"李煜心中愤怒，没有经过仔细调查，就命人杀掉林仁肇，李煜擅杀大将，中了赵匡胤的离间计，替敌人消除了心腹之患。

开宝六年（973）四月，为了侦察南唐虚实，了解南唐情况，赵匡胤以"重修天下图经，史馆独缺南唐诸州"为名，派卢多逊出使江南，索取各种有关地理材料。卢多逊不负重望，出色地完成了任务。李煜拱手把江南各地的山川形势，兵力部署，人口分布等重要情报，献给宋朝，为以后的用兵作战打下了良好基础。

长江自古号称天堑，南北相争历来以渡江为难。如何顺利渡过长江，是灭亡南唐的关键。正当赵匡胤为此绞尽脑汁的时候，一名叫樊若水的人出现了。樊若水，本来是南唐一个落第的士人，因不满南唐统治，便想投奔宋朝，谋个一官半职。当然，宋廷的官职也不是那么容易到手的，需要奉上一份厚重的见面礼。樊若水得知宋正准备渡江南下，于是划着小船在采石江面上，以钓鱼为名，牵引丝绳，往来于南北岸之间，丈量长江的宽窄，测量水的深浅。经过几十次的重复，终于得到了准确的数字。樊若水动身北上，来到开封，上书言江南可取，并请建浮桥渡江。赵匡胤喜出望外，当即派人到荆湖，大批制造战舰，以备建造浮桥之用。当时有人对此表示怀疑："江阔水深，自古没有浮桥渡江之先例发生。"但赵匡胤力排众议，按原来计划执行。赵匡胤慧眼识英雄得到了丰厚回报，浮桥的建成对后来保证宋军

主力迅速渡江，直指金陵，起了重大作用。樊若水因此立功，开始时被赵匡胤任命为右赞善大夫。后来宋军南下时又作为向导，攻克池州后担任了知州，一番心血没有终白废，终于获得回报。

渡江作战，必须有水军。赵匡胤在后周时，亲自参加了淮南战役，深知要击败南唐，必须建立一支强大的水军。因此在即位之初，就非常注意水军的训练。赵匡胤在吞并荆湖时，从当地的军队中挑选了一批精通造船技术和水战的人才，送到开封，安插在造船务里，教练水战。又招募几千名军人子弟，编成"水虎捷军"。他还嫌造船务太小，不能满足需要，于是在朱明门外，挖了一个大池，引入蔡河水，在那里特造楼船百余艘，专供水军练习水战。这个的水池，后来叫作"讲武池"。赵匡胤经常光临这里，观看士兵们的演习，有时还亲自下场指导战法。仅在开宝七年（974）一年的时间内，赵匡胤亲自检阅水军操练，前后就有五次以上。在赵匡胤的亲自监督下，一支强大的水军，终于也建立起来了。

大兵未动，粮草先行。出兵远征，尤为重要，赵匡胤对此也不会忘记。从972年冬至次年春，先后任命参知政事薛居正、吕余庆兼淮南、湖南、岭南和荆南、剑南水陆转运使，又专门设置川蜀水陆转运计度使，提前进行大举用兵的物质运输准备工作。经过上述紧锣密鼓的准备，宋军已是万事俱备，只等一声令下就可以扬帆出征了。

宋军正在磨刀霍霍，形势已是咄咄逼人。对此南唐小朝廷也早有察觉。他们在表面上臣服恭顺的同时，暗中也在募兵备战，所谓"号外示畏服，修藩臣之礼，而内实缮甲募兵，潜为战备"。李煜接受了手下大臣陈乔、张洎的建议，决定采取坚壁固守战略方针，通过旷日持久地消耗、疲惫宋军，以求得一线生机。为此，把兵力部署在长江中下游南岸各要点，重点则屯驻于湖口（今属江西）、金陵和润州（今江苏镇江）。此外，设法争取外援，还致书向吴越王钱俶求援："今日无我，明日岂有君？"企图怂勇吴越合兵抗宋，但被钱俶拒绝。

赵匡胤南下决策已定，但南唐对宋恭谨驯服，一时找不到兴兵讨伐的借口。而赵匡胤为了博得民众的支持，每次出兵又总是要"师出有名"，这就有点不好办了。不过，赵匡胤的办法总是有的。

开宝七年（974）九月，赵匡胤"欲伐江南而无名"，便下令李煜到开封觐见，同时，命曹彬为西南路行营马步军战棹（船）都部署，潘美为都监，曹翰为先锋都指挥使，率兵十万分赴荆南江陵等地待命。南唐大臣陈乔、张洎立刻识破了赵匡

李煜

胤的用心，认为一旦北上，势难回国，后果不堪设想。李煜接受了他们的建议，称病拒绝北上。赵匡胤再次派李穆为使节南下，对李煜进行赤裸裸的战争恫吓和威胁。李煜还是不肯答应北上，同时又低声下气地哀求："我侍奉朝廷小心谨慎，只是希望得以苟且偷生。如像这样逼迫，我也只有拼死反抗了。"李穆回答："朝与不朝，由国主自

已决定。不过朝廷兵多将广，财力雄厚，恐怕难以抵挡。望国主三思而行，以免后悔莫及。"李煜的态度依旧很强硬，这样便给赵匡胤造成了"倔强不朝"的口实。

欲加之罪，何患无辞。对于强加在自己头上的这个罪名，南唐自然不服。李煜派徐铉为特使，来到开封，当面指责赵匡胤："李煜无罪，陛下师出无名！"又言："李煜以小事大，如子事父。未偿有过，为何要兴兵讨伐？"赵匡胤不紧不慢地答道："你说我同李煜，犹如父子，那么你听说过父子可以别籍异财分家而居吗？"徐铉哑口无言，只得灰溜溜地回到江南。不久，徐铉再次衔命北上，见到赵匡胤，反复争辩："李煜事奉朝廷，礼仪周全态度恭顺，只因有病未能前来朝谒，并非故意违抗诏令。"赵匡胤对徐铉的唠叨颇感厌烦，手按剑柄勃然大怒："休得多言。江南是没有什么罪过。卧榻之畔，能容他人鼾睡吗？"真是一语中的。赵匡胤志在统一天下，绝不会允许南唐继续存在下去，事已至此，没有什么能够阻止宋军大举南下的步伐了。

赵匡胤将曹彬以下将领召至开封，部署进攻南唐事宜。曹彬率荆湖水军自荆南顺流而下，进攻目标是池州（今安徽贵池）以东长江南岸各要点；潘美率步骑军集结于和州（今安徽和县），准备自和州与采石（今安徽马鞍山市西南）间渡江，会合曹彬军东下直攻金陵；京师水军自汴水而下，取道扬州入长江，会合吴越军攻取润州，之后进攻金陵；以吴越王钱俶为升州（金陵）东南而行营招抚制置使，统率吴越军五万从东面攻取常州（今属江苏），配合宋水军夺取润州，合攻金陵；以黄州（今湖北黄岗）刺史王明为池州至岳州江路巡检战棹都部署，进击武昌，牵制江西唐军，阻其东下增援。这一部署是以曹彬、潘美所率的水、步、骑兵为主力，主攻方向选择在和州和采石之间，强渡长江进围金陵；东路为助攻，西路为牵制。五路大军均由曹彬节制，一举击灭南唐。

兵分五路。鉴于平定后蜀时杀降卒激起反抗的教训，赵匡胤告诫曹彬："平定江南的事，全委托给你了。切记要严明军纪，用恩信争取民众，不要滥杀无辜，不要抢掠民财；并尽力迫使南唐投降，不要逞匹夫之勇急于攻城，以避免不必要的伤亡。即使是迫不得已而攻城，城陷后不能加害李煜及其家属。"并赐予曹彬一口尚方宝剑，当众宣布："自副将以下，有不服从命令者，格杀无论！"潘美以下众将，无不相顾失色。

十月十八日，曹彬率荆湖水军出发。而在京师的水师，则乘坐战舰，从开封东水门东下。赵匡胤登上汴水河堤，目送舰队解缆起航，陆续向前方进发。

曹彬率部拖着预做浮桥用的舰船，从荆南出发，沿长江北岸一侧顺流而下。长江南岸唐军各驻守部队，以为宋军不过是例行巡江，只是闭垒自守，不闻不问，未加阻止，更有愚蠢透顶的竟奉酒肉前来犒师。及至发觉情况不对，已经来不及抵抗，只得束手就擒，或者望风而逃。宋军没有受到任何抵抗，顺利通过南唐屯兵十万的要地湖口。十月二十四日，宋军突然渡过长江，袭占峡口寨（今安徽贵池西），水陆并进，向池州扑去。池州守将弃城逃走。宋军占领池州后，在石碑口（今安徽安庆西九十里）按照樊若水的计策，把巨舰大船连接起来，试搭浮桥，一举成功。然后挥师东下，连克铜陵、芜湖、当涂，

进至采石。采石与和州隔江相对，是长江下游的重要渡口，金陵西方的门户。南唐深知此地重要，南唐在这里驻兵二万多人，曹彬挥军进击，将唐军杀得卸甲丢盔，大败而逃，乘胜夺占采石。

十一月中旬，宋军将预制的浮桥从石碑口移至采石，三日后完成，潘美率领江北骑兵步兵由浮桥过江，如履平地。当宋军在采石架设浮桥时，南唐认为自古以来，无有先例，宋军此举不过儿戏，绝难成功。因此没有引起重视，反派郑彦华和杜真分率水步兵各万人到采石迎击宋军。由于兵力薄弱，水军先被曹彬击败，接着步兵也被击败。宋军主力在击败南唐水步兵后，迅速经过浮桥跨越长江。

宋军主力渡江后，立即向唐军发起猛烈进攻。自11月下旬起，连克金陵西南的新林寨、白鹭州和新林港口。开宝八年（975）一月八

宋朝铁甲重骑

日，攻占金陵南的溧水（今属江苏），全歼唐军万余人。一月十七日，宋军开始进攻金陵。南唐水陆军十余万人，面对秦淮河（经金陵城西南），背靠金陵城列阵迎敌场。此时唐军立足未稳，为了抓住战机，潘美不等渡河船只备齐，就下令步骑涉水发动进攻，大败唐军。曹彬还令李汉琼率领部分舰船，载着芦苇，向唐军水寨冲去，靠近水寨的时候点燃芦苇，使唐军水寨变成一片火海，歼灭唐军数万人，直逼金陵城下。不久，又攻克金陵外关城，唐军多次出击，多次被击败，宋军在金陵城郊三面扎营，形成了对金陵的包围态势。

在主力部队进展顺利的同时，其他各路宋军也捷报频传。西路王明军先后击败南唐军，攻克鄂州（今湖北武汉）、武昌、池州、宣州（今安徽宣城）及袁州（今江西宜春）。东路吴越军和宋水军攻克了常州、江阴后，进逼润州。

宋军压境，兵临城下，这时的李煜又在忙什么呢？他将国政委托给陈乔、张洎等人，将军权交给皇甫继勋，自己则躲在后宫之中，与和尚道士们讲易诵经，把国家大事抛置在脑后。主持军政的皇甫继勋，本是纨绔子弟，少年骄贵，既无能，又贪生怕死。大敌当前，他不是想方设法御敌，而是只想快点投降。他不时在军中散布悲观论调："宋军强劲，谁能敌之！"听说南唐兵败，就喜上眉头："我早已知道难以取胜。"后来，竟让他的儿子到宋营商议投降事宜。君如此，臣如此，国不亡，怪哉。

李煜纵情声色，迷恋佛事，使南唐国政荒废，纲纪败坏，这些行为急坏了朝中正直之臣，他们冒死上谏，萧俨就是其中一位。萧俨冲破禁卫，到宫中面见李煜，李煜正在下棋，不理他。萧俨怒发冲冠，

掀翻棋盘，李煜怒斥："尔等如此大胆，欲做今日魏徵不成？"萧俨亦不示弱："老朽不敢以魏徵自比，陛下也并非唐太宗转世。"李煜倒也宽容，再没作声。

金陵城北据大江，南连重岭，虎踞龙盘，形胜险要。宋军已将金陵包围，身在深宫只顾礼佛的李煜仍蒙在鼓中，一无所知。直到几个月后，也就是975年农历五月，李煜在宫中闷得发慌，要到城头上看看，呼吸一点儿新鲜空气。待到登上城头，看到宋军列营城外，旌旗遍野，方知宋军已逼近城下。李煜大为震惊，立即将皇甫继勋捉拿问罪，就地正法。然后遣使前往湖口，调大将朱令赟率所部十万军东下救援，并派刘澄前往润州加强东面的防御。

润州是当时南北交通要道，又是金陵东方的门户，其得失至关重大。但奉命加强润州防御的刘澄却是个胆小鬼，手下将领请求乘吴越营垒未固时出兵突击，他极力反对，始终不肯出兵。卢绛带领八千水军从金陵突围前来相助，刘澄觉得他是块绊脚石，不利于他伺机投降，于是想方设法地将他打发回金陵。到后来，干脆开门投降。吴越兵占领润州后，迅速西上，同主力会合，围困金陵。

这时，李煜唯一的希望是朱令赟增援，因此多次飞书敦促朱令赟率部东下。但朱令赟受到了王明部的牵制，迟迟难以脱身东援。直到十月，朱令赟才开始动身。他率领号称十五万的大军，乘着可容千人的大战舰及大木筏顺江而下，企图焚断采石浮桥，救援金陵。时值冬初，长江处在枯水期，舰筏过大，只能依次前进，因此军队行动十分缓慢。这时王明所部驻在独树口（今安徽安庆附近），见南唐救兵将至，立即飞骑入奏，请求赶造战船三百艘，以拦截唐军。赵匡胤说："远水难救近火。等到三百艘战船造成，朱令赟已解了金陵之围了。"于是，授予来使锦囊妙计，让王明依计而行。王明按照赵匡胤的指示，在洲浦间竖立许多长木，远远看去就像是帆樯桅杆一样，作为疑兵，以迷惑朱令赟。朱令赟见状，误认为是宋军拦截，犹豫不决，停止前进。曹彬得知南唐援军南下，急派部将刘遇增援王明。十月二十一日，朱令赟进至皖口（今安徽安庆西南），刘遇、王明率兵急攻，朱令赟一看来势凶猛，难以抵挡，下令放火焚烧宋军，不料风向突然逆转，火焰反扑自己的舰船，南唐军立即溃败、宋军乘势猛攻，朱令赟见败局已定，跳入火海中自焚而死。

此时，金陵已被围九个多月，形势更加危急。南唐老将已死伤殆尽，把持兵权的都是新进少年，以功名自负。每天踊跃陈说计谋方略

金陵古城门

的有十几人，但一旦出兵拒敌，则不堪一击。自幼擅长诗文，工于书画，沉溺于吟咏游宴的李煜，"几曾识干戈"？面对这等阵势，慌了手脚，乱了方寸。没奈何只得听从陈乔的建议，下令广泛招募民众为兵，如将平日赛舟竞渡的使船青少年尽数拉来充军，美其名曰凌波军。百姓除老弱病残外，凡能拿起兵器的组成军队，命名曰"排门军"。如此等等，五花八门，千奇百怪。这样的乌合之众，本来就没有战斗力，一上战场，自然是一触即溃。

曹彬自围城之后，谨遵赵匡胤的指示并没有急于攻城，而是采取了"使自归顺，不须急击"的方针，不断向李煜施加压力，迫使李煜投降。"宋兵百道攻城，昼夜不休，城中斗米万钱，人病足弱，死者相枕"。金陵城中的情况越来越糟，同时，再三致书李煜，进行劝降。并明确宣告将于十一月二十七日发起总攻，希望李煜早日投降，但遭到拒绝。李煜为表示至死不投降的决心，命人在宫中堆积柴草，声称"如金陵城破，那么将全家赴火而死"。

曹彬见李煜态度强硬劝降已不可能，便决定对金陵发动攻势。为切实贯彻赵匡胤不要妄杀无辜的指示，曹彬在二十五日这天，假装生病。将官们听说主帅得病，纷纷前来探望。曹彬乘机对他们说："我这病是心疾，不是药物能治好的。只要诸位遵照皇上的诏意，城破之日不妄杀一人，我的病可不治而愈。"众人一听便焚香立誓，绝不妄杀一人，曹彬这才放心立即起床，部署最后攻城事宜。

二十七日，宋军按时发动总攻，很快攻入城内。这时，李煜正在深宫内与小周后赋诗填词，小周后为他磨墨，一阕《临江仙》刚起首句"樱桃落尽春归去"，就被冲进宫内的宋军士兵所打断，再也没了下文。李煜这时已将早先兵败自焚的誓言忘得一干二净，打开宫门，向已到达宫门外的曹彬纳头便拜，奉表投降。曹彬环视了一番美轮美奂的皇宫，意味深长地对他说："归朝后俸禄有限，恐怕经不起你如此挥霍，你还是回到宫中，收拾好金银细软，准备北上吧。"众将劝阻道："私自放他回宫，万一出了什么差错，那责任可不小。"曹彬胸有成竹，微微一笑："诸位尽管放心，他既然出降，保住了性命，又怎会轻易舍生就死呢？"真被曹彬料中了。第二天，天色灰暗，细雨蒙蒙，李煜带着家眷以及大包小包的金银财宝，登上北上的战船。船至江心，回首遥望石头城，不觉悲上心头，潸然泪下，泪眼蒙眬中默默吟道："四十年来家国，三千里地山河，凤阙龙阁连霄汉，玉树琼枝作烟萝。几曾识干戈？一旦归为臣虏，沉腰潘鬓消磨。最是仓皇辞庙日，教坊犹奏别离歌，垂泪对宫娥。""江南江北旧家乡，三十年来梦一场。吴苑宫闱今冷落，广陵台殿已荒凉。云笼远岫愁千片，雨打归舟泪万行。兄弟四人三百口，不堪闲坐细思量。"

一路之上，李煜面对失去的山河，身受颠簸劳累之苦，整日以泪洗面，凄凄惨惨地来到开封，李煜白衣纱帽跪于明德楼下，举行投降仪式。赵匡胤也真缺德，封了他一个难听的名号"违命侯"。比起昔日那位"乐不思蜀"的后主刘禅来，这位李后主表现得倒是好一点儿，面对囚徒般的生活，除了缅怀过去的辉煌外就是愁苦哀怨，以泪洗面，打发着凄凉无聊的日子，直到被后来的太宗赵光义毒死。

第三章 挥师南下

## 定吴越

赵宋王朝经过十余年的征战，陆续平定了荆湖、后蜀、南汉、南唐等割据政权。最后只有北汉和吴越，仍旧偏安一隅，没有划入宋朝的版图。对于北汉来说，赵匡胤在任期间，曾三次用兵虽然没有最后将其灭亡，但从军事、经济、政治等各方面给北汉以沉重打击，为后继者灭亡北汉奠定了良好基础。

至于吴越，本是唐节度使钱镠建立起的割据政权，首府杭州，辖境包括今浙江全省以及太湖东北部、东部和南部，始终奉中原各王朝为正朝。宋建立时，正是钱俶统治时期。钱俶对宋也是大献殷勤，承认宋的正统地位。赵匡胤也投桃报李，授予钱俶"天下兵马大元帅"的称号，对他进行安抚和笼络。举兵南唐前，赵匡胤特地遣使带信给钱俶，要他别听信南唐"皮之不存，毛将焉附"的谣言，助宋共伐南唐。钱俶于是率兵五万，攻常州，下润州，对赵匡胤也算是立下了汗马功劳。南唐灭亡后的第二年春天，赵匡胤召钱俶入京朝圣，并表示不要有质疑见面后一定放他回去。李煜的事就是一例，钱俶自然不敢违抗。便携妻

宋青釉鸳鸯水滴

带子，到开封庆贺赵匡胤的生日。钱俶北上，顿时使吴越小朝廷陷入一片恐慌之中，人们都以为此去是有去无回，凶多吉少，为了祈求神明保佑他平安归来，臣僚们在西湖边的宝石山上建造了"保俶塔"。越匡胤对钱俶的到来大为高兴，给予了热情的接待。最后，赵匡胤果真没有食言背信，如约放他回归。只是临走时赐予他一个黄色的包裹，嘱咐他暂时不要看，在途中再

保俶塔

打开。早已迫切希望知道其中究竟是什么宝贝的钱俶，打开一看，不禁目瞪口呆。这哪是什么宝贝，原来全是宋朝臣僚要求扣留钱俶的奏章，钱俶冷汗直流。赵匡胤不愧是玩弄政治手腕的大师，他此举的目的，一是要表示自己对钱俶的信任，同时又委婉地警告钱俶，必须识时务，老老实实，否则就会大祸临头。赵匡胤此举又获得成功，达到了他的目的。钱俶对赵匡胤既感激涕零，又心惊恐惧。于是，对宋就更加服服帖帖，不敢有一丝一毫的怠慢。赵匡胤要将吴越划归自己的名下，已易如反掌，轻而易举了。因此，到赵匡胤去世时，全国统一

的大局已定。除了辽和边疆少数地区外，中原和南方的广大区域，都已划入赵宋版图之中。

"忆往昔峥嵘岁月稠"，统一的局面确实来之不易，它首先是历史发展的必然。

有道是合久必分，分久必合。唐中期以来，长期的诸侯割据，军阀混战，造成了社会的严重动荡，耗尽了人民的膏血，所谓"天下黎民，莫非疲敝；天下州县，靡不凋残"。战火所经，田园荒芜，白骨横野，流离失所，人口锐减。民众在苦难中挣扎。饱受战争之害的广大民众，渴望国家的统一，社会的安定。

频繁的战争，带来了沉重的兵役负担。广大农民被迫放下农具远离家园，使土地荒芜，直接破坏了农业生产；各个割据势力各自为政，关卡林立，妨碍了商品经济的正常交流，阻碍了社会经济的发展，这是一方面。另一方面，为了巩固政权，又不得不采取一些措施来恢复和发展经济。在农业生产得到恢复和发展的基础上，商业随之发展。尽管分裂割据造成了人为的阻隔，但各地的商品交流仍在进行，而且联系日趋紧密，相互依赖日益加强，逐渐形成了以中原汴梁为中心的商业网。经济的发展最终必定要打破分裂割据的局面。

人民反对分裂，渴望统一。社会经济的发展不仅要求结束割据状态，而且为统一提供了经济基础。统一已成为大势所趋。然而，"如果认为只要社会经济发展的条件使变革完全成熟了，革命的阶级总会有足够的力量来实现变革，那是错误的"。要把这种可能变成现实，还需要一位伟大的人物。"江山代有才人出"，即所谓"帝王之道，必崇经略，有其时无其人则弘济之功阙，有其人无其时则英武之志不伸。至于能成帝王业者，惟人时合也"。

每一个社会时代都需要有自己伟大的人物，如果没有这样的人物，它就要创造出这样的人物来。后周，特别是周世宗时期，加强中央集权，整顿军队，改革内政，发展生产，出现了统一天下的大好时机，并且已经着手进行统一战争。不幸周世宗英年早逝，宏业未竟。

"但是如果我们把这个人除掉，那时就会需要有另外一个人来代替他，并且这个替代者是会出现的"。果真不假，赵匡胤应运而生，凭借所掌握的兵权，在"主少国疑"的情况下毅然夺得了政权。

登上皇位的赵匡胤，没有辜负人民的期望。他接过了周世宗的大旗，依靠后周所奠定的基础，"其处心积虑非一夕一日，在于取天下也"。几所措置，规模宏远，造成了更加宏大的统一之势。其所作所为，使流离失所，饱经战乱之苦的人民看到了希望。如担任后蜀宰相的李昊所言："观宋氏启运，不类汉周，天厌乱久矣，一统海内，其在此乎？"赵匡胤众望所归顺应历史潮流，"应天顺人，体元御极，战无不胜，谋无不臧"，最终结束了混战，实现了统一。

赵匡胤之完成统一，既是顺应时代潮流，又是他主观努力的结果，同他个人的政治军事才能有着不可分离的关系。

赵宋建立之初，面对的是"卧榻之侧，皆他人家"的严峻形势，决策稍有偏颇，不仅不能完成历史赋予的使命，丧失一统全国的大好时机，且有可能重蹈覆辙，成为五代之后的又一短命王朝。在时机成熟的情况下，战略方针是否得当关系到统一事业的成败。对自己经济军事实力正确估计的基础上，赵匡胤君臣经过再三权衡，深思熟虑，最后确定了先南后北即先易后难的方针：先用师荆湖，继取后蜀，次

及南汉、南唐。这是符合当时形势要求和客观实际的完全正确的方针。结果，"及取荆湖，下西蜀，储积充羡"，宋朝经济实力由此大为增强，为统一战争奠定了必要的物质基础。

在贯彻先南后北战略时，赵匡胤又正确地运用各个击破的战术，保证了统一战争的顺利进行。南方各政权承平日久，积弱不振，但他们拥有的总兵力却不下七八十万，不容忽视。而赵匡胤即位之初，兵力只有二十万人，除去防卫辽、北汉以及党项外，能南下作战的机动兵力只有几万人，在兵力上处于劣势。南方各政权本来是唇齿相依，利害攸关，但由于统治者缺乏远见，小心谨慎，难以同舟共济。于是，赵匡胤巧妙地利用了它们之间的矛盾，运用政治和外交手腕，进行离间分化，再配合军事进攻，达到各个击破的目的。

在具体的战争过程中，赵匡胤每战都小心谨慎周密计划，充分准备，尽力做到知己知彼，不打无准备之仗。进军荆南前，派卢怀忠前去了解"江陵人情去就，山川向背"。从后蜀降将赵彦韬那里知悉四川地区的地形地貌，派卢多逊出使江南侦察南唐各方面的虚实。所有这些战前的工作使赵匡胤对敌方情况了如指掌，因此在战争中能够胸有成竹，用兵如神，所向披靡。

宋承五代之后，时当一统，统一战争无疑是进步的。连连征战，黎民百姓早已厌倦战争，期望和平。顺乎民心要求，赵匡胤在战争中实行攻心为上，攻城为下的方针，尽量减少流血，避免伤亡。于是，实行优待降者的方针，给予各政权的最高统治者以出路，保持其富贵，再加之以兵威，恩威并施，又打又拉，拉打结合，分化瓦解。从而加速了统一战争的步伐。

得民心者得天下，民心的向背是决定战争胜负的关键性因素。五代割据军阀为了取得士兵的支持，对士卒姑息放纵，任其烧杀抢掠刮尽人民膏血以填充其无底欲壑。所谓"今四方诸侯皆悬赏以募勇士，吾若束之以法，急则弃吾，吾安能独保此乎！"赵匡胤却与众不同，他清醒地认识到改朝换代，"虽云天命，实系人心"。为此，必须整肃军纪，严禁部队烧杀抢掠，残害无辜。他郑重宣布："朕固不吝爵赏，若犯吾法，惟有剑耳！"灭蜀时，听说有一军官割掉一民妇乳房后把她残杀，赵匡

铜牌

胤大怒："兴师吊伐，妇人何罪，而残忍至此，当置法以赏其冤！"赵匡胤不顾一些将领的反对，将这个军官依法处斩，悬头示众，以示惩戒。再如平定南唐时，多次派使者告诫曹彬，约束部下不要枉杀一人。在统一战争进程中，"既下诸国，必先已逋欠，涤烦苛，周乏绝，雪冤滞，惠农民，拔人才，申命郡邑，反复不倦"。赵匡胤一反近世帝王的做法，申明军纪，严禁滥杀无辜，因而大得民心。人民的拥护和支持，是赵匡胤实现统一的重要保证。所谓"得天下以仁，而民从之，故天下一于宋"。

与赵宋政权生机盎然的情况相反，当时的各割据政权，无一例外

宋太祖
传

周 北汉

都是昏庸腐朽。如后蜀孟昶穷奢极欲，挥霍民脂民膏；南唐李煜沉湎
酒色，不理政事；南汉刘铱终日与波斯女游戏宫中，全然不理政
事。他们浑浑噩噩，玩物丧志，以致政治腐败，民不聊生。君既无
志，将无能，武备废弛，军心涣散，士气低落。宋军一到，便如秋
风扫落叶，摧枯拉朽。这种局面特别有利于宋朝的统一。所谓"彼
未尝誓死以守，此未尝喋血以争"，"宋于是乘之以有功"，完成
了统一使命。

　　宋朝得以实现统一，是社会发展的必然结果；劳动人民的拥护和
支持，是完成统一的决定性因素。"个人的性格只有在社会关系所容
许的那个时候、地方和程度内，才能成为社会发展的因素。"但是，
这并不抹杀宋朝开国皇帝赵匡胤个人的作用。赵匡胤的作用正在于运

用他个人政治上的雄才大略和军事上的老谋深算，并经过艰苦地努力，结束了长期军阀割据混战的局面，取得了统一战争的胜利。赵匡胤卓越的才能，是统一得以完成的一个重要因素。

统一的完成，结束了唐安史之乱以来两个多世纪长期诸侯割据、军阀混战的局面，使饱受战争灾难的广大民众终于能够从连绵不断的战火中解脱出来，能够拥有一个和平安宁的生产生活环境，能够安居乐业，对社会的进步，文化的繁荣和经济的发展具有深远的影响。

# 第四章　固北战略

## 屯兵北疆

960年，赵匡胤在陈桥驿发动兵变，回师开封称帝，夺取了后周政权，建立宋朝，当时在北方和西北，还有辽、北汉和党项族政权，与宋对峙。

辽是契丹族建立起来的。契丹是我国北方的一个古老的少数民族，原是鲜卑族的支裔，长期于辽河上游西喇木伦河一带游牧，随着经济的发展，逐渐强盛起来。907年，契丹首领耶律阿保机统一契丹各部，并用武力征服和控制了女真、室韦、吐谷浑等部族。916年，耶律阿保机称帝，建都于上京临潢府（今内蒙巴林左旗东南）。辽太宗耶律德光时，从后晋叛将石敬瑭的手中取得了北方燕云十六州，使辽的疆域大大扩展，东起海滨，北至西伯利亚，南界雁门山、滹沱河一线，成为中国北方一个强大的政权。

党项，是我国古代广布于西北地区羌族的一支。唐朝时，居住在今宁夏、甘肃和陕西北部一带，归附于唐朝。唐朝末年，党项族的首领拓拔思恭，曾率军参与镇压过黄巢领导的农民起义，为嘉奖他的战功，唐朝任命他为定难军节度使，赐姓李，封夏国公，管辖夏州（今陕西横山）、银州（今陕西米脂西北）、绥州（今陕西绥德西北）、宥州（今陕西静边）、静州（今宁夏灵武）五州之地。五代时，中原内乱，夏州李氏僻居西北，采取了保全实力的政策，对先后出现的中原各王朝，名义上称臣关系。但暗地里却在不断发展壮大自己的势力，割据独立的倾向越来越明显。而中原各王朝，由于本身根基不稳，自无力西征，对李氏也只好睁只眼闭只眼，默认了他称霸西北、割据一方的局面。

北汉是由后汉高祖刘知远之弟刘崇建立的一个割据政权，首府太原，辖境十州，包括今山西中部和北部。刘崇在后汉时任太原尹，郭威代汉建周后，他即割据太原称帝，仍以汉为国号，史称北汉。刘崇及其后继者刘承钧、刘继元都臣服于辽，自称侄皇帝、儿皇帝，依靠辽的支持，同后周对抗，是一个威胁不大但却不得人心的敌人。

赵匡胤采取了先南后北的战略方针，进行统一战争，首先把矛头指向南方各割据政权。但是，对于辽、汉，也不能视而不见。如果它

青釉五足瓷炉

们在宋军南下时饮马黄河，那么就会造成宋后院起火、腹背受敌的灾难性后果。因此，必须小心谨慎，尽力预防这种可怕局面的出现，以免影响统一战争的进程，使自己陷入两线作战的困境之中。这一点，赵匡胤比任何人都清楚。他在实行先南后北的同时，并没有顾此而失彼，只顾南而不顾北。而是采取一些必要的措施，来加强和巩固边防，保证北方边陲的安全。

选用宿将，驻屯重兵于边防线上，就是赵匡胤采取的诸多措施中极其重要的一条。

赵匡胤任命李汉超率兵屯驻关南，韩令坤镇守常山（今河北正定）马仁璃守卫瀛州（今河北河间），贺惟忠守卫易州，何继筠镇守棣州（今山东惠民），以防御辽朝；以郭进控扼西山，李谦博守卫隰州（今山西隰县）武守琪戍守晋州，，李继勋镇守昭义（今山西长治），以防备北汉；姚内斌守卫庆州（今甘肃庆阳），赵赞屯驻延州（今陕西延安），董遵海屯戍环州（今甘肃环县），王彦升守卫原州今甘肃镇原），冯继业镇守灵武，以防备党项。

赵匡胤为了让这些将领尽心尽力，忠于职守，可谓是绞尽脑汁，想尽了一切办法。"但授缘边巡检之名，不加行营部署之号。率皆十余年不易其任，立功者厚加赏赐，其位皆不至观察使。盖位不高则朝廷容易控制，不变更其职务则边事尽知。"久任责成，让这些人长期担任边境防务，不轻易更换。这样他们就能够熟悉边境形势和敌情，并且在此基础上杀敌立功。同时，在官职上予以适当控制，以免造成尾大不掉，难以驾驭的局面。这些都是赵匡胤驾驭边疆守将的办法。

赵匡胤驾驭边将的手法还远远不止这些，比如在经济上给予优惠，妥善安置他们留在京师的家属，解除他们的后顾之忧。允许他们自由支配当地的财政收入，还让他们从事商品贸易，并且免除赋税，以便让他们用盈利所得"招募骁勇，以为爪牙"。赵匡胤对此说得很清楚："安边御众，须是得人。若分边寄者能领会我的意图，我必会优待其家属，厚其爵禄，多与公钱及所属州县税利，听任其招募骁勇，以为爪牙。他们财用一旦丰饶，必能成事。我就是削减后宫人数，极力勤俭节约，省吃俭用，也在所不惜。"除此而外在感情上加以笼络，每当他们来京时，都亲自接见，嘘寒问暖，设宴款待，厚加赏赐。在使用上则对他们充分信任，放手使用，允许他们便宜行事。下面这几件事，可以充分说明赵匡胤驾驭边将的手段确实是高明之至。

李汉超任关南巡检使，在防卫辽朝时表现倒也很不错，没有什么纰漏，只是平时所作所为时有犯法犯禁之事。有一次，一位百姓到京师控告李汉超，借贷钱财不还，还抢掠他的女儿做妾。赵匡胤深知千军易得，一将难求，但对李汉超的不法行为也不能纵容不管。于是，赵匡胤将这一百姓召入便殿，热情款待。酒酣耳热之时，赵匡胤开口问道："自从李汉超到关南后，辽军入寇一共有几次？"百姓具实以报："一次也没有。"赵匡胤循循善诱："过去辽军入寇，边将不能率军抵御，北方的民众，每年都遭到抢劫，家破人亡的不胜枚举。如果是在那时候，你能保住你的家财子女吗？如今李汉超借贷你们的钱财，和辽军抢劫的比起来谁多些呢？"这个人若有所思。赵匡胤接着再问道："你家一共有几位女儿，嫁给的又都是些什么人？"百姓又一五一十老老实实地奉告。她们都嫁给了庄户人家，"既然她们所

嫁的都是村野莽夫。李汉超则是一位封疆大吏，我的贵臣，因为喜爱你的女儿，才娶了她，他必不会亏待你的女儿。和嫁给一个村夫比起来，哪样更加富贵呢？"百姓无话可说，满怀委屈而来，高高兴兴地回去了。如果事情到此为止，赵匡胤也就显不出自己的高明了。对于李汉超，他也没有放任自流，专程派人前去警告李汉超："你需要钱，为什么不告诉我，而向平民百姓借贷呢？这样的糊涂事再也不要干了。"并赐予李汉超银数百两；"你自己去把借的钱如数归还，消除他们对你的反感。"李汉超感戴赵匡胤的恩德，从此痛改前非，发誓以死来报答赵匡胤的浩荡皇恩。

担任西山巡检以防御北汉的郭进，御众严明，部下整肃，每率军进入北汉境，无不克捷，少有失败。这一点应该值得肯定，但是军法过于严酷，部下小有过错，就有可能遭受杀身之祸。赵匡胤既能用其长，对其短处也能加以宽容。每当调戍兵前往西山隶属郭进时，赵匡胤总是再三叮咛："你们应当小心谨慎，遵纪守法。否则，即使我宽容了你们，郭进也会把你杀掉。"曾选拔身边的亲卫军官三十人归郭进麾下，时逢宋军同北汉军交战，其中有些人临阵退却，被郭进斩首十余人。消息传来，侍卫部队中议论纷纷，不看僧面看佛面，打狗还得看主人。郭进竟然连皇上身边的亲信军官也敢擅自斩杀，这胆子未免也太大了些。面对这种情况，为了安抚众人，赵匡胤也不得不作出一番姿态，以平息众怒。于是，他表面上装出一副怒不可遏的样子。大声说道："这些侍卫官都是千中选一，小犯过错，郭进就将他们处死，那么即使是人再多，也不足让他杀戮。我绝不饶恕他！"与此同时，又暗中派宦官到西山对郭进说："这些人自恃是我的宿卫亲近，倨傲不驯，不听从你的命令，杀掉是应该的。"赵匡胤的手腕确实让人钦佩，此举不仅让郭进感激涕零，对郭进的部下也产生了极大的震撼，从此再也没有人敢于违犯军令，郭进所率部队战斗力更强了。赵匡胤曾下令在京师为郭进修建府第，其规格同亲王、公主的住所相同。有人曾对此持有异议，认为与制不合。赵匡胤说："郭进竭忠尽智，使我无西顾之忧，我对待他难道不能像对待我的子女？又有什么不应该的呢？只管照办就是了。"郭进的一位部下因犯了过错，害怕受到郭进的严惩，逃到开封，诬告郭进同北汉暗中勾结，图谋不轨。赵匡胤大怒，"贼子胆大包天，竟敢诬害我的忠臣"，不允许他继续说下去，就让人将他捆绑起来，押送给郭进，让郭进自行处置。郭进倒是表现出了大丈夫的气度："是条好汉，应该在战场上见分晓，不应在背后整人。如果你能攻取敌人一城一寨，我不但免你死罪，还将请皇上赏你一官半职，就看你有没有这个本领了。"一年之后，这人果然用计攻取了北汉一座城池。郭进言而有信，将他本人与一封反映他功劳的书信一起送到开封，请求皇上赏给他官职。赵匡胤却是不依不饶："你诬陷我的忠良，本当处死，虽然立功，只能赎罪，至于奖赏吗，那就免谈了。"然后又将这人送交郭进。郭进不死心，再次请求："言必信，行必果。我身为朝廷将领应该对自己的话负责，假使失信于人，说法不能兑现，那么以后就再也不能让部下听我的指挥了。"赵匡胤于是赏予这人一个官职。

还有镇守环州的董遵诲，赵匡胤早年穷困落魄之时，前往随州投奔他的父亲董宗本，希望找一口饭吃。董宗本待赵匡胤倒还说得过去，让他与儿子遵诲交个朋友。可董遵诲却是狗眼看人低，自恃武

艺高强，才华出众，对赵匡胤横挑鼻子竖挑眼。在交往过程中盛气凌人，小不如意，就肆意欺辱。赵匡胤忍不下这口恶气，只好另谋高就。后来两人同殿为臣，董遵海却投在赵匡胤死对头韩通门下，继续同赵匡胤作对。果真是风水轮流转，三十年河东，四十年河西。董遵海哪里料到赵匡胤时来运转，竟坐上了龙椅，而韩通却是死于非命。

赵匡胤自然不会忘记董遵海，即位之初就召见了他。董遵海以为死罪难逃，便要自杀。可是他的妻子却表现出了不凡的见识："等到皇上要你死时，再去死为时不晚。万乘之主，岂会鼠肚鸡肠，同你计较过去的一点儿私嫌旧怨？说不定因祸得福呢？"董遵海一听有理，反正是死猪不怕开水烫，事已至此，于是打消自杀念头，身着平民服装，惶恐不安地来到宫中，叩头请死。赵匡胤大笑："既有今日，何必当初？不过你不必害怕，如今正当用人之际，我今赦过赏功，继续录用

岳阳楼

你。"说完叫左右将他扶起，并摆酒设宴，招待董遵诲。席间回忆起当年的情景，不禁开怀大笑，董遵诲感激涕零。不久，董遵诲的部卒联名揭发罗列了他十余条罪状，赵匡胤不予追究，还设法将他的母亲从辽统治下的幽州接回。董遵诲上任之后，赵匡胤授予他自辟幕僚、选择精兵的权力。董遵诲对此更是是感激得无法表达，从此以后洗心革面，对赵匡胤忠心耿耿，在任上"申严边候，镇抚蕃部，号令如一""党项清羌，畏威惕息""安抚一面，夏人悦服"。

赵匡胤表现出一代君王宽阔的胸怀，似董遵诲这样遭遇的人不只一人，这一点，赵普和赵匡胤相比，却有天壤之别。据说，赵普名登显贵之后，就露出了一副小人得志的嘴脸，把他贫贱时仇家的名字，全部开列在一张名单上，要求赵匡胤全部铲除。赵匡胤自然不会答应。他说："假如总教人们从芸芸众生中发现天子宰相，以免奉迎拍马，那么人人都像挖掘宝藏那样去寻觅，什么事情也不用干了。"开国帝王豁达的胸怀和超凡的气度由此可见一斑。

赵匡胤的苦心没有白费，他重视选将巩固边防的措施收到了一定的成效，使北方边陲得以稳定，北方人民得以安居乐业。由于"边臣皆富于财，得以养募死士，使为间谍，洞知边境情状。每寇至必豫为之备，设伏掩击，多致克捷。二十年间，无西北之忧。以致命将出师，吊民代罪，平西蜀，复湖湘，下岭表，克江南，兵力雄盛，武功盖世。良由得猛士的守边，推赤心以御下之所致也"。西北边防的巩固，使赵匡胤不再有后顾之忧，使得他能专心致力于东南，加速了统一战争的进程。

赵匡胤巩固边防的另一条重要措施是根据不同的情况，因国制

宜，针对不同的对手，采取不同的策略，对辽朝实行积极防御，对北汉坚决打击，对党项睦邻友好，使边防得以稳定。

辽朝乘五代的中原内乱之机，不断举兵南侵，"自唐末幽、蓟割据，戍兵废散，契丹因得以陷平、营，而幽、蓟之人岁苦寇抄。自涿州至幽州北里，人迹断绝"。而中原地区一些野心勃勃的割据势力，为了实现自己的卑鄙目的也以辽为靠了。石敬塘为得到辽的支持，在自称儿皇帝的同时，将燕、云十六州割让给辽朝。此后，辽以此为跳板，更加频繁的入侵中原，给中原地区造成了极大危言。石敬塘死后，后晋与辽关系恶化。辽帝耶律德光一怒之下，率领大军攻入开封，灭亡后晋。面对辽军的烧杀抢掠，中原各族人民奋起抵抗，"自备兵械，各随其乡，团结为社，以自保卫"。耶律德光惊叹"不知中土之人难治如此"，只得率兵北撤，死在途中。辽统治集团内部为争权发生内讧，继任的耶律述律腐化堕落，昏庸无能，但辽雄厚的实力仍在，对中原的侵扰也未停止。951年，辽兵五万会同北汉兵打到晋州（今山西临汾）。952年，辽兵进扰冀州（今河北冀县）。953年，辽兵再扰镇、定两州。周世宗不再言忍辽的肆意侵扰，于是率兵北伐，收复了益津关、瓦桥关、游口关和瀛州、莫州、宁州三州。

宋朝建立后，辽的威胁低旧存在。边境冲突，时有发生。为了保证统一南方战争的顺利进行。赵匡胤在选用宿将、屯驻重兵于边防线的同时，采取了积极防御的战略方针。

这一战略方针的具体内容是：在同辽的斗争中不卑不亢，不逞强不示弱，以"保境息民"为宗旨，"不欲生事"，即不主动挑起事端。但对辽的入侵，则不能听之任之，姑息纵容而是以牙还牙，给予有力的回击，同时做到有理有节，适可而止，不使事态扩大，即"来则掩杀，去则勿追"。让辽朝清楚，宋朝不是好惹的，如果举兵冒犯，将会得到应有惩罚。

乾德三年（965），辽兵南下侵扰易州（今河北易县），掳掠人口。赵匡胤没有妥协退让，立即如法炮制，下令将领率兵进入辽境，活捉了与辽兵所掠人口数目相同的人口，直到辽将掳掠的人口释放回来后，将活捉的人口释放。第二年，为了显示自己的实力，赵匡胤下令关南及雄、霸等州，集中兵力在幽州辖境内跃马扬威，警告辽朝不要轻举妄动。开宝三年（970）十一月，辽兵六万骑入侵定州，赵匡胤令田钦祚领兵三千人抵御，并指示田钦祚："敌众我寡，难以力拼。只需背阵列阵，以逸待劳，敌至即战，不要同它互相追逐。"田钦祚受命而行，在蒲城同辽兵激战，辽骑兵不敌，向后退却，田钦祚乘胜

奉国寺大雄宝殿

至遂城。在激战中，田钦作的坐骑中箭倒下，手下的骑士将自己的战马交给田钦柞，田钦柞腾身上马，宋军士气复振。从清晨一直激战到黄昏，杀敌甚众，夜晚入据遂城，辽兵围困数天，田钦柞看到城中粮少，整顿军队，打开城南门，突围而出，全军毫无损失。此战，宋军以三千人对付二十倍于己的敌人，大获全胜，战果辉煌，因此边界盛言"三千打六万"。

由于措施得力，宋边防日趋巩固，守战斗力也日益增强，辽看到无隙可乘，只得放弃南侵念头，并派使者前来，要求与宋通好。开宝七年（974），辽涿州刺史耶律琮，写信给宋雄州知州孙全兴："两朝初无纤隙，若交驰一分之使，显布二君之心，用息疲民，长为邻国。"孙全兴遣人将信送至开封，赵匡胤立即表示同意。第二年，辽遣使者克慎思等十二人，带着辽朝国书来到开封。还未进入宋境，赵匡胤就派郝崇信率人前往迎接。到了京城后，又亲自接见辽使，并赐宴长春殿。临别归国，赵匡胤又一次接见辽使，同辽使话别，宋派郝崇信出使契丹，于是两朝交聘使节，开始了友好往来。这是五代以来辽同中原五朝第一次建立起平等的外交关系，得来实属不易，它是赵匡胤经过不断努力，巩固边防，增强自身实力的结果。正如赵匡胤自己对宰相所说的那样："自五代以来，北敌强盛，盖由中原衰弱，遂至晋帝蒙尘，亦否之极也。今景慕而至，乃时运使然，非凉德能致。"弱国无外交，落后必然挨打，这是一条千古不变之真理。

偏处西北的党项李氏割据政权，在五代时期对中原各王朝保持了名义上的臣属关系，宋朝建立之后，其首领彝兴继续承认宋的宗主国地位。赵匡胤认为，党项暂时不能对宋构成威胁；另一方面它的存在对北汉也是一种牵制，因此，对李氏割据政权采取了睦邻友好的政策。在重用赵赞、姚内斌、董遵诲、冯继业、王彦升等人加强西北边疆防御的同时，又极力拉拢李彝兴，以稳定边塞环境。冯继业在任时，不时出兵劫掠羌族羊马，赵匡胤得知后，害怕引羌人的反抗，只得将他内调，另任段驻守恭知灵州。段知恭到任后，较好地贯彻了赵匡胤的意图，于是"悉心绥抚，夷落安静"。由于对党项采取了睦邻友好的政策，因此在赵匡胤在位期间，同党项接壤地区不仅少有争端，且争取到了一支很有战斗力的同盟军，在几次攻打北汉的战争中，都得到党项的支持和出兵配合。

对于边疆其他少数民族，赵匡胤也采取对待党项相同的政策。例如秦州附近一带，居住着许多吐蕃族人民，他们赖以生存的，就是当地茂密的森林。高防知州事时，在这里设采造务，开采砍伐林木，每年砍伐大树十万棵，运到开封，引起了吐蕃人的不满和反抗。高防出兵镇压，将其中带头闹事的四十人悉数捉拿。赵匡胤得知消息后，将高防撤换，停止砍树的行为。五代时各政权的统治者，为了补充军需马匹，诱使边境地区的市井无赖，出境偷盗少数民族饲养的马匹，然后由官府作价收购。赵匡胤对此极力反对，他认为对边境各民族都应当"敦信保境"。于是下诏："沿边诸州，禁止民众出塞侵盗，以前所盗窃的马匹，应如数归还。"这样，化解了与少数民族的矛盾各民族的冲突大大减少，边境相对安宁。

## 三伐北汉

北汉同辽和党项一样，也是处在宋北方的割据政权，但是宋对北汉的政策，却与宋对辽，党项的政策截然不同，赵匡胤对北汉很不客气，运用军事、经济等各种手段，对北汉进行打击，并先后三次出兵，攻打北汉，企图一举将其歼灭。北汉偏安一隅，虽然土瘠民贫，赋役繁重，但是军队却十分强悍，城坚地险，加上其统治者都臣服于辽，自称侄皇帝、儿皇帝，挟辽以自重，屡世同后周对立，是宋朝的劲敌。

周世宗与北汉的高平之战，使北汉受到重创，但终未能将其消灭。宋初李筠反叛，同北汉联兵，于是双方开始正面交锋。宋虽迅速平定了李筠叛乱，但在进攻汾州（今山西汾阳）的攻城战中，骁将荆罕儒被北汉军杀死。赵匡胤大为恼怒，连斩了作战不力的二十九员荆罕儒部将校以泄愤。对于这次失利，赵匡胤始终耿耿于怀，因此便广泛征求臣僚意见，打算一举消灭北汉政权。但臣僚们却大多对此持有异议。如武胜节度使张永德认为，北汉兵力不多却很精悍，加上有辽作后盾，恐怕难以迅速攻取。可以每年派出一些游兵，破坏其农业生产，并向北汉派出间谍，设法离间北汉与辽的关系、待其内外交困，再伺机进攻，可一战而胜。华州团练使张晖也认为："泽、潞疮痍未瘳，军务荐兴，恐不堪命。不若戢兵育民，俟富庶而后图之。"赵普也不同意："太原位于西北二边，如一举而下，就要独力承担辽军南下的祸患。不如暂且让它苟延残喘，等南方平定之后，那巴掌大的一块地方，还能逃到哪里？”赵匡胤不是一个刚愎自用的人，他虚心地采纳了众人的意见，决定“且存继元，为我屏翰，俟我完实，取之未晚”。

赵匡胤虽将兵力转向了南方，但对北汉也没有忘记，时刻注意着北汉的动态，准备一有机会，就攻打北汉。于是，选用将领应该对自己的话负责，镇守边关，对北汉的骚扰进行坚决打击。同时，展开外交攻势，派遣一个名叫盖留的人出使北汉，对北汉主刘钧说：“你们和后周是世仇，不服其统治完全可以理解。但我大宋与此无干，为何仍然不肯臣服。如果你有志争夺中原，应举兵南下太行，一决雌雄。”刘钧回答道：“河东土地甲兵，难以抵挡中国。但我之所以守此一方之地，不过是为了保住刘氏宗祀，并不是故意反叛。”史载，赵匡胤哀其言，笑着说：“为我语钧，开尔一条生路。”因此终其世不加兵。自然，这是封建史家的溢美之词。事实上赵匡胤并不是心怀恻隐怜悯，高抬贵手放北汉一条生路。他绝不能对北汉这样仁慈，而是由于此时正在用兵南方，无暇北顾，只能对北汉进行恐吓。当平定后蜀之后，赵匡胤的实力大为增强，于是对先南后北的策略做了局部调整，把注意力转向了北汉。

北汉虽依附辽朝，但双方结合在一起的目的本是互相利用，各怀异志，有时难免会出现摩擦，甚至会产生尖锐的矛盾冲突。就在盖留出使北汉的同年，辽为了从北汉榨取更多的贡物，便罗列了北汉三大罪状：不该擅改年号，不该擅助李筠，不该擅杀段常。北汉本来奉辽为正朝，擅自更改年号应该取得辽的同意，没有辽的首肯，擅自做主

白玉龙纹佩

对辽而言自是不能容忍。帮助李筠对付宋军，这对辽有百利而无一害。但是李筠却投靠北汉而把辽抛在一边，所谓"舍大就小"，且不通知辽朝，显然有点目中无辽、没有把大辽放在眼里的。至于诛杀段常，却是北汉内政，事出有因。当时有位和尚，不守清规戒律，与一妇人私通，生下了一个花容月貌的女儿郭氏，后来得到北汉主宠爱，打算立其为妃。而枢密使段常以为其来路不正，如立为妃恐贻笑天下，北汉主被迫放弃了原来的念头。不仅如此，郭氏的亲戚故旧也多遭段常的迫害。因此，郭氏一门对段常是恨之入骨，设计进行诬陷，段常最终死于非命。辽列举上述罪状的目的，无非是要北汉多多进献。而刘钧不敢冒与辽决裂的风险，在这些指责面前，恐惧异常，只得遣使携带大量财物，前往"谢罪"悔过。但使者到了辽朝，却被扣留。刘钧更加惶恐，又一再送上财物；都落了个同样结果。北汉本来就土地狭小贫瘠，难以负担辽贪得无厌的索取。每年缴纳贡赋，使财政陷入瘫痪。统治者被迫压榨人民，又不可避免地激化了内部的矛盾，使人民怨声载道。

开宝元年（968），刘钧病死，养子刘继恩继位。刘继恩大腹便便，满脸胡须，长得上长下短，如果骑马则显得魁梧无比，徒步便形同侏儒。为人懦弱无能，对政治一窍不通。刘钧对刘继恩的才能了如指掌，在生前就曾担心："继恩缺乏济世之才，恐怕难以担当重任。"果然不出所料，在他继位以后，处死刘钧另一养子刘继忠。又对宰相郭无为没有在刘钧面前说他的好话怀恨在心，加上不满郭无为专权，因此企图伺机除掉郭无为。郭无为敏锐地觉察到刘继恩将对自己不利，于是先下手为强，乘刘继恩服丧无备之机，于同年九月派人暗杀了刘继恩，迎立刘钧另一养子刘继元。

北汉新丧之后，内部争斗不断，政局动荡不安。赵匡胤觉得应趁机进兵，于是任命昭义节度使李继勋为河东行营前军都部署，宣徽南院使曹彬为都监，侍卫步军都指挥使党进为副，怀州防御使康延沼为都监，棣州防御使何继筠为先锋部署；建雄节度使赵赞为汾州路部署，绛州防御使司超为副，隰州刺史李谦溥为都监，率军北伐，进攻北汉。

北汉得知宋军来攻，派遣侍卫都虞候刘继业、冯进珂率军扼守团柏谷（今山西祁县东南），并以枢密使马峰任监军，同时急忙遣使到辽请求救援。刘继业，原名杨重贵，因有勇有谋，深受北汉主的赏识，被赐为刘继业，他就是人人皆知的杨令公。马峰率部至洞过河，同宋李继勋遭遇。先锋何继筠率部出击，歼灭汉军二千余人，擒获汉将张环、石斌等人，夺占汾河桥，直逼太原城下，焚烧延夏门。刘继元派郭守斌率兵出战，被宋军击败，退入城中。

在进行军事打击的同时，赵匡胤发动外交势力派使持诏书至太原，劝说刘继元投降，承诺投降后将授其平卢节度使。又分赐郭无为、马峰等人诏书四十多份，许诺授予郭元为安国节度使，其他人也许以高官。郭无为见诏心动，将其余的诏书藏起来，只拿出一份给予

刘继元的诏书，劝说刘继元投降。刘继元身为北汉主，快乐逍遥，威风八面，平卢节度使没有让他动心，因此不假思索地拒绝了宋的劝降。

辽与北汉之间虽有矛盾，但却不希望宋将北汉消灭，大敌当前，自然会携起手来，因此在接到北汉的求援后，即命挞烈为兵马总管，率诸道兵驰援北汉。十一月，李继勋等得知辽兵来援，唯恐腹背受敌，引兵撤退。北汉乘机南下，大掠晋、绛两州。

宋对北汉第一次用兵就这样结束了。赵匡胤对第一次北伐北汉无功而还自是心有不甘。为此征求大臣魏仁浦的意见："朕想亲征太原，爱卿意下如何？"魏仁浦答道："欲速则不达，望陛下慎重行事。"但赵匡胤决心已下，不可动摇。于969年农历二月御驾亲征，二攻北汉。为此，命曹彬、党进等人，各领兵先赴太原。接着，任命李继勋为河东行营前军都部署，赵赞为步军都虞候，率军随后跟进。接着，任命皇弟赵光义为东京留守开封，处理政务，自率大军出发。赵匡胤分析："辽得知这次行动，必率众来援。他们以为镇、定无备，将由此路入侵。"于是，任命韩重赟为北面都部署，祁延义为副，率兵防备辽从河北方向南下侵扰。以何继筠为石岭关（今山西阳曲东北）部署，屯兵阳曲，以阻击西援辽军。为了保证粮道的畅通，任命王祐权知潞州，赵逢为随驾转运使，专门负责粮饷供应。同时遣使十八人分往诸州，调运粮饷赴太原。部署完毕之后，赵匡胤从京师出发，经过滑、相（今河南安阳）、磁（今河北磁县）等地，进入潞州。

北汉在宋军大举进攻面前，再次派刘继业、冯进珂等率兵屯驻团栢谷，截断宋军的去路。刘继业令军校陈廷山领兵数百骑前去侦察敌情，正好碰上了宋李继勋率领的前军，陈廷山自知难敌，率部投降。刘继业、冯进珂知道寡不敌众，也放弃团栢谷，领兵撤到太原。刘继元见刘继业不战而退，勃然大怒，即将他撤职。李继勋乘机率部进至太原城下。

这时赵匡胤在潞州，因阴雨连绵，逗留了十八天。有一天，捕获了一名北汉奸细，赵匡胤亲自审问。这位间谍善于察言观色，能言善辩，哄骗赵匡胤"城中民众遭受罹毒已久，日夜翘首盼望皇上车驾光临，唯恐来得太迟了。"奉承话人人爱听，这番话听起来很入耳，赵匡胤笑逐颜开，龙心大悦，于是催马起程，向太原进发。

三月，赵匡胤抵达南关，接到前锋李继勋战报，在太原城下击败汉军，歼灭千余人。几天之后，赵匡胤赶到太原城下，于是，大规模

张掖大佛寺大佛殿

的攻城战就此拉开帷幕。

赵匡胤来到太原城下后，即到城南观察地形，了解敌情，决定筑长连城围攻，为此，征发太原各县民夫几万人到太原城下集合。由于城内防守严密，一时难以攻下，有人建议调派援军。部将陈承昭进言："陛下有数千万兵在左右，何不加以利用？"赵匡胤当时如堕云里雾中，没有听明白。陈承昭以马鞭指汾水，赵匡胤恍然大悟，于是命令陈承昭负责，修筑渠道，引汾水淹太原城。赵匡胤本人也赤脚露臂，手持宝剑，坐在黄盖下面，亲自监督。

与此同时，赵匡胤将攻城部队分为四部，李继勋驻扎在城南，赵赞驻扎城西，曹彬驻扎城北，党进驻扎城东，加紧围攻。并派兵，攻打北汉其他州县。北汉兵借着夜幕的掩护袭击赵赞所部的西寨，赵赞率众迎战，被弓箭贯穿脚板。恰巧党进派都监李谦博率部在西山砍伐树木。听到战鼓声声，李谦博即率部赶来，和赵赞部合兵猛击，才将北汉军击退。刘继业又率骑兵数百人从东门出来突袭东寨，党进挺身而击，追逐刘继业，手下只有数人跟随。刘继业藏匿在壕沟中，攀着绳索缒入城中，才逃得性命，没有被宋军俘虏。

四月，辽军果然如赵匡胤所料，分两路增援北汉：一路向石岭关，一路南下定州（今河北定县）。赵匡胤闻讯，急召石岭关部署何健筠来到太原城下，面授机宜，配给他精锐骑兵数千，阻击辽援军。并对他说："明天中午，我等你的捷报传来。"当时天气渐热，赵匡胤赐予何继筠麻酱粉。何继筠食毕，即飞骑赶往石岭关，在阳曲县北同辽军展开激战，把辽兵杀得落花流水，活捉将领王彦符，斩首千余级，俘虏一百余人，获马七百匹及无数兵器。何继筠打扫完战场，即派儿子飞马报捷。赵匡胤登上高台远眺，见一骑从北面飞奔而来，便知是前来报捷，派人迎上去一问，果然如此。北汉本来依恃辽兵解围，因此固守坚城。赵匡胤摆出所缴获的兵器和辽兵首级，城中人看到之后，胆战心惊，士气低落。

从定州南下的辽兵，本来是想使用围魏救赵的故技，但因宋军有备并没有占到便宜。驻屯镇定的韩重赟，按照赵匡胤事先的指示，将部队部署在嘉山，严阵以待。辽兵赶到，只见旌旗遍野，宋军严阵以待，军心大骇，正想逃遁，韩重赟挥军猛击，大破辽兵。与此同时，北汉所辖的宪州、麟州、岚州等州，也相继被宋军占领。

辽援军既败，赵匡胤可以放心大胆地全力攻城了。于是，他命令将汹涌的汾河水，引入渠道，淹灌太原城。城内城外，顿成一片汪洋。赵匡胤命宋军乘坐小船，上载强弩，发动强攻，但遭到汉军的阻击。骁将王廷义、石汉卿身中流矢，先后毙命。赵匡胤恼羞成怒，下令急攻，洪水从延夏门入城，穿越两重城墙，城中一片混乱。汉军沿着城墙，临时增筑堤障，被宋军强弩劲弓所阻，难以进行。于是，他们用大批草料，暗中堵住水口，暂时减轻了水患。

此时北汉外援已绝，困守孤城，危在旦夕。宰相郭无为以为太原难保，劝说刘继元投降，遭到拒绝。郭无为暗怀投宋之心，早已有之。早在宋军第一次进攻北汉时，宋曾许以安国节度使的官位诱降郭无为。自那时起，郭无为就已动摇。有一次，赵匡胤派间谍惠磷诈降北汉，被郭无为任用为官。宋军进攻北汉时，惠磷即偷偷逃跑，后来被巡逻的北汉士兵活捉，送到太原。郭无为知道他是宋朝间谍，私自将他释放。有一军校李超，知道惠磷的真实身份，欲向朝廷告发惠

磷。郭无为得知消息，将李超处死灭口。赵匡胤这次亲征，来势凶猛，郭无为心中暗喜积极活动。有一天，刘继元大宴群臣，郭无为在席间突然失声痛哭，装模作样，要拔出配剑自杀。刘继元急忙上前阻拦，搀扶他回到座位，询问为何啼哭。郭无为抽抽咽咽地说道："为什么要拿一座孤城来抵抗百万大军呢？以卵击石，后果可知。与其城破被俘受辱，不如自杀以死。"其实，郭无为并不是真的想死。此举不过是动摇人心，让刘继元放弃抵抗而已。后来见宋军围攻甚急，郭无为伺机出城投降。有一次，郭无为毛遂自荐，请求亲自率兵夜间出击。刘继元爽快答应，并精选了一千多人让他指挥，还亲自到延夏门为他送行。当晚，天气开始时满天星斗，可不久却是风云突变，晦冥阴暗。郭无为行至北桥，便和众将失散，身边只剩下几十人。他自忖仅以这些人出降，恐怕难以得到赵匡胤的重赏，于是只好悻悻地调转马头，回到城内。有一个名叫卫德贵的宦官早已对郭无为心存不满，并暗中留心郭无为的所作所为。一见时机已到，向刘继元揭发了他的阴谋。刘继元为稳定人心，将郭无为斩首示众。

刘继元虽斩了郭无为，暂时稳定了内部，可对外面的强敌，只能固守孤城外。凑巧当宋军来攻时，契丹派使者韩知璠来到太原，册立刘继元做皇帝，也被围困在城内。韩知璠明白，如果太原城破，自己恐怕也性命难逃。因此，他生怕刘继元投降，便鼓动生花妙舌，给刘继元加油打气。加上他本人颇知兵事，亲自上阵，昼夜督促北汉士兵固城坚守。刘继元也不甘束手就擒，沦为赵匡胤的阶下之囚，于是决定负隅顽抗。在处死郭无为后，振作精神，派兵从西门潜出，企图焚毁宋攻城器械，哪知被宋军击败，丢下万余士兵尸体，仓皇退入城中。

赵匡胤自从平定李重进之后，就运筹帷幄之中，不再亲历战阵。这次出动大军，御驾亲征，本以为一定是马到成功。没料到遇到了从未有过的顽强抵抗，竟奈何不得区区一座孤城。大军云集城下，猛攻三个多月，所获无几，损失却不少。这自然使赵匡胤脸上无光，感到大大地丢了面子。主忧臣死，面对焦躁恼怒的赵匡胤，他的侍卫亲军们个个愿意替主分忧，东西班都指挥使李怀忠自告奋勇，率众攻城，又是失利，身中流矢，负了重伤。这下更是把众人激得双眼冒火，殿前指挥使都虞候赵廷翰率领各班卫士叩头请战，愿意效死力。但是这下赵匡胤却不同意了，殿前诸班身负保卫皇上重任，万一有失，本身安危堪虞。赵匡胤自然不会冒万千之险，孤注一掷，把自己的贴身卫士丢掉："你们都是我亲自训练出来的，无不以一当百。目的是让你们保卫我的安全，以防不测之变发生。我宁可不得太原，也不会让你们丢掉性命。"赵匡胤早已失去攻城信心，于是乐得送个人情，收买众心。果然，众人一听赵匡胤这番肺腑之言，个个热泪盈眶，连连叩头，高呼"万岁"。

久攻不下，损兵折将，促使赵匡胤考虑撤兵事宜。加上这时天气炎热，淫雨连绵，大军驻扎在甘草地上，因为士兵水土不服，很多人拉起了肚子，军中疾病流行，士气低落。还有辽军在第一次增援失败后，再次派出援军，正在陆续赶来，宋军处境不利。见此情形，大常博士李光赞上言："陛下神明类武，自即位后战无不胜，谋无不克，兵锋所指，势如破竹，过去僭窃帝王之号者，如今有许多已对陛下称臣。区区一座太原孤城，本不需亲劳大驾。重务飞挽，兴师动众，

有可能给天下百姓带来沉重负担，引起他们的不满。大宋疆域辽阔，不在乎区区一城，得到它不足为荣，失去它也不足为辱。况且时当炎热，候当暑雨，如果河津泛滥，粮道阻隔，大军乏食，恐怕又将引起皇上焦虑。以臣之见，不如车驾回京，屯兵上党，夏割其麦，秋取其禾，这样既免除了兴师

青釉刻花四系盖罐

动众之扰，又可以削弱刘氏根基。望陛下三思。"

这番言论，言辞委婉，说理透彻。其实，赵匡胤早已有撤军念头，只是难以开口，这下总算找到了台阶，自然是心中默许。便同赵普商量，赵普对李光赞的话很是赞同。于是，开始谋划班师回朝事宜。

这时，薛化光也上书献策："凡砍伐树木，必须先去其枝叶，然后取其根底。如今太原外有辽助，内有民贡，恐怕在短时间内难以攻下。如果在太原北石岭山及河北界西山、东静阳村、乐平镇、黄泽关、百井社等地修筑堡垒营寨，阻扼辽朝援兵；同时将太原地区民众赶移到西京、襄州、邓州、唐州、汝州等州，断绝太原的贡赋来源。

这样，时间不长，太原自会灭亡。"赵匡胤认为他的话有一定道理，于是将太原民众一万多家，迁到河南、山东等地安置。同时又将忻州（今山西忻县）、代州（今代县）民众，全部迁到内地。然后，正式打道回府，从太原城下开拔，回撤京师。

想当初，宋军开始北征时，一路浩浩荡荡，威武雄壮。可如今却是无精打采，狼狈不堪。沿途遗弃无数的辎重粮食和兵械仅落入北汉手中的粮食就达三十万斛。北汉本来是"丧败馨竭"，依靠缴获的粮食才得以"少济"。赵匡胤第二次亲征北汉，又这样无功而返。

宋军撤退之后，北汉军民立即排除城中积水，水落之后，不少城墙倒塌。当时辽朝使者韩知璠还没有离开太原，见状之后大为赵匡胤惋惜："宋军引水浸城，只知其一而不知其二。如知道城墙浸泡之后不再坚固，极易崩塌，则太原恐怕就会落入宋人手中了。"如果赵匡胤听到此话会无地自容，这就是智者千虑，必有一失。

宋军前脚退走，辽兵接踵而至，屯于太原城下，一副救世主的嘴脸。刘继业对刘继元说："辽朝贪利弃信，他日吾国必被其所灭。今救兵骄而无备，我愿率兵突袭，获马数万，然后归顺大宋，使一方之民免于涂炭，陛下也可长享富贵，这样不是很好吗？"虽然北汉主没有采纳，但刘继业本人的想法，却为他后来成为大宋名将威震边关埋下了伏笔。

北汉虽然保住了太原，但遭此重创，元气大伤。刘继元在宋军撤退后，不顾满目疮痍，只顾奢侈享乐。他既是一个好色之徒，性格又格外残暴，臣下稍有冒犯，必株连九族。自故相张昭敏以下，被杀的大臣不可胜数。而太师兼中书令，原是五台山的一个花和尚，靠贿赂

刘继元几百副首饰，得到这样的高官，其政治的腐败可想而知了。在他的腐朽统治下，北汉更加摇摇欲坠了。

两次进兵北汉，宋虽未获胜，也没有失败，应该说双方打了个平局。但赵匡胤对这一结局却是深感不满，念念不忘给北汉最后一击。976年，南唐灭亡，南方基本统一。于是，赵匡胤集中精力，制定进攻北汉战略。

这年八月，任命侍卫马军都指挥使党进为河东道行营马步军部部署，宣徽北院使潘美为都监，虎捷右厢都指挥使杨光义为都虞候；西山巡检郭进为河东忻州、代州等州行营马步军都监，兵分五路，开始第三次进攻北汉。其中，郝崇信、王政忠率军一部出汾州；阎彦进、齐超率军出沁州（今山西沁县）；孙晏宣、安守忠率部出辽州（今山西左权）；齐延琛、穆彦璋率部出石州（今山西离石）；侯美、郭进率部出忻州、代州。开始时各路宋军按预订计划，进展顺利。党进率兵直逼太原，在汾河之南列寨，列寨在太原城北击败北汉军数千人。十月，赵匡胤突然去世，赵光义以皇弟身份继承皇位。为巩固自己的地位，赵光义下令撤军。宋军第三次北攻北汉，就这样不了了之。

赵匡胤三攻北汉，虽然没有灭了北汉，但也有一定收获。三次征讨，给北汉的打击是相当沉重的。特别是采纳薛化光的建议之后，北汉民众多被迁移到南边，所存无几。虽仍有十一州地域，但只剩下兵三万，人口剩下三万五千户，"虽巢穴尚存而危困已甚，得之不足以辟土，舍之不足以为患"，北汉只剩下一片荒原，灭亡已是指日可待。赵匡胤播下的种子，到赵光义时开花结果。979年，赵光义举兵北上，终于灭掉北汉。

## 图谋幽云十六州

936年，石敬塘图谋称帝，为了争取辽的支持，答应称帝后将幽云十六州割让给辽国。使辽不费一兵一卒就获得了这一战略要地。

燕云十六州包括幽州（今北京）、蓟州（今河北蓟县）、瀛州（今河北河间）、莫州（今河北任邱）、涿州（今河北涿州）、檀州（今北京密云）、顺州（今北京顺义）、新州（今河北涿鹿）、妫州（今河北怀来）、儒州（今北京延庆）、武州（今河北宣化）、蔚州（今河北蔚县）、云州（今山西大同）、应州（今山西应县）、寰州（今山西朔县东马邑镇）、朔州（今山西朔县）。这一地区西起山西与内蒙交界处，东达达渤海之滨，沿线山岭婉蜒，形势险要，有不少关隘控扼南北交通要道。从这里向南，便是一望无际的华北平原。中原王朝一直

石敬瑭

依赖这一地区的燕山山脉和长城作为屏障，抵御北方游牧民族的铁骑侵袭。因此，这一地区的得失，对于中原王朝来说，是一件生死攸关的大事。

辽在获得幽云十六州之后，将边界向南推进到雁门关、滹沱河一线。辽对幽云十六州给予了高度重视，将幽州改为南京，云州改为西京。并以此作为基地，动辄扬鞭南下，牧马中原。

而对于中原王朝来讲，自从失去幽云十六州以后，河东方面，云州、朔州等州以南有雁门关等要隘，还算是有险可守。而在河北方面，辽已完全控制了历来是中原政权抵御北方游牧民族骑兵南下的天然屏障，加上构筑在其上的长城，更是骑兵难以逾越的障碍。辽已完全控制，幽州更是成为辽的政治、经济和军事重镇。辽骑兵从此出发，很快就可饮马黄河，直逼中原腹地，对中原王朝造成极其严重的威胁。

赵匡胤本人对此有切肤之痛。947年辽兵大举南下攻陷后晋都城开封，"华人百万，皆没于契丹"。这一印象，给年已二十岁的赵匡胤留下了刻骨铭心永远难以忘怀的印象。赵匡胤建立宋朝后，虽迫于当时的形势而采取了先南后北的战略方针，但对幽云十六州却是没有一日或忘，从没有放弃收复幽云地区的打算。乾德元年（963）十二月，军校上书"献阵图，请讨幽州"，赵匡胤给予了奖赏。有一次，赵匡胤拿出一张幽云地区形势图，"你说曹翰能不能攻下这个地区？"赵普反问，"曹翰可以攻，谁又能够守？"赵匡胤答道："既然他能攻下，就让他来守吧。""那么他死后谁又能接替他呢？"赵匡胤知道赵普内心不赞成，又不好公然反对，因此这样答复自己，因此沉默良久，只好暂时取消收复幽云十六州的想法。开宝九年（976），也就是赵匡胤统治的最后一年，群臣要给他上尊号，名叫"广运一统太平圣文神武明道至德仁孝皇帝"，赵匡胤却婉言谢绝，他的理由是"汾晋未平，幽云未复，谓之一统，可乎。"

赵匡胤图谋幽云的想法是一以贯之的。同时，他也没有仅仅停留在言语上，他还采取了实际的行动和措施。这就是设立封桩库，从统一荆湖地区开始，就将所缴获的金银财物收藏其中。后来国家的财政收入的盈余部分，也存入库中。用意何在呢？赵匡胤本人说得很明白："石敬瑭为了一己私利，割让幽蓟地区以贿赂契丹，使一方之人远离故土，朕对他们甚感怜惜。等此库中蓄满三五十万，朕便遣使同契丹交涉，如果能将这一地区的土地民众归还，我便拿出库中所藏当作赎款，以补偿辽朝。如果契丹不同意归还，那我就散尽库中钱财，召募勇士，用武力攻取。"他还说："辽兵数次侵扰边境，如果我用二十匹绢的价钱收购一名辽兵首级，辽军精兵不过十万人，总共只需花费我二百万匹绢，而辽兵就会被我消灭殆尽了。"

后人在评价赵匡胤这一构想时，颇有微词。有人认为这是反对使用武力，采取了怯懦的贿赂政策，表现出软弱妥协的精神。事实并非如此。

动用武力，进行战争，首先必须具备雄厚的物质基础。在这一方面，宋朝不仅没有任何优势，相反，与辽朝相比，还处在劣势。赵匡胤建立宋朝之初，所辖人口只有九十余万户，兵力不足二十万人，部队以步兵为主。至于财力，"帑藏空虚"，难以支持旷日持久而规模巨大的战争。辽朝的情况又怎么样呢？其疆域东临黄海，西抵阿尔泰

山，北至西伯利亚，南至今河北中部和山西北部，人口约四百万，总兵力约三十万，其中精锐部队十万左右，辽军骑兵众多，剽悍轻捷，在平原旷野之地更利于发挥威力。在这种情况下，如果赵匡胤贸然向辽朝进兵，以硬碰硬，其结局很危险。在这种情况下动用武力，也许会自取灭亡。

武力或者是战争，毕竟只是解决矛盾和问题的一种手段，而非唯一手段。只有在政治、经济和外交等手段都难以奏效的情况下，才会动用武力。所谓"兵者凶器，圣人不得已而用之"，说的就是这个意思。同时，战争作为解决矛盾和问题的终极手段，暴烈而残酷，随之而来的是大量的物力消耗和人员伤亡。退一步说，即使赵匡胤能够用武力夺取燕云，付出的代价也将是十分惨重昂贵，绝非三五十万或三五百万匹绢帛的价钱能比拟。因此，赵匡胤企图用收买的办法赎回燕云十六州，是对战争的严重后果有着透彻分析之后的明智之举，绝不是懦弱。

况且，以和平的手段收复幽云十六州，只是赵匡胤文的一手，与此同时，还有武的一手，也就是诉之于武力。只是这必须在平定南方之后，国力大为增强的情况下才能进行。当赵匡胤晚年统一南方之后，人口增加到三百万余户，军队增加到三十八万人，具备了同辽一较高下的条件。所谓财大气粗，赵匡胤的腰板也硬了起来，可以中气十足地说：如果辽不同意交还幽云十六州，"朕将散滞财，募勇士，俾图攻取耳"。

所以，赵国胤图谋幽云十六州的构想，应该值得肯定。只是由于赵匡胤寿命不长，还未将他的宏图大志实现便去世了。后来，他的弟弟赵光义率军北伐，只是由于指挥失误，功败垂成，这也从反面证明了赵匡胤的计划是有可能实现的。

## 迁都风波

与图谋幽云十六州密切相关的另一个问题，就是迁都洛阳的争论。

赵匡胤夺取政权之后，即因后周之旧京，以东京（今河南开封市）作为都城。

开封是我国的一座具有悠久的历史文化名城，始建于春秋时期，当时郑庄公在此建筑此城，起名开封，含有"开拓封疆"之意。后又称大梁、陈留、浚仪、汴州、汴梁、东京。战国时的魏、五代时的后梁、后晋、后汉、后周以及北宋和金，均以此为国都，故一向有"七朝都会"之称，是我国著名的古都之一。

华北平原的南端便是"开封"的盘踞地带，是中原的要害之地。北面有波浪滔天的黄河之水为天然屏障，南面有江、淮两大水系通过汴水与之相连，东面是跟它遥遥相望的巍巍泰山，西面又有函谷古道同关中相通，正是地处"咽喉中华，阃域中华"的天下要冲之地。历经朝代变更的开封，到宋建立时，它已成为全国的政治中心。

开封四周是陂泽相望、河流纵横的平原沃野，物产丰富，随着经济重心的逐渐南移，特别是开凿运河以后，开封作为联系黄、淮两大水系的枢纽，逐渐成为全国的交通枢纽和经济中心。"宋都大梁，有四河可以漕运。曰汴河，曰黄河，曰惠民河，曰广济渠。"开封正处

于汴河的中枢，而汴河自隋唐以后就是我国南北水运交通干线，开封往西接黄、渭直达洛阳、长安；往东南可直接于江淮、两浙、荆湖，并联系岭南相通、川蜀广大地区。所谓"汴水横亘中国，首承大河，漕引江、湖，利尽南海，半天下之财赋，并山泽之百货，悉由此路而进"。发达开封因此成为经济繁荣，商业繁荣的一大水陆都会。

开封虽然从政治、经济上讲有许多优越和便利条件，但从军事上讲，它不适宜作为都城因其有致命的缺陷。除了一条黄河以外，没有险隘的山川，为四战之地，在战国后期的时候，张仪就曾对魏哀王说："魏地四平，诸侯四通，条达辐辏，无有名山大川之限。魏之地势，故战场也。"这里所指的"魏地"，就是指今开封一带。在燕云十六州被辽侵占的情况下，辽便可以轻易的南下，冲破宋边防线，长

开封古城门

驱直入，便可直捣黄河。而黄河一旦失势，那么开封也就处于辽兵的直接威胁之下。

赵匡胤在平定南方之后出于军事上的考虑，即提出了迁都的问题。赵匡胤以为定都长安是上策定，都洛阳是中策定，都开封是下策。因此，他要求先将都城迁到洛阳，再迁到长安。这样做的目的是"据山河之胜而去冗兵，循周、汉故事，以安天下也"。

河南省西部黄河中游以南的伊洛盆地便是洛阳地界，因位于洛水之北得名。这里北依邙山，可与幽燕相通，南对伊阙，可达江汉，西控渑崤关东中，邻齐鲁江淮，适扼我国古代东西南北的交通要道，形势险要，位置优越。曾作为"九朝古都"，在很长的时期内，是我国经济、政治、军事、文化中心。周武王灭商后，定都镐京，为谋划如何统领天下，时常夜不能寐，最后选定在黄河以南的伊洛一带建立行都雄邑，也就是洛阳。后来虽因故未能迁都于此，但对此地一直都很看重，为了加强对东方的控制，令周成王长驻于此。到公元前770年周平王终于迁都到这里，史称东周。公元前202年春，刘邦也以洛阳，为国都，但由于比较迷信避讳"水"字，改洛字去水加佳，称为"雒阳"。后来觉得洛阳形势不如长安，才将都城定于长安。东汉建立后，刘秀将都城安在洛阳。经过安史之乱后，"宫室焚烧，十不存一"，洛阳遭到了严重破坏，周围地区"人烟断绝，千里萧条"。五代时朱温在开封称帝，后迁都于此。经过重新整修，洛阳又恢复了往日繁荣昌盛的面貌。

长安，也就是西安，是我国古代最著名的古都之一。它位于关中平原的中央，地当渭水之南，秦岭之北。这里有十分优越自然环境，

关中平原北部的条条山脉和丘源，各趋一方，环绕着古老的西安城，其间有渭河、泾河、浐河、灞河、潏河、涝河、沣河、珦河诸水流过，有"荡荡兮八川分流"和"八水绕长安"之说，是我国封建社会前期的政治、经济、文化和军事中心，其战略地位不容忽视。唐以后连遭战火洗劫，加上经济重心的南移，战略地位也随之下降，但依然处于控扼西北，屏蔽中原的重要地位。

赵匡胤之所以要将都城迁到洛阳，除了要"据山河之胜"外，还包含着这样一股浓烈的感情因素在里面。

树高千丈，落叶归根。老来怀旧，人之常情。洛阳是赵匡胤出生的地方，他的童年就是在那里度过的。几十年过去了，虽整日里戎马倥偬，南征北战，但每当夜深人静的时候，总是梦回洛阳。如今，当年那位默默无闻的少年，摇身变为叱咤风云的皇上，衣锦还乡的念头更加迫切，难以压抑。于是，开宝九年（976）四月中旬，赵匡胤总算是回到了魂牵梦萦的洛阳。

几十年的时间，在人的生命历程中是一段不算短的光阴。面对着物是人非的洛阳，赵匡胤既陌生又熟悉。既欣喜而又有几分凄凉，也许是老之将至，让人变得脆弱。这里的一山一水、花草树木都让他备感亲切，流连忘返，久久不愿离开，于是决定把都城迁到洛阳。

但是，迁都洛阳的这一想法却遭到了大臣们的一致反对。特别是起居郎李符上书，陈述了八条难以迁都的理由：洛阳凋敝，宫阙残缺，郊庙未修，百官不备，畿内民困，军食不充，壁垒未设，千军万马盛暑难行，等等。对于这些理由，赵匡胤不置可否。直到五月初，在完成了一系列祭祀活动后，赵匡胤依旧没有回开封，铁骑左右厢都

洛阳城门

指挥使李怀忠又劝说道："东京有汴渠之漕，岁致江、都下兵数十万人，淮米数百万斛，咸仰给焉。陛下居此，将安取之？且府库重兵，皆在大梁，根本安固已久，不可动摇。若遽迁都，臣实未见其便。"最后，晋王赵光义只得亲自出马了。他说："迁都未便。"赵匡胤回答："迁河南未已，久当迁长安。"赵光义叩头切谏。赵匡胤解释说："吾将西迁者无它，欲据山河之胜而去冗兵，循周、汉故事，以安天下也。"赵光义又说："在德，不在险。"赵匡胤默然良久，最终放弃了迁都的打算，依依不舍地离开洛阳，回到开封。

一切迁都的风波就这样平息了。赵光义认为保有天下靠的是德政，而不是天然险阻。这话是对的，但是有一点赵光义没有想到，那就是地形却是决定战争胜负的一个重要因素。尽管长安、洛阳有不足，但开封也同样有致命的缺陷。定都开封，必须将重兵把守在这个京畿重地的周围，守内的结果，必然导致边防的空虚；强干的结果，不可避免地带来边疆的虚弱。这也就导致了后来真宗时被迫同辽签订

的城下之盟，徽宗、钦宗成为金兵阶下之囚，就是最好的见证。

对于定都开封给宋边防带来的严重影响，赵匡胤却预见到了，而赵光义没有看到，赵匡胤在被迫放弃迁都的打算后，曾深有感触地对左右说："定都开封，不出百年，天下民力殚矣。"后来的历史充分证明，赵匡胤的深谋远虑，他的预见是正确的。抛开这场迁都争论的是非优劣不论，仅此一点，就可以说明赵匡胤的眼光具有独到之处，见识的确高人一筹。

# 第五章　巩固政权

## 赵普献计

尽快结束分裂割据局面，重新实现中国的统一，加强中央集权，防止割据局面再现，是赵匡胤建立赵宋王朝之后所面临的两大难题。这两个难题如何解决事关赵宋政权的稳定。这两个棘手的问题都与唐中叶以来中国的政治局势密切相关。号称鼎盛的大唐，仅仅在经历了安史之乱后就一蹶不振，其根本原因就在于唐朝的军事和政治格局发生了根本变化，由原来的"内重外轻"逐渐演变成"外重内轻"，而导致这个变化的就是军事制度。

唐中叶以后均田制逐步瓦解，府兵制伴随着其赖以存在的经济基础均田制的瓦解而随之瓦解，代之而起的是募兵制。招募而来的中央兵虽然是被雇佣的职业兵，但素质差，数量少，不堪一击。而"掌握政权、财权军权"的边镇节度使依仗雄厚的财力可以不断补充精兵强将，唐朝中央和内地的兵力曾一度仅及边镇节度使兵力的六分之一。事实上，唐朝中央事实上已经无法控制边镇及地方势力的发展，"尾大不掉"的局面就此形成。这些拥兵自重的割据势力为了抢占地盘、人口及财富，经常发生火并。唐朝中央为了抑制方镇势力，采取了以方镇制方镇的办法，其结果当然是"按下葫芦起来瓢"，没有实际意

宋太祖传

赵普

义。从唐中叶开始，诸方镇"喜则连横而叛上，怒则以力而相并"，"兵骄则逐帅，帅强则叛上"，由其主演兵连祸结的历史悲剧一幕接一幕。直到唐朝灭亡，朱温以强大的军事力量建立后梁，各地方镇骄横跋扈的局面仍然继续下。

从开平元年（907）朱温建立后梁到赵匡胤建立宋朝这五十多年里，中原大地朝代更迭，改朝换代如同儿戏，共经历五个朝代，更换了八姓十四君。左右局面的就是武力，即所谓"五代为国，兴亡以兵"。后晋时期的成德节度使安重荣曾公开宣称天子就应该由兵强马壮者来当，"宁有种耶"！"五代之所以取天下者，皆以兵。兵权所在，则随以兴；兵权所去，则随以亡"。周世宗柴荣即位后，虽然对政治、军事进行了改革和整顿，但没有从根本上从制度上扭转"兴亡以兵"的局面，藩镇势力依然可以左右政局。

严酷的现实摆在宋太祖面前，怎样才能使新建立的赵宋政权不重蹈覆辙，不成为继后周之后的第六个短命王朝，如何削弱藩镇力量，如何实现赵宋王朝的长治久安，这些问题一直萦绕在宋太祖的脑海中，使他寝食难安，唯恐大乱和不幸即刻降临在自己的身上。节度使李筠和李重进的相继叛乱，有力地证实了危及赵宋王朝及皇位安稳的危险因素藩镇势力必须及时清除。如何清除呢？就在平定"二李"叛乱之后不久，宋太祖召来赵普商议此事。宋太祖问赵普："天下自唐朝末年以来，数十年间，帝王共更换了八姓，烽烟不息，生民涂炭，这是什么原因呢？我想消灭天下战争的根源，实现国家的长治久安，应该采取什么措施呢？"赵普听到太祖提出这个问题十分高兴，他说："陛下考虑到这个问题，真是国家和人民的福气。那些战争和动乱没有其他原因，主要是由于藩镇权势太重，君弱臣强造成的。要想解决这个问题，也没有什么奇谋妙计，只需削弱他们拥有的权力，控制他们拥有的钱粮，剥夺他们拥有的精兵。这几点都做到了，天下自然就会安定了。"尚未等赵普把话说完，宋太祖就连忙接过话茬儿，说："你不必再讲下去了，我完全明白了。"

削弱权力，控制钱粮，收其精兵，这些削弱藩镇的办法，说起来很容易，真正实施起来却花费了宋太祖的大量心血。

## 杯酒释兵权

"削藩"，最为紧迫的当是削夺藩镇兵权。五代乱世，兵力成为权力、王朝的象征，谁拥有实力最强盛的兵力，谁就可以当皇帝。尤其是禁军的向背，往往兵力可以决定政权的兴亡。后唐明宗李嗣源、末帝李从珂，后周太祖郭威都是由于得到禁军的拥戴登上皇位的。赵匡胤当年，曾协助郭威夺取政权，后来由于战功卓著，不断加官晋职，直至被任命为殿前都点检，掌握了禁军最高指挥权。几年之后，赵匡胤利用自己所处的优越位置和多年树立的威信，轻而易举地取代了后周政权，当上了宋朝的开国皇帝。"兴亡以兵"，对于宋太祖而

言，应该是感受颇深。

宋太祖不愧为义气之辈，他即位后不久，为了酬谢部下的翊戴之功，特地晋升了一批参与拥戴称帝的亲信为禁军的高级将领。石守信为归德节度使、侍卫马步军副都指挥使，高怀德为义成节度使、殿前副都点检，张令铎为镇安节度使、马步军都虞侯，王审琦为泰宁节度使、殿前都指挥使，赵彦徽为武信节度使、步军都指挥使，张光翰为宁江节度使、马军都指挥使。他们的官爵阶勋"并从超等"。但宋太祖心里清楚，这些手握重兵的高级将领终究是自己政权的潜在威胁。殊不知，太祖即位之初的一段时间里，只要听说节度使特别是边镇节度使有"谋反"的迹象，他都要暗中派人前往侦察，探听虚实，看是否真有谋反迹象，以便采取措施。这说明宋太祖很不放心手握兵权的武将。事实上，宋太祖在赏赐这些将帅拥戴之功的同时，就已经有意识地采取措施抑制他们兵权的过分膨胀。如重要军职频繁换人，并借机免掉一些将领的兵权。比如，平定李筠叛乱后，命令韩重赟代替张光翰为侍卫马军都指挥使，罗彦瑰代替赵彦徽为侍卫步军都指挥使。第二年，也就是建隆二年（961）春天，殿前都点检、镇宁节度使慕容延钊罢为山南东道节度使，侍卫亲军都指挥使韩令坤罢为成德节度使。侍卫亲军马步军都指挥使由石守信兼，那个太祖自己担任过的殿前都点检的职位从此不再安置人员，这个职位等于自行消亡。宋太祖实施这些军职的人事变动，意在安插自己的心腹和亲信担任最重要的职位，像韩重赟、石守信是太祖义社兄弟的成员。不过，对宋太祖来说，军权都掌握在自己的心腹和亲信手里，应该是高枕无忧。

但宋太祖的股肱之臣赵普却不这样认为。赵普想得更深入，更全

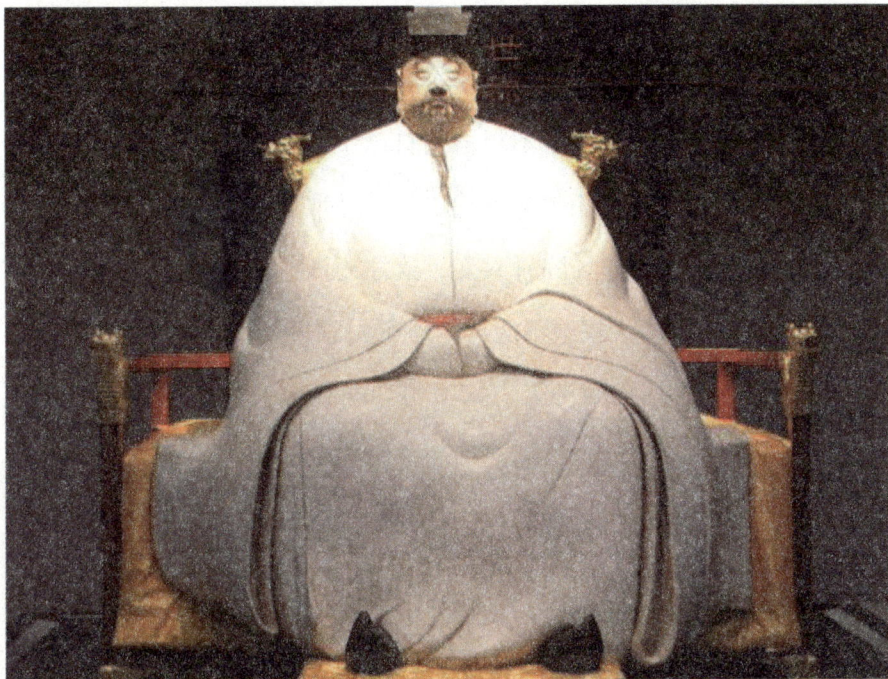

宋太祖塑像

面。宋太祖之所以转瞬之间夺取了政权，靠的正是自己一帮亲信兄弟的拥戴。登上皇帝宝座的宋太祖一方面不会亏待了这帮生死兄弟，另一方面也不能不对他们怀有戒心。怎样安排，才能使他们心悦诚服地拥护太祖加强集权，又不至于引起怀疑而发生意外和变乱呢？赵普曾一再就这些问题提醒宋太祖，建议采取必要措施解决这些问题，以免重蹈前代"兴亡以兵"的覆辙。不过，刚开始的时候，颇重义气的宋太祖一直认为典掌禁卫的功臣宿将，如石守信、王审琦等人绝不会威胁自己的统治。所以，赵普多次向宋太祖建议将石守信、王审琦等人调离禁军，改授其他官职，宋太祖始终没有同意。他向赵普解释说："石守信、王审琦这些人一定不会背叛我，你不必草木皆兵！"这次赵普再不能沉默了，他就此话题开导宋太祖："我的意思并不是害

怕他们本人会背叛你。然而，我仔细考察过，这几个人都缺乏统御部下的才能，恐怕不能完全控制所率军队，万一他们手下的士兵作乱生事，率意拥立，那时候就由不得他们自己了。"经赵普这样直接的点拨和提醒，宋太祖终于联想起五代以兵权夺取天下的事例，尤其是不久前自己亲身经历的那场陈桥兵变，这才逐渐意识到这个问题的严重性，解除禁兵统帅的兵权绝不能再拖延下去了。

961年农历七月初的一天，宋太祖如同往常一样，邀石守信、王审琦等高级将领共同聚会饮酒。酒酣之际，宋太祖挥手令其他人员回避，无限深情地对功臣宿将们说："我如果没有你们的竭力拥戴，决不会有今天。对于你们的功德，我一辈子也不能忘怀。"然后口气一转，感慨万千，切入正题："但是做天子也太艰难了，真不如做个节度使快乐，我长年累月夜里都不能安安稳稳地睡个好觉。"

石守信等人听了太祖的这番话后顿感气氛不对，丈二和尚摸不着头脑，不明白宋太祖的真实意图，就问："陛下遇到什么难事睡不好觉呢？"宋太祖平静地回答说；"其实个中缘由不难知晓，你们想想看，天子这个位置，谁不想坐呢？"

石守信等人听到赵匡胤说出这番话来不觉惶恐万状，冒出一身冷汗，宴会的气氛立即紧张起来，他们赶紧叩头说："陛下何出此言？现在天命已定，谁还敢再怀有异心！"宋太祖接着说："不能这样看。诸位虽然没有异心，然而你们的部下中如果有贪图富贵的人，一旦把黄袍加在你们身上，你们虽然不想做皇帝，办得到吗？"诸将领这才恍然大悟，明白了宋太祖的真实意图，于是一边涕泣，一边叩头，说道："我们大家愚笨，没有想到这一层上来，请陛下可怜我们，给我们指出一条生路。"

宋太祖见状，知道时机已经成熟，便说出了自己经过深思熟虑的想法。太祖说："人生短暂，就像白驹过隙，那些梦想大富大贵的人，不过是想多积累金钱，既使自己吃喝玩乐，好好享受一番，又使子孙们过上好日子，不至于因缺乏物什而陷于贫困。诸位何不放弃兵权，到地方上去当个大官，多买良田美宅，为后代子孙立下永远不可动摇的基业；多多置办一些歌伎舞女，天天饮酒欢乐，与之一起愉快地欢度晚年。到时，我再同诸位结成儿女亲家，君臣之间两无猜疑，上下相安，这样不是很好吗？"石守信等人听太祖这样一说，惊慌恐惧之态消失，油然而生感恩戴德之情，于是再次叩头拜谢说："陛下为我们考虑得如此周全，真所谓生死之情，骨肉之亲啊！"

第二天早朝，石守信等功臣宿将，纷纷称病请求辞职。宋太祖当然十分高兴，立即同意他们的请求，解除了他们率领禁兵的权力。同时赏赐给他们大量金银财宝。任命侍卫都指挥使、归德节度使石守信为天平节度使，殿前副都点检、忠武节度使高怀德为归德节度使，殿前都指挥使、义成节度使王审琦为忠正节度使，侍卫都虞侯、镇安节度使张令铎为镇宁节度使。这些功臣宿将都免去了军职，夺去了兵权，只剩下一个徒有虚名的荣誉头衔——节度使。

宋太祖实施的这一解除功臣宿将统帅禁兵权力的事件，史家称为"杯酒释兵权"。宋太祖没有用历史上一些君主惯用的屠杀功臣的办法来剥夺兵权，是因为宋太祖重情义，对那些同自己一起出生入死、患难与共的兄弟们的友情尚未泯灭，不好遽然对他们大开杀戒。创造性地采取这种和平方式让他们交出兵权，更能使各位将领在感情上容

宋朝骑兵

易接受，既有利于安定人心，稳定统治秩序，又有利于进一步强化军事集权，推进军事改革的深入。否则，这些重兵在握的将领就不会轻而易举地交出兵权，甚至有可能发生武装叛乱。

但是也应看到，宋太祖"杯酒释兵权"的运用成功，实际上是一笔交易的成功，是以牺牲国家和人民的经济利益为代价的，实际上是一种经济赎买政策。这种政策的后果是，从宋太祖时开始，武将掠取土地、经营谋利、聚敛财宝的风气就已形成，并且逐渐盛行。如石守信"专务聚敛，积财巨万"。这些将领在被罢解兵权后，大多郁郁不乐，他们便积累财货，置买土地，畜养仆役，从中寻欢作乐。宋太祖对此听之任之，由他们去好了。在他看来，只要他们不危及皇权统治就行。这种政策和态度影响到宋朝几百年的政治。整个宋朝除了少数将领如岳飞等人外，大多数将领都带头兼并土地、行贿受贿、贪财黩货，这显然与宋太祖为了剥夺武将的兵权而倡导的醉生梦死的人生观是紧密相连的。

此外，宋太祖还履行了与功臣宿将"约为婚姻"的诺言。在"杯酒释兵权"之前，太祖寡居在家的妹妹秦国大长公主（燕国长公主）嫁给了忠武节度使高怀德。张令铎免去军职出为镇宁节度使，太祖亲自牵线搭桥，让张令铎的第三个女儿做了皇弟赵光美（廷美）的夫人。开宝三年（970），太祖长女昭庆公主下嫁王审琦之子王承衍。二年之后，太祖第二个女儿延庆公主下嫁给石守信之子。与功臣宿将结为亲家，一方面显示彼此亲密无间，另一方面隐藏着同舟共济的美好愿望。太祖这样做，显然是出于政治因素的考虑，这种政治婚姻有利于赵宋政权的巩固。同时在"共保富贵，遗其子孙"的思想指导下，太祖大肆赏赐亲家儿女，他们自己也拼命聚敛财富。赵匡胤"杯酒释兵权"解除后顾之忧，巩固了赵宋的统治。

## 改军制收兵权

巩固赵宋政权，真正维持国家长治久安，必须进行标本兼治，"杯酒释兵权"解除了禁兵将领的兵权，只是治"标"，改革军制才是治"本"，宋太祖赵匡胤对此有清醒的认识。

在石守信等掌握重兵的禁军将领被解除兵权的同时，其所担任的职位没有再补充人选，实际上是撤销了这些职高权重的职位。如在任命慕容延钊为节度使时，就乘机撤销了殿前都点检这个重要的禁军职位。在任高怀德为节度使时，又取消了殿前副都点检一职。石守信刚开始出任节度使时，还挂着个空名军职，不久也被解除，于是侍卫马步军都指挥使一职再也不存在了。加上先前石守信升任侍卫亲军马步

军都指挥使一职后，副都指挥使没有除授，实际上空缺。这样，禁兵殿前司和侍卫亲军司两司的高级将领大多离职，职位也大多空缺。余下的几个职位，或者由庸才担任，如殿前都指挥韩重赟，就是因为他庸庸碌碌，头脑简单，容易控制，担任此职长达六年之久。既然庸才无谋，当然不可能率兵征战。韩重赟虽处殿前都指挥使之位，但从来没有率兵打过仗。史记韩重赟先后负责过修筑皇城、整茸洛阳宫殿、堵塞澶州黄河决口等，没有率兵打过仗。或者由资历粗浅者担任，如殿前都虞候张琼是在前任皇弟赵光义兼开封尹后由内外马步军都头越级擢补的，他"性暴无机，多所凌轹"，不久被人诬告不法而被赐死。侍卫亲军司的两位将领刘光义、崔彦进无论是才能，还是威望都远远不及前任高怀德等人。

因为侍卫亲军司正、副将领职位都不设置，又没有兼领的统帅，于是侍卫亲军司逐渐分裂为侍卫马军司和侍卫步军司，加上殿前司，合称"三司"，又称"三衙"。殿前司设殿前都指挥使，侍卫马军司设侍卫马军都指挥使，侍卫步军司设侍卫步军都指挥使，这就是所说的"三帅"。禁军分别由三衙的三帅统领，而总领禁军的全部权力则集中于皇帝一人手中。"三衙鼎立"改变了过去由禁军将领一人统率各军的体制，先是将兵权分散，而后再集中于皇帝，这种由分散到集中的军事体制保证了皇帝对军队的绝对领导权。

三衙虽然统领禁军，只是统管禁军的训练等事项，却没有指挥调动权。禁军的调遣和移防等指挥调动权归口枢密院管辖，"凡天下兵籍、武官选授及军师年戍之政令，悉归枢密院"。枢密院设枢密使和枢密副使，拥有调兵权，但不可以直接统率兵众。这样，握兵权和调兵权分开了。如果战事发生需派禁兵出征，统兵的将领大多临时委派其他官员担任，这样统兵权又分开了。太祖采取这样的措施分散禁军的兵权，目的在于消除唐末五代那种将领和士兵长期结合而形成"亲党胶固"的关系，防止武将发生兵变。"祖宗制兵之法，天下之兵，本于枢密，有发兵之权而无握兵之重；京师之兵，总于三帅，有握兵之重而无发兵之权，上下相维，此所以百三十余年无兵变也。"宋代一兵之出，必须有枢密院之符，而出征之兵的将帅不是管军的三衙，却是临时委派的其他官员。所以，无论是将领还是部门，都没有拥兵自重的可能，都无法对皇权构成威胁。这是一种具有创造性的制度，自宋代开始，这种兵权分离分散体制被作为祖宗家法被各朝所遵循。南宋人李纲评论说："祖宗之时，枢密掌兵籍、虎符，三行管诸军，率臣主兵柄，各有分守，所以维持军政，万世不易之法。"宋神宗时，曾经有人建议废除枢密院而归权尚书省兵部，宋神宗说祖宗时为不让兵权专为有关部门，才专门设置机构和官员统领，使之互相牵制，哪有废除之理呢？

禁军的将领任职时间一般不会很长，而是经常加以调换。同时推行"更戍法"，经常变动禁军驻地，每隔三年或二年，甚至半年就更换一次。这时禁军驻地将领却不随之更换，从而使"兵无常帅，帅无常师"。于是，诸军在军营时间少，移防士兵相属于道，成为宋朝社会生活中一道特殊的风景。按宋人的解释，更戍法一则可以使士兵均劳逸，知艰难，识战斗，习山川，使兵不至骄惰；二则频繁调动，士兵少有顾恋家室之意。到一个陌生的地方里驻防，不易萌生"非心"。而等到刚刚熟悉环境，理顺了上下人情关系，却又不得不更戍

他邦。这样将领"不得专其兵"。这后者恐怕正是宋太祖创设更戍法的苦心之所在。兵将分离政策，从另外一个角度防止将领和士兵形成根深蒂固的亲党关系，骄兵悍将想犯上作乱也没有足够成熟的内部外部条件。正如北宋人富弼所言："天下营兵，纵横交互，移换屯驻，不使常在一处，所以坏其凶谋也。"

宋初，五代延续下来的军队约有几十万人，宋太祖对其进行整顿挑选其中的精壮者留军，老弱病残者裁汰，令其回乡从事农业生产。对既不能参加军队训练和作战又不愿归农者，就将他们作为剩员安置。建隆二年（961）五月，太祖下令殿前司、侍卫司以及各州长吏清查所部士兵，"骁勇者升其籍，老弱怯懦者去之。初置剩员，以处退兵"。剩员一般不再担负作战任务，仅供官员役使，承担各种杂役。平定荆南、湖南、后蜀、南汉、南唐后，鼓励所属军队士兵解甲归田，官府为之修造房舍，给予耕牛农具。愿留下来的作为剩员安置。这些措施消除了冗兵陷患，提高了军队战斗力。

宋朝的正规军是禁军，系主力作战部队。宋太祖为了提高禁军的作战力量，特别重视士兵的拣选，力图把全国的精兵都集中到京师。乾德三年（965），太祖命令全国各地长官精心挑选本地区的士兵，把骁勇善战者登记造册送到京城，以便随时补充禁军缺额。同时遴选强壮士卒，定为兵样，分送各地。命令各地长官、都监按照兵样规定标准招募士兵，进行教阅训练，等其精练后送到京城。对各地选送上来的精兵，太祖都要亲自阅试。同年九月，太祖到讲武殿，亲自检阅各地送来的士兵，得其精兵一万人，以马军为骁雄，步军为雄武，隶属侍卫司。宋太祖十分重视士兵的质量。选中的士兵并不一定是身高占优势者，"琵琶腿，车轴身"者往往容易被选上，因为这种身材的人力气比较大。招兵时，不仅要按兵样度量身材，而且还要检测他们的跳跃能力，还要严格检查视力。视力检查称为"试瞻视"，一般在一定距离之外举手指让其辨别。

宋太祖沿袭唐末五代以来的募兵制，招募生活无着落的农民加入军队。特别是饥荒年，更是招募士兵的极好时机，穷困农民甚至争先恐后应召。大量饥民被招募到军队，生活有了着落，就不会形成反抗朝廷的力量。太祖对此举很感自豪，他曾对赵普说："可以利百代者，唯养兵也。方凶年饥岁，有叛民而无叛兵；不幸乐岁而变生，则有叛兵而无叛民。"

所以，后来有人称宋代饥岁莫急于防民之"盗"，而防"盗"莫先于募民为兵。宋太祖利用募兵制"兵民分离"的特点，既解决了兵源问题，又解决了"饥民为盗"的问题，可谓一举两得。

军队质量的提高，除了选兵的时候严格把关外，更重要的是有赖于平常加强训练。太祖意识到这一点，他对大臣说，晋汉以来，卫士不下数十万，然而可用者极少，原因就在于

宋朝步兵

缺乏严格的训练。太祖多次检阅军队，去除冗弱。又亲自考试他们的击刺骑射武艺，把精锐士卒留下来制订训练计划，要求按时令的差异进行针对性的训练。他还经常亲临校场，检查士兵的训练情况，发现武艺不符合要求的就除其兵籍，另外安置。

宋太祖对军队的将领要求很严，严禁他们超额占用士兵。各地方曾一度出现长官占用役使士兵的现象，对训练有一些不利影响，太祖知道后，立即下令禁止更不允许。高级将领严禁培植亲兵。有一次，有人报告说殿前都指挥使韩重赟私自选取亲兵作为心腹。太祖得知后十分愤怒，准备处死韩重赟。赵普劝谏说，陛下必定不可能自己带领亲兵吧，需要选择将领率领。如果韩重赟因谗言而遭诛杀，那么人人自危，还有谁敢做陛下的将领！经赵普再三劝说，太祖才没有诛杀韩重赟，令他出镇为节度使。但是，宋太祖对高级将领及边将却另眼看待，不仅姑息他们的违法行为，还给予他们许多的特权。太祖这样做是为了确保边境安全。但是，心怀异志者不在其中。

宋太祖对士卒的要求更加严格。他曾经请教过供职过后唐的左飞龙使李承进："庄宗以英武定中原，却享国不久，何也？"李承进回答说："庄宗好田猎，务姑息将士，每出次近郊，禁兵卫卒必控马首曰：'儿郎辈寒冷，望与救接。'庄宗即随其所欲给之。如此非一，失于禁戢，因而兆乱。盖威令不行，赏赉无节也。"太祖听后感叹说："二十年夹河战争，终取得天下，不能用军法约束此辈，纵其无厌之求，以兹临御，诚为儿戏。朕今养士卒，固不吝惜爵赏，若犯吾法，惟有剑耳。"太祖通过总结后唐庄宗亡国的经验教训，确立了他的驭兵之道，即严格管理，绝不姑息不纵容，违抗军领者，该流配的流配，该杀戮的杀戮。"惟有剑耳"对太祖来说不是恐吓之辞，说说而已。建隆三年（962），云捷军士中发现有人伪刻侍卫司印章，捕捉后立即斩杀。太祖认为各军近来正忙于训练，竟尚有如此不法之徒，因而命令各军清查此类不法之徒，全部配隶海岛。乾德四年（966）查出殿前司各军中无赖之徒十多人，命令刺面配隶义丰监做劳役。

为了有效地控制军队，严肃军纪，杜绝骄兵惰卒的出现，宋太祖还制定了一系列细则，要求将士严格遵守。如不得争功邀赏，不能与军外人攀比衣食，衣服不能过长，不许穿戴红紫之服，鱼、肉、酒不得进入军营。请领月粮要亲背负，军营在城西者须到城东仓支领，军营在城东者必须到城西仓支领。当然，最重要的军法应当说是军中的所等之法，它是确立禁军内部上下级绝对隶属关系的法则。从官到兵，下级服从上司乃天经地义，下级要绝对服从上级，绝对不能有丝毫的抵触和冒犯。凡是士兵违忤、凌犯或巫告上司，即所谓"犯阶级"，必遭处死或流放。反过来，上司凌辱下级，则视为理所当然。阶级之法旨在断绝军队内部下级犯上之心，确定"军人以服从为天职"的信念，有利于军队的统一管理，统一指挥。

为了使中央政权得到巩固，宋太祖在军队布防上颇费心机，想出了内外相制、强干弱枝的办法。

宋初，军队经过整顿后，分为禁兵、厢兵、乡兵、蕃兵四种。其中禁军是中央掌握的正规军，全国的主力作战部队，禁军主要驻扎在京师及军事要地。厢军是地方长官掌握的军队，总领于侍卫司。乡兵是按户籍抽调壮丁经过编队训练的地方兵，也有由招募而来的。蕃兵是边境少数民族士兵组成的军队。宋太祖时期的军队主要由禁兵和厢

兵构成，约有三十八万人。其中禁兵约二十万左右。太祖分其一半驻守京城，另一半分驻外地。以京城的禁兵足能控制驻守外地的禁兵，外地的禁兵合起来又能与京城禁兵相抗衡，这叫作"内外相制"。史载："艺祖养兵止二十万，京师十万余，诸道十万余。使京师之兵足以制诸道，则无外乱；合诸道之兵足以当京师，则无内变。内外相制，无偏重之患。"内外相制——无偏重之患的布防原则并不仅仅限于京城与地方兵力的配置，其他许多场所兵力的配置也同样遵循这一原则。史载："京城之内，有亲卫诸兵，而京城之外，诸营列峙相望，此京城内外相制之兵也；府畿之营云屯数十万众，其将、副视三路者，以虞京城与天下之兵，此府畿内外之制也。非特此也，凡天下之兵，皆内外相制也。"例如，除京城内外、府畿内外，各地方的驻兵，往往同时驻防三衙禁兵或侍卫马司、侍卫步司的禁兵，兵力大约相等，便于互相制约。也就是说，中央和地方、京城内外、开封府畿内外、各地之间兵力数量的部署、兵种的部署，大致上都能够保持一种力量平衡，从而达到内外相制的目的。

强干弱枝是与内外相制相配套的战略部署，它是指军队无论在数量上还是在质量上，京城都要比地方雄厚。宋太祖挑选天下精锐士卒集中到京城，兵力配置上比任何一个地方都要占绝对优势。这样布防的目的显然是为了加强京城的武装力量，弱化地方的武装力量，即强干弱枝。但地方又必须保持一定的军事力量，一则用来镇压人民的反抗；二则地方武力联合起来可与京城强大的武装力量相抗衡。

宋太祖改革军制，集中军权，把住了"兴亡以兵"现象的继续，消除军队对皇权的威胁，但是另一方面，这些措施也不利于调动将领训兵作战的积极性，士兵也多处于疲于奔命之中，无形中削弱了战斗力。

## 削夺地方行政权

宋太祖为巩固政权，不但改革军制，集中兵权，而且对中央和地方的行政权力进行了相应地调整和重新组合。

赵普向宋太祖所献计策中提到五代政局动荡不安主要是地方藩镇权力大重。那么要想扭转动荡局面消除政局动荡不安的根源，实现国家的长治久安，就必须削夺地方的行政权。为此，宋太祖采取措施，对地方政权进行了较大幅度的整顿。

首先是剥夺节度使的权力。唐末五代节度使掌握一方的军政大权，通称藩镇、方镇，也称节镇。他们拥兵自重盘踞一方，统辖数州郡，势力嚣张，难以驾驭，的确是唐末五代几百年分裂割据局面的罪魁祸首。为了剥夺节度使的大权，消除隐患，宋太祖想了好多办法。

其一，取消节度使统领的"支郡"。节度使一般统辖数州郡，其驻所以外的州郡，叫作支郡。如山南东道节度使辖襄州、均州、房州、复州四州，襄州为节度使驻所，其余三州则为支郡。这些支郡均没有防御使、团练使或刺史处理州务，归节度使节制。平定荆州之后，宋太祖开始改革节度使辖领文郡的制度，把这些支郡收归中央朝廷直接管辖，由皇帝派遣京官担任各州长官，从而分割削弱了节度使的权力轻断其根须。平定后蜀之后，太祖命令新收各州直隶京师，长吏直接向皇帝奏事。当然以后，这些直隶京师的州郡与原来统领自己

永隆通宝

的藩镇之间经常发生摩擦，到宋太宗即位初期，便大规模收回节度使所领支郡，从而基本上解决了这一问题。

其二，剥夺节度史的兵权。乾德元年（963）二月，天雄节度使符彦卿来朝。符彦卿乃周世宗及皇弟赵光义的岳父，宋太祖待之甚厚。召对广政殿，赐予衣服和玉带。宋太祖还有意让符彦卿典兵。枢密使赵普认为符彦卿名位已盛，不应再授以兵权。赵普多次劝谏，宋太祖不听。任命书出来后，赵普仍拿着请见太祖。太祖迎上前对赵普说："岂非符彦卿事耶？"赵普回答说："非也。"于是奏请其他事情，然后才拿出符彦卿的任命书给太祖看。太祖说："果然，卿苦疑彦卿？"赵普说："陛下何以能负周世宗"赵普回答说；"臣托以处分之语有未备者。"宋太祖默然不语，授符彦卿兵权一事遂告中止。为了解除武将的兵权，宋太祖付出了极大的代价，让节度使重新典兵是极不明智的做法。太祖在赵普的再三劝导下终于明白了个中利害，没有让节度使典兵。

其三，对节度使区别对待，伺机罢免。对可能归顺的节度使，暂时采取笼络政策，对自以为是的骄悍之徒，就针锋相对，折其锐气。对那些资历较深的节度使，则看准时机，罢其藩镇。开宝二年（969）十月，太祖在后苑宴请几位藩镇大员。宴饮正酣之际，太祖意味深长地说："你们都是国家的宿旧，久临剧镇，王事鞅掌，非朕所以优贤之意也。"凤翔节度使兼中书令王彦超似乎明白了太祖的意思，随即上前奏道："臣本无功劳，久冒荣宠，今已衰朽，乞骸骨，归丘园，臣之愿也。"紧接着安远节度使兼中书令武行德、护国节度使郭从义、定国节度使白重赞、保大节度使杨延璋，自侃攻战阀阅及履历艰苦。这些人越谈越高兴，不免暴露出得意扬扬之神态。太祖看准时机，很不耐烦地说："这些都是陈芝麻烂谷子的事了，有什么值得谈论的！"第二天，这五人都被罢镇，授予虚衔：武行德为太子太傅，王彦超为右金吾卫上将军，郭从义为左金吾卫上将，白重赞为左千牛卫上将军，杨延璋为右千牛卫上将军。

这几人都在五代立有战功，发迹远远早于宋太祖。宋太祖自然会对他们有所成见和戒备。如郭从义欣然领命善于击球，曾在便殿侍奉太祖，太祖命令郭氏击球给他看。郭从义易衣跨驴，驰骤殿庭，周旋击拂，曲尽其妙。球艺精湛，太祖忍不住为他鼓掌击球完毕，太祖让郭从义坐下来，对他说："你击球的技艺很精湛，但这不应是将相所擅长的。"弄得郭从义十分尴尬。

其四，限制节度使的行政权力。如不许节度使将州郡事务全部交给自己提拔的亲吏处理。乾德二年（964），命令藩镇不得以"初官"为掌书记，须录用历两任有文才的人。

其五，强化县级政权，弱化节度使对基层的控制。县的长官为知

县（县令），另有主簿和县尉。宋初，为了加强中央对地方的控制，削弱节度使的权力，曾临时派遣常参官到藩镇所管辖的属县任职，建隆三年（962），重新设置县尉，职位次于主簿，俸禄与主簿一样，规定原来由节度使所属的镇将管理的"盗贼"、斗讼等事务全部改由县令和县尉管理。因为自五代以来，节度使随意任命自己的亲随为镇将，行使县尉的职权。他们倚权仗势，与县令分庭抗礼，所有事务直接向州府报告，结果县令被架空了。镇将还政于县后，镇将的职权范围仅局限于县城郭内，不及乡村，从而强化了州府和乡村之间的县级行政管理权，削弱了节度使对基层社会的控制。开宝三年（970），更进一步完善县级行政机构，规定千户以上的县设置令、尉和主簿。不满千户的县，设置令、尉各一人，以县令兼主簿之职。不满四百户的县，设置主簿和县尉，以主簿兼知县之职。不满二百户者，只设置主簿，兼县尉之职。一些县级长官仍然由朝廷直接派官员担任。对县级政权的强化和完善，其本身就是对节度使权力的削弱。

设置通判掣肘州府长官。州府的长官为知州或知府，适当扩大他们的权力，可以相应削弱节度使的权力。但州府行政大权如果由知州或知府一人独揽，他们就可以无所畏忌地独断专行，作威作福。宋太祖当然不希望发生这种情况。于是，宋太祖利用平定割据政权改组地方政府的机会，采取设置通判的办法来掣肘州府长官。平定湖南不久，宋太祖开始在南方设置直隶州，从中央朝廷派官员权知州事，同时权派京官为通判进行临视。乾德元年（963），命令刑部郎中贾玭等人任湖南各州通判，是为设置通判之始。两年后，平定后蜀，也随之在新收各州设置通判。然后陆续在全国铺开，成为一种新的行政制度。通判设置之初，并不附属于知州，可以直接向皇帝奏报事情。通判身负特殊使命，权力极大，难免恃权骄恣，因而常常与知州发生矛盾，扬言说："我是临郡，朝廷派我来监视你！"知州的一举一动，多为通判所牵制。有人对此提出异议，认为通判权力过大，应该稍稍加以抑制。太祖知道这种情况后也认为不妥，于是发布命令，告诫通判不得恃权谋私，要求他们与州府长官搞好关系，共同掌管一州的军政事务。所有的文书，通判要和知州共同签署，才可以发布施行。否则，各地可以不予施行。荆湖、西蜀等新入赵宋版图的地区，州郡长官多是原来的一班人，处理政务要依靠原来的僚属，但"事无大小，宜与通判或判官、录事同裁处之"。知州的权力受到了限制，同时通判也不可肆意妄为，二者互相制约。随着政局的稳定和发展，州府长官以外的州府行政人员的设置也逐渐确定下来。开宝三年（970），太祖规定州府足二万户者，设录事参军、司法参军、司户参军各一人。不足两万户者，设录事参军、司法参军各一人，司法参军兼司户参军之职。不足一万户者，设司法参军、司户参军各一人，司户参军兼司录参军之职。不足五千户者，只设司户参军一人，兼录事参军、司法参军之职。这些行政人员统称曹官，负责处理州府日常事务以及户籍赋税、仓库受纳、户婚狱讼、审讯案件等。

规定了地方官三年任期制度。宋太祖清楚地方官在一个地方任职时间过久过长，容易形成以地方官为核心的关系网，发展私人势力，盘根错节，垄断一方政治，不利于加强中内集权。因此，宋太祖时，规定地方官任期为三年，至期更换，并严格执行任期制度。史载，青州北海县升为北海军后，以内殿直都指挥使杨光美以军使（知军）。

他在任期间，为政清廉，爱民如子，深受百姓爱戴。任职满三年被朝廷召回。北海百姓数百人到朝廷请求留杨光美继续留任。宋太祖下诏要求他们离去，百姓却不肯。太祖只得下令采取断然措施，"笞其为首者"，百姓才离去。可见，宋太祖执行三年任期制之严。后来，宋太祖又特别规定地方官任满后，当地百姓不得上朝廷请求地方官留任。

中央内部政权直接关系到皇权的巩固和稳定，宋太祖自然很重视。他采取了分权而治的措施。

首先是分散宰相的权力。宋初中央政权机构主要由管理政事的中书省（中书）、管理军事的枢密院和管理财政的三司构成。中书省也就是政事堂，是宰相及参知政事的议事办公机构，为中央最高行政长官行政机关。中书最高长官是宰相，官衔是同平章事，意为共同议政。同时设置参知政事为其副职，意为与宰相同议政事。事实上，参知政事一方面可协助宰相处理政务，又可借机防止宰相专权，一举两得。为最高军事机构是枢密院，最高长官是枢密使，并设有副使，以免枢密使独揽大权。中书和枢密院两个军政机关，号称"二府"（中书又称政府、东府，枢密院又称枢府、西府）。三司总理全国财政，下设盐铁、户部、度支三部，为仅次于中书和枢密院的重要中央行政机构。三司的最高长官为三司使，号称"计相"。这三大职能部门各自独立，互相牵制。其中，枢密使与宰相的地位相当，号称执政，与宰相不在一起奏事，而是分头向皇帝奏报，"兼听则明"。皇帝从而可以从不同的奏事中多了解一些情况，有利于正确决策。正如王明清在《挥麈后录》中所言："（枢密）每朝奏事，与中书先后上，所言两不相知，以故多成疑贰，祖宗也赖此以闻异同，用分宰相之权。"三司使的地位仅次于执政，实际上与宰相、枢密使分掌了全国行政、军事、财政大权。为了防止权力集中，宋太祖扩大了台谏言事官的权力，充当自己的耳目。台谏官大多由学术才行

宋朝谷仓

突出者充任，控制言路，气势非凡，几乎能与宰相抗衡，宰相的权力进一步受到牵制。

宋太祖时期，宰相权力被分散并不是一次就完成的，而是有一个过程，而且具有特殊的政治背景。从根本上说，太祖不愿意看到权力集中在任何一个文臣武将手中。而面对繁重的军国政务，太祖又绝对不可能事必躬亲。如果说兵权是太祖所面临的"心腹之患"，那么行政权对皇权的威胁相对而言就小得多。因此，太祖先是将行政大权交给后周旧臣范质、王溥、魏仁浦三相。实质上，这三人当宰相完全是太祖对后周臣僚的一种安抚政策，他们并没有掌管多少实权，只是一种摆设而已。乾德二年（964），范质等三人被罢管政事，太祖任命赵普取而代之为宰相，但遇到了没有宰相署敕的问题。当时，太祖在资福殿，赵普前往奏事。太祖说："卿但进敕，朕为卿署字，可乎？"

赵普回答说："此有司所行，非帝王事也！"于是，太祖派人询问翰林学士应该怎么办。陶谷建议说："自古辅相未尝虚位，惟唐太和中，甘露事后，数日无宰相，时左仆射令孤楚等奉行制书。今尚书也，南省长官，可以署敕。"窦仪认为陶谷的建议不足为据，而皇弟赵光义为开封尹、同平章事，"即宰相之任"，可以署敕。太祖采纳了窦仪的意见。制敕所出必自宰相，说明了宰相权力及地位的重要。赵普为相后，太祖对其更加倚重，"事无大小，悉咨决焉"。宋初关系全局的重大决策几乎全出自赵普之谋。由此而言，宰相之权至尊至重，无可怀疑。

如今，与宰相权力相当或不相上下的却有数人。以前，宰相一人过问的国家大事，如今分散由几个部门管理。因此，实际上，无论宰相个人的权力是削弱了还是加强了，都不能改变宰相权力被分散被牵制的事实。宋太祖曾经想为宰相赵普设置副手，可是没想好叫什么名字。他询问翰林学士承旨陶谷："下丞相一等者何官？"陶谷回答说："唐有参知机务、参知政事。"于是，乾德二年（964）宋太祖任命薛居正、吕余庆为参知政事。虽然这时的参知政事权力有限，但宰相毕竟有了副职，虽不预奏政事，但可奉行制书。赵普作为宰相权力很大，且能独断政事，这是因为宋太祖与赵普关系非同寻常。赵普早年为宋太祖所赏识，辟为掌书记，与宋太祖之弟赵光义直接策划指挥了陈桥兵变。宋朝建立后，宋太祖多次就立国的大政方针与赵普商议，每次都得到了满意的回答。宋太祖对赵普信赖有加，视其为左膀右臂。可赵普依仗这种信赖，干了一些不法之事，为政也越来越专断，于是引起了朝廷一些大臣和宋太祖的不满。当赵普因专权大甚而同太祖发生矛盾后，宋太祖决定参知政事薛居正、吕余庆升都堂（政事堂），与赵普同议政事，并与宰相轮换处理国家大事，"更知印、押班、奏事"，分割宰相赵普的权力。

此外，宋太祖对官员的任用采取了官、职分离的办法，削弱各级长官的权力。

宋初，太祖在平定各割据政权后，留用了相当多的旧官僚。他们在新政权下官位得到保留，凭官位领取俸禄。但大多只是挂名，并不担任实际职务。对各割据国的宗室、外戚及后周的宗室、外戚等人员优加笼络，授予高官厚禄，也没有相应的实职。处理行政事务，"治内外之事"，太祖就"别为差遣"，在保留原有官称的基础上，根据实际需要和官员的才能随机调动任命一些官员担任实际职务。另外，宋太祖即位之初，因革除前代政治经济积弊的需要，任命朝廷官员兼领其他事务。如960年，针对京师仓储吏报为奸、民怨载道的情况，命令殿中侍御史王伸、监察御史王祜、户部郎中沈义伦，替代仓储吏分别管理京师各仓储。随着官吏按年限递升制度的废除，加之宋初所面临的特殊官员状况，大批职事官常常"掌事于外"出去管理其他部门的事务，各部门也常以其他职事官兼领。

所以宋朝上至宰相、尚书，下至员外郎，以及寺、监的官职，一般都不担任与官职名称相符的职务，也就是说本部门的官员并不一定管理本部门的事务。所任官称只是官位高下和俸禄高低的标志，因称"寄禄官"，如大夫、郎中、少卿之类。职为一种加官，即馆职，也包括贴职，如大学士、学士、待制之类，是给有文才的高级文官的荣誉称号，不代表担任相应的馆阁之职。差遣才是官员所担任的实际职

寒山寺

务、所拥有的实际权力及所担负的实际责任。如中书令、侍中等是官名，当皇帝差遣为同中书门下同平章事、参知政事时，才算实际的宰相、副宰相。差遣大多带有权、判知、直、试、管勾、提点、提举、监等字眼，如判三司、知州、直秘阁、提点刑狱公事等。这种政策的实质是本官不能履行本职，而要由皇帝"差遣"才能管理实际事务，从而使各级官员对自己将要履行何职心中无数，加之任期受限，从而给人一种临时的感觉，即"名若不正，任若不久"。这正是宋太祖所希望达到的目的，即防止各级官员利用职权在某地或某部门培植自己的势力以权谋私。既然"名若不正，任若不久"，就难以蓄谋作乱犯上。

## 掌握司法权

法律是否健全完备，是否能够被有效地执行和遵导，对于社会秩序的稳定，国家的长治久安至关重要。

刑狱关乎人命，更不容忽视。宋太祖建国之初，就对可法权经司法权给予重视。

宋太祖一再强调刑狱官员断案判刑一定要以法律为依据，即"论如律"。而宋朝建立之初，面临的却是刑典废坏、枉法杀人的混乱局面。史载："五代以来，典刑废弛，州郡掌狱吏不明习律令，守牧多武人，率恣意用法。"因而尽快建立健全一套较为完善的法律制度已成燃眉之气。这既是励精图治、巩固政权的需要，又是加强中央集权的需要。乾德元年（963），在没有颁布系统的法律条文的情况下，宋太祖命令吏部尚书张昭等人就前代的刑法制度结合宋初的实际进行损益调整，作为官吏审刑断狱的依据，防止各级官吏量刑不当的弊端。调整后的流、徒、杖、笞刑的具体内容为：流刑四——加役流，杖二十，配役三年；流三千里，杖二十，配役一年；流二千五百里，杖十八，配役一年；流二千里，杖十七，配役一年。徒刑五——徒三年，杖二十；徒二年半，杖十八；徒二年，杖十七；徒一年半，杖十五；徒一年，杖十三。杖刑五——枝一百，为杖二十；杖九十，为杖十八；杖八十，为杖十七；杖七十，为杖十五；杖六十，为杖十三。笞刑五——笞五十，为笞十；笞四十、三十，为笞八；笞

二十、一十，为笞七。折杖标准为：常行官杖长三尺五寸，大头宽不超二寸，厚及小头直径不超过九分。小杖长不超过四尺五寸，大头直径六分，小头直径五分。徒、流、笞、杖，通用常行杖、徒、流刑为背部受刑（脊杖），笞、杖刑则臀部受刑（臀杖）。时间不长，宋太祖下诏颁布了窦仪等人在前代法律的基础上，参酌轻重、删订重编的《宋刑统》三十卷及《编敕》四卷，这是宋初最基本最重要的法律条文。随着《宋刑统》的正式颁布，各级官吏，尤其是主管刑狱的官吏履行职责时有法可依，在一定程度上避免了随意用刑、徇私枉法的不良现象，使刑狱腐败的情况得到改善。

太祖集中司法权，主要是限制地方的司法权，重大案件必须由中央朝廷复审。建隆二年（961），太祖命令沿边各寨，有罪该处死的，要送往所属州军审讯，各寨不得自行断案判刑。州府也没有最后的司法权，如死刑罪犯必须上报中央刑部复审后才能执行。太祖的这一规定是为了吸取五代的经验教训。他曾对宰臣说："五代诸侯跋扈，大多枉法杀人，草菅人命而朝廷置之不问，刑部的职能几乎废黜。而且人命关天，姑息藩镇，能这样吗？！"于是，命令各州判决死刑案件完毕，应将有关案卷一并上报中央，由刑部负责复核，州府根据刑部的意见办理。

宋太祖对五代法制混乱状况有亲身感受，所以他对法制的实行情况非常重视。对一些案件，太祖常常亲自过问，提出处理意见。这样一来，大理寺和刑部纷纷将定罪或拟以定罪的全部案卷奏报皇帝，结果太祖忙得焦头烂额。他在964年下诏说："比年以来，有司废职，具狱来上，烦于亲览。"他命令各州府上报的案卷全部由大理寺检断，刑部复核，"如旧制焉"。大理寺和刑部的官员善于其职者予以嘉奖，满任升秩。稽违差失者，重治其罪。后来又作出补充规定，各州府申报上来的案牍，由刑部和大理寺共同裁断，然后将结果奏报皇帝。于此可见，对于司法权，太祖同样采取了地方权力向中央集中、中央权力向皇帝集中的策略。

宋太祖还针对执法中的一些具体问题，对执法官吏进行多方面的限制和约束。如为了防止在处理狱讼过程中出现个人专断，从乾德二年（964）开始，命令各州录事参军与司法掾共同断狱。967年，下诏命令巡检、监押捕捉到"贼盗"以及违反禁规私自生产、销售盐曲的人，都必须送回其所在地依法处理。开宝八年（975），又规定各地巡检捕盗使臣，凡是捕获"寇盗"，不得先行刑讯，必须立即送往所属

宋代龙袍

州府依法论处。执法官吏尤其是断狱官如果断狱失实，必将遭到严肃惩处，史称"吏一坐深，或终身不进"，是符合事实的。严格执法、准确司法的要求，有利于司法人员深入调查案情，减少了冤案错案的发生。

宋太祖通过集中司法权，在一定程度上扭转了五代十国时期以来滥杀、专杀的黑暗政治局面。

行政权和司法权的集中，从纵向来看，主要是逐级地向中央和皇帝集中，即地方权力向中央集中，中央权力向皇帝集中。正如北宋史学家范祖禹所言："收乡长、镇将之权悉归于县，收县之权悉归于州，收州之权悉归于监司，收监司之权悉归于朝廷。"最后中央的权力向皇帝集中，皇帝总揽一切。宋人吕中认为，五代天下之所以被诸侯割据，是由于藩镇专地所致；战争杀伐之所以连绵不断，是由于藩镇专兵所致；百姓之所以苦于苛刑峻法，是由于藩镇专杀所致；朝廷命令之所以不能下行，是由于藩镇继袭所致。宋太祖深知积弊之所在，于是对症下药，以文臣知州，以朝官知县，以京朝官监临财赋，又设置转运使，设置通判，都是为了使权力向中央集中，以便达到如身使臂、如臂使指的统治效果。

横向来看，主要是将行政权、司法权分散分割，避免集中于某一部门或某一些官员手中。中央大权由中书、枢密院、三司共掌，地方大权由通判掣肘从而使。部门之间、官员之间互相监视，互相牵制，互相都不能专权。当然分化事权、互相牵制的目的也是便于皇帝最后的集中。

宋太祖将司法权收归中央，由中央来掌握最高可法权，维护了朝廷的行政司法威信和皇帝的至高无上的地位，有利于赵宋王朝的巩固和统一。

## 集中财政权

"自唐天宝以来，方镇屯重兵，多以赋入自赡，名曰留使、留州，其上供殊鲜。五代方镇益强，率令部曲主场院，厚敛以自利。其属三司者，补大吏临之，输额之外辄入已，或私纳货赂，名曰贡奉，用冀恩赏。"唐朝末年讫于五代，分裂割据、尾大不掉的局面为什么能维持几百年之久，一个重要的原因就是藩镇拥有强大的经济力量，足以与中央政府或其他藩镇相抗衡，使中央政府对这些藩镇无可奈何。从而导致藩镇遍及各地，大者连州跨郡十余，小者也兼三四。各藩镇拥有所辖地区的土地、人口和赋税，他们自擅兵赋，都不上供，每年仅有少量的贡奉而已。所以，从经济财政上讲，它远比捉襟见肘的唐朝中央政府富裕。进入五代十国时期，这种局面不但没有得到改观，反而愈演愈烈。各藩镇为了在军阀混战中能战胜对方，又拼命地聚敛财富，加强对人民的剥削，来供养军队。直到宋太祖即位之初，财政大权分散的局面仍没有改变，"上（宋太祖）始即位，犹循常制，牧守来朝，皆有贡奉"。一些实力较强的节度使在地方上专务聚敛，搜乱人民。如建雄节度使赵彦徽在太祖即位后被授以旄钺，在镇不恤民事，专务聚敛，私帑所藏财富多达巨万。这些节度使一旦财富充盈，就会野心膨胀，成为中央政权的异己力量。宋太祖"杯酒释兵权"，以及用各种办法限制削弱节度使的权力，实际上，只是解决

燃眉之急，而要从根本上加强中央集权，巩固政治统治，必须在经济上、财政上采取强有力的措施，断绝藩镇和地方的经济收入，迫使其没有经济力量作为凭借在政治上、军事上与中央对抗。

宋初的财政收入主要有赋税、商税收入等，要想使财政权集中就必须控制财政收入的流向不得让地方政府或藩镇控制财政收入。宋太祖十分重视赋税的征收和管理，即位之初，就派人到各地检括四亩，主要是防范漏税，扩大税源，增加收入。赋税在纳受过程中最容易流失，宋太祖特别加以注意。那时，藩镇控制的地方都由节度使派遣亲吏"视民租入"，往往加大量器，公然收取余羡，中饱私囊。例如，符彦卿在天雄军采取这样的非法手段，"取诸民尤悉"。太祖针对这种情况，决定派遣常参官（宋初，在京文武升朝官无职事者每日参见皇帝，称常参官。）到州府主管百姓缴纳租税，既确保赋税收入真正归到国家财政收入中来，又减轻农民"困于重敛"的负担，有利于国

宋朝老虎瓷枕

家税收收入的稳定。乾德三年（965），在夏税即将缴纳的时候，宋太祖担心州县官吏在纳受时营私舞弊，敲诈百姓，特派遣十八名常参官到各地监督纳受租税。时值后蜀平定不久，此前该地区官仓纳给量器分二种，一种用于收受，斗盛十升；一种用于出纳，斗盛八升七合。这是典型的大斗进小斗出通过这种办法对百姓进行无情盘剥，太祖下诏此后纳受出给都必须用十升斗。

商税在宋代财政收入中的比例比以前有很大提高，它由设置在州县或关镇的税务征收。五代时这部分收入由藩镇派亲信征收掌管，"不立课程法式，公肆诛剥，全无谁何，百姓不胜其弊"。而且该项收入不上缴或上缴极少，大部分留州自用。这是一笔很重要的收入为了收回这部分收入，建隆元年（960）底，平定了扬州李重进的叛乱之后，太祖派宣徽北院使李处耘权知扬州，又派地位甚高的枢密直学士杜辇监扬州税。由此开了朝廷派京官掌管地方商税的先例。五代以前场务没有专监，宋初"置官监临，制度一新，利归公上"。盐、酒、茶、曲等的专卖收入也相当可观，制造和销售都为政府垄断，严禁私造私市。违反者，处以重法。这些也是集中财政权的一种表现。

宋太祖把各地征收的租税和商税等财政收入全部集中到京师朝廷。这一规定始于乾德二年（964），太祖命令各州从这年起，"每岁受民租及筦榷之课，除支度给用外，凡缗帛之类，悉辇送京师"。第二年，太祖又命令各州除必要的经费开支外，所有金帛要全部运送到朝廷，不得截留占用。这样全国各地的财政收入源源不断输往京师，当时用于运输的车牛等工具甚至出现供不应求的现象，太祖就命令官府向老百姓租借，临时充用。这样没过多久，朝廷财政收入逐渐充裕

了。这些钱帛当时都储存在三司掌管的左藏库。宋太祖深谋远虑，考虑到国家尚未统一，战争不可避免，应当未雨绸缪，事先准备军费，不可事到临头再向百姓摊派，于是在内廷讲武殿后别为内库，储藏金帛，号称"封桩库"，"几岁终用度盈余之数皆入焉"。由皇帝直接掌管。宋太祖原计划储存几百万后用于向契丹赎买幽云十六州，后来成了皇室的私物，从来没有动用，直到北宋末年被金兵掠夺。

为了把从农民和商人手中收到的钱财保管好，顺利地运送到京师，宋太祖着重这几个环节：一是各州府通判要协助管理钱谷之事，上任之始，要与粮料官一起认真对照文簿清点官府钱物，不得听凭胥吏自报。主库吏胥须三年更换一次，以免任久贪污作弊，催征租税，州府判官、录事参军要加强对经办人吏胥的监督，防止财政收入流失。二是各路设置转运使，负责将所辖地区的财政收入转送到京师。三是加强对地方及京城仓储的管理，仓史必须忠于职守，不得利用职务的便利侵吞钱财，否则严惩不贷。

宋太祖采取上述多种措施，有效地把财政大权集中到了中央，割断了藩镇壮大的经济基础，使之无力与中央对抗。但是太祖集中财权，并非绝对的，也不是一成不变的，更不意味着地方没有丝毫的经济力量。随着藩镇势力的削弱以及统一战争的基本完成，各州府仍拥有一定的财权。开宝六年（973），太祖命令各州"旧属公使钱物尽数系省，毋得妄有支费"。所谓"公使钱物"就是各地拥有的用于官吏迎来送往等开支的费用。这意味着国家财政收入中有部分留在地方。同年，太祖又下诏各州守臣"非圣节进奉自余诸般进奉钱物，并留本州管系，不得押领上京"。这进一步说明宋太祖集中财权只是相

对的，即将主要的收入统一归口朝廷。正如南宋陈傅良所言："国初未尝务虚郡县以实京师。"从实际情况看，太祖早期所下"悉辇送京师""悉送都下"的诏令是不得已而为之的。他通过兵变匆匆即位，要巩固政权，还要完成统一中国的重任同时要避免重蹈分裂割据的覆辙，他所面临的形势和任务，同他所面临的困难一样都是前所未有的。从某种意义上说，财政经济状况直接关系到新建宋王朝的生死存亡。因而太祖集中财权显得十分必要。

集中财权如同其他集权措施一样，也付出了一定的代价，特别是对藩镇做出了让步，给予了他们一些经济特权，基本上也是采取赎买的办法。藩镇从赵宋王朝那里得到了诸如"公使钱"之类的实惠。史载："太祖即位，患方镇犹习故常，取于民无节，而意多跋扈。一日，召便殿，赐饮款曲，因问诸方镇：'尔在本镇除奉公上之外，岁得自用，为钱几何？'方镇具陈之。上喻之曰：'我以钱代租税之入，以助尔私，尔辈归朝，日与朕宴乐何如？'方镇再拜，即诏给侯伯随使公使钱，虽在京亦听半给。州县租赋悉归公上，民无苛敛之患。"这则记载充分说明宋太祖集中财权付出了很大代价，他以"公使钱"为价码，代替藩镇控制了州县赋税收入。这种"交换"或赎买政策是太祖消除藩镇危害的权宜之计也是不得已而为之，对于广大农民而言，受剥削的地位没有太大改变。不过，在统一王朝之下，虽不敢绝对地说"民无苛敛之患"，但起码比藩镇"取于民无节"的情况要相对好一些。

宋太祖，将地方或藩镇分散控制的财权收归中央，有利于巩固在分裂割据基础上建立起来的赵宋王朝，适应了当时社会发展的需要。

宋大祖加强中央集权的积极作用和进步意义是显而易见的。唐末以来的几百年分裂割据局面至此结束了，宋太祖采取各种政策和措施消除了长期以来藩镇割据赖以存在的政治的经济的军事的因素，稳固了国家政权，在客观上有利于社会经济和文化事业的恢复和发展。

但同时也应看到宋太祖所采取的加强中央集的一系列措施，产生了复杂的社会效果和深远的文化效应。首先，宋太祖建立的中央集权政治，上承秦朝君主专制的余绪，下开明清两代专制主义集权政治之先河，是中国封建社会集权政治的典型形态。其次，宋太祖改革军制所倡导的抑制武将、文臣统兵、兵将分离等措施虽然有效地加强了中央集权对军队及地方的控制，但又就此埋下了宋朝"积贫积弱"的祸根，以致造成宋王朝虽拥有百余万军队，却阻挡不了辽、西夏、金、蒙古（元）的侵袭。而地方权力分散，官员互相牵制，机构重叠，冗官滋生。又造成了一种低效率，不和谐行政运行机制，成为宋朝始终摆脱不掉的一个沉重包袱。凡此种种情形，还深入影响到宋代社会生活的各个层面，并直接造就了宋代士大夫特定的文化意识。

宋太祖以防弊之政为立国之法，这就注定了他的所作所为不可能永远都是积极的，进步的。随着社会的发展和环境的变迁，他的所作所为可能出现他所无法意料的消极后果。但宋太祖不应该对此承担责任。

# 第六章　治国方略

## 用文人治国

宋太祖建立政权之初，从政治、经济、军事等各方面加强中央集权的同时，采取许多措施整治内政，特别是用文人治国，重视文臣的地位和作用，因此收到了很好的成效，使宋朝形成了开国之初励精图治的大好局面。

五代之时，武夫悍将左右政局，文人普遍受歧视。各割据政权考虑的是自己武力的加强及地盘的稳定和扩充。而重用人才，治理国家则很少考虑。这样的政策显然不能适应新建立的赵宋政权加强中央集权、统一天下、励精图治的需要。宋太祖本人对前代骄兵悍将祸国殃民之事也感触颇深，所以他在进行统一战争的过程中，再三强调要保护百姓的生命财产安全。仅就这一点而言，宋太祖比五

宋朝文官

代时期的任何帝王都要高明，所以他能够以防弊之政为立国之法，其中之一就是他决定改变前代重武轻文的传统，与士大夫共治天下。

宋太祖自己是武将出身，同其他许多武将一样，言行举止不免有时会流露出轻文的倾向。有一次，同赵普一起到朱雀门，宋太祖指着门上的牌匾问赵普："为什么不直接书'朱雀门'，中间加个'之'字有什么用处？"赵普回答说："'之'是语助词。"宋太祖听后，大笑说："之乎者也，助得甚事！"不屑之情，溢于言表。但有时他对自己的粗鲁有所觉察和省悟，并且能很快进行纠正。有一年，宋太祖到太庙参加祭祖典礼，看见里面摆放了很多祭祀时用于盛果脯米饭等食物的器皿，行伍出身的宋太祖，叫不出这些东西的名字，就问："这是什么东西？"左右侍臣回答说是礼器。宋太祖说："我祖宗难道也认识这些东西？"命令左右侍臣撤走这些礼器，并命令摆上与平日一样的碗筷和饭菜。不一会儿，宋太祖有所醒悟，意识到这不是普通老百姓祭祖，而是作为国家大典的皇帝祭祖，于是他立即改口说道："古礼不可随便废除。"又下令左右侍臣重新摆上被撤走的礼器。北宋理学家邵雍对太祖的这一举动评价说："太祖皇帝其于礼也，可谓达古今之宜矣。"在礼乐方面称宋太祖"达古今之宜"，是很贴切的。唐末五代历经战乱，礼乐仪制遭到践踏，官籍散落，幸存下来的礼书也是残缺不全，太祖多次下令大臣考寻旧制，重新编纂有关礼仪著述，健全礼乐仪制。用于礼乐的器械在战乱中也所剩无几，太祖命令有关部门加以考究，予以修复。如悬挂钟磬的木柱、升堂奏歌的本架、鼓钲箫等乐器、舞人所执大旗、用于武舞的兵器等等皆如旧制复现于赵宋朝廷。

宋太祖尊儒还表现在对文人的宽容政策上。他曾立下誓言，不杀士大夫，不以言罪人，并将誓言秘密刻在石碑上，置于太庙寝殿的夹室中，封闭甚严。新天子即位，朝拜太庙后都要礼启默诵誓词。皇帝恭读誓词时，只有一个不识字的内侍跟随，其他人都必须远远地回避。所以，除了皇帝，没人知道誓碑的内容。直到北宋末年靖康之变，宫门都被打开，人们才得以纵览，碑高七八尺，宽四尺多，誓词内容有三项：其一是保全柴氏子孙，有罪不得加刑；其二是不得杀士大夫及上书言事人；其三是子孙不得背弃上述誓言，否则即遭天罚。不杀士大夫及上书言事之人被作为"祖宗家法"传承下去，展示了赵宋政权对文人治国的重视。

　　与五代相较，宋太祖对文人儒士的宽容政策值得大加赞扬。五代是武人的天下，但对文人儒士并不是一概不用。群雄割据，各务争胜，即使是书檄往来，也不甘居人之下。各藩镇之间也常常从书檄中观察对方得士与否，乃至实力强弱。因而一时之间各藩镇都纷纷延致名士光耀门庭，尤其推重掌管笺奏的掌书记之官。不过这些掌书记也仅仅是武力的点缀而已，不但得不到真正的重用，而且常遭大祸。其中最惨的当是张式。张式是彰义节度使张彦泽幕府的掌书记。张彦泽为政苛暴，甚至上章请求杀掉自己的儿子。张式以为有伤名教，拒绝为其撰写奏章，并且再三劝谏阻止。张彦泽不纳谏反而暴怒，引弓射杀张式。张式闪身躲避，被迫出逃。张彦泽派二十骑兵追赶，并恶狠狠地说："式不肯来，当取其头以来！"张式历经艰险到了邠州，节度使李周留下张式。但朝廷畏惧张彦泽，将张式流放商州。张彦泽仍不罢休，派人到朝廷要回张式并对朝廷进行威胁。晋高祖不得已屈服

宋代科举考试

了张彦泽。得到张式后，骁悍残忍的张彦泽，剖心、决口、断手足而斩杀了张式。类似的事俯拾即是。"由是观之，士之生于是时者，絷手绊足，动触罗网，不知何以全生也。"经历了五代的文人儒士，入宋得到的待遇真可谓天壤之别。

宋太祖尊崇儒家学说，但并不对儒家学说之外的佛教，道教等一律加以排斥，而是采取了兼容并蓄的政策。一方面停止执行后周毁废佛寺的政策；另一方面准许削发为僧，诵读佛典。宋太祖所奉行的儒释道兼容并行的政策，为开启于中晚唐的援佛入儒、糅合佛道思想的新儒学的产生和发展提供了关键性的契机，其影响十分深远。

兴学尊儒不仅可以"转移人心"，而且可以转移世风，改变唐末五代以来的轻视文人、鄙夷文人的社会风气尊重读书人，重视学校教育蔚然成风。

## 完善科举制

唐末五代时期，社会动荡，许多文人士大夫放弃仕途，隐居村野。宋朝建立之后，人才极其匮乏，许多饱学之士，仍对赵宋政权采取观望，犹疑的态度，为了招纳贤士，稳定和巩固新建立的赵宋政权，当时最好的方法就是采取科学取士。

科举取士起源形成、初步发展于隋唐，是一种设科考试、择优录取的选拔官吏的制度。这种制度有利于广泛吸收中下层士人参与国家政权，提高官僚队伍的素质和活力。科举制度到宋时已有几百年历史，曾经出现了不少弊端，如取士不公，势家显族操纵录取，主试部门和主试官擅权舞弊等。宋太祖重新开科取士首先想到的就是必须革除科举制度积累下来的弊端，完善相应的科举程式和机制。形成一整套比较完备的比较公平公正的选拔人才制度。建隆三年（962），宋太祖下令及第举人不得称呼知举官为恩门、师门及自称门生，有违命不普的，由御史台弹劾上报。在宋太祖看来，国家开科取士，为官择人，应该凭考试成绩公正录取，不得背后凭借私交私情从中作弊。"公荐"是科举取士中的一项特权，每年知举官赴贡院主试之前，台阁近臣可以保荐"抱文艺者"，号称"公荐"。事实上，这是一种变相的请托，"去取不能无所私"。乾德元年（963）九月，宋太祖下令礼部贡举人，从今以后朝臣不得"更发公荐"，违者严惩。禁绝朝

臣"公荐"士人，意味着提高科举取士的透明度。后来又重申此项禁令，鼓励举报违反规定者，一经查实，举人将丧失参加科举考试资格。

为了尽力减少或避免科举取士中的弊端，宋太祖设法限制知举官的权力。主持考试的各级官吏须选择有才学公正无私者担任。与唐代主考官基本固定不同，宋代则临时差遣，称"权知贡举"。每年的主考官都不相同，并且增设了副职，称为"权同知贡举"。知贡举官与考试官必须共同评卷，定其优劣，不能由一人决定取舍。主考官如果受人请托，徇私舞弊，要受到严肃惩处。乾德二年（964），库部员外郎王贻孙、《周易》博士奚屿共同主持品官子弟的考试，翰林学士承旨陶谷将其子陶戬嘱托给奚屿。陶戬考试时诵书不通，奚屿却以合格上报。不久被人告发，此时泄露，太祖命令御史府认真对此事进行调查。奚屿因接受请托，贬降为乾州司户参军。王贻孙因失察被贬降为赞善大夫。陶谷被扣掉两个月的俸禄。

在科举程序上完善管理制度，加强"复试"和"殿试"。乾德四年（966），权知贡举王祜主持科举考试，得进士合格者六人，诸科合格者九人。宋太祖恐怕遗漏人才，下令中书复试没有中第者，录取其中的优良士子，第而升之。为了防止官宦子弟利用不正当手段投机取巧，宋太祖规定这些人在初试合格后还要复试一次。开宝元年（968），权知贡举官王祜录取进士合格者十人，陶谷之子陶邴名列第六。第二天，陶谷到宫廷致谢。太祖有些怀疑，对左右大臣说："听说陶谷不能很好教育子女，陶邴怎么能登第？"命令中书复试，陶邴合格登第。但太祖没有因此而放松对官僚子弟的警戒，他说："造士之选，匪树私恩，世禄之家，宜敦素业。如闻党与，颇容窃吹，文衡公器，岂宜斯滥！"于是，下令通过科考，选拔人才不能营私舞弊，从今以后举人凡涉及食禄官僚子弟，礼部要登记造册并及时上报，由中书再进行一次复查。中书等部门的主考大臣在复试过程中，也不能完全杜绝以权谋私的行为，宋太祖意识到这个严重的问题，于是借鉴中央集权的经验，将科举取士大权完全掌握在自己手中。开宝五年（972），宋太祖打破陈规陋习，在讲武殿亲自召对合格进士及诸科举人，然后下诏放榜。这一新的做法，预示着宋太祖亲自确定考生等第名次、录取与否。第二年，新及第进士及诸科举人三十多人到讲武殿接受宋太祖召对。他觉得进士武济川、《三传》举人刘浚才疏学浅，应对失次，于是在合格者的名单中将二人画掉了。宋太祖又获知武济川是主考官李昉的同乡，心中很是不悦。恰巧，进士徐士廉去登闻鼓，状告李昉舞弊用情，取舍不当。太祖询问翰林学士卢多逊，卢也回答说"听到了很多意见"。于是宋太祖便命员院将所有考试者的名单上报，三百六十人，太祖全部召见，最后选其中一九五人，包括被录取的和来被录取的，然后各赐笔墨纸砚，重新考核，命侍御史李莹，左司员外郎候陟等人为主考官员。考试完毕太祖到讲武殿亲自审批，考中进士二十六人，其余录取一百零一人，徐士廉中进士等。李昉右赞善大夫杨可法等人都被贬职。这种由皇帝亲自召对复试奏名进士和举人的办法，称为"殿试"，又称"御试""廷试"。殿试作为"常式"始自宋太祖。唐代武则天曾在洛城殿策问贡士，但未形成制度。开宝八年（975），宋太祖又到讲武殿复试考官所奏合格举人，确定王嗣为第一名，礼部试（省试）第一名的王式则被定为第四名。

从此，科举取士之权直接由皇帝掌握。殿试与礼部试名次始有升降之别，礼部试名次必须通过殿试重新排列，最终名次必须由殿试决定，宋太祖曾高兴地对奏名举人说："向者登科名级，多为势家所取，致塞孤寒之路，甚无谓也。今朕躬亲临试，以可否进退，尽革畴昔之弊矣。""尽革畴昔之弊"未免夸张了一些，但洞开孤寒之门、堵塞科举漏洞则是属实。

宋太祖取消了前代对应举对象的许多限制为了扩大取士范围。吸引各类人才参加科举考试，无论年龄大小、家庭贫富、郡望高低，只要懂得些文墨的，都可以报名应试。从此，国家得人不尚谱牒，不重乡贯，不讲门第。对路途较远赴京师应试有困难的贫寒士子给予照顾，往来发给纸券，凭此券途中饮食住宿，由当地官府帮助解决，从而，给贫寒士人读书应举、入仕参政带来了福音。这一政策极大地调动了士人读书人佳的积极性，科举重新获得了士人的青睐。

随着孤寒之门的洞开以及优惠条件的实施，应举人数逐年递增。但宋太祖始终坚持严格取士的原则，一般每年少则数人，多则数十人，不随意放宽和扩大录取条件及录取名额不像后来那样动辄录取上百人、数百人。割据各国被平定，纳入赵宋版图后，应举人数急剧增加。为了防止有滥竽充数者，宋太祖及时命令州府，适当限制各地发解人数。有时应举人数太多，宋太祖便想出一种"特奏名"也叫"恩科"的办法，就是录取完毕后，宋太祖又特施恩惠，赐予本科出身。据记载，太祖时"特奏名"十分慎重，仅实行一次。开宝三年（970），录取进士后，太祖命令礼部贡院查阅进士、诸科应试十五次以上曾经终场者及应试十五次未曾终场者共一〇六人，具名奏报，各赐本科出身。对这些特赐出身的人，宋太祖要求有关官吏对其真实才能予以监督考察，负责上报，不得隐瞒，谎报。这说明宋太祖在录取这些人时放宽了条件，但在使用时相应地加强了管理。特奏名前朝没

宋四齿铁耙

有先例，是宋太祖在新的条件下开创的一种新的笼络士人的手段。

科举取士是文人治国的基础，宋太祖对科举制度恢复和完善，有利于广泛选拔，吸收知识分子参政，争取地主阶级各阶层，尤其是中下层地主阶级知识分子对政权的支持，对加强中央集权、稳固新建立的赵宋政权起到了重要的作用。

宋太祖所倡导的重文政策及重文政策带来的宽松文化氛围，使他创造出"郁郁乎文哉"的文化景象，在哲学、文学、史学、科技等领域达到前所未有的发展水平。宋太祖重文及文人治国政策，对宋代文化的发展产生了深远的影响。

说到重文及文人治国，人们很自然会联想到宋朝重文轻武的国策及其奠定者宋太祖。宋太祖"重文轻武"是相对于唐末五代"重武轻文"而言的。清代史学家赵翼在《二十二史札记》中写道，五代诸镇节度使几乎用的都是勋臣武将的，遍检薛居正、欧阳修的新旧五

代史，文臣为节度使，只有冯道暂镇同州和桑维翰暂镇相州及泰宁而已。这些执掌藩郡的武人，恃功自傲，横征暴敛，荼毒生民。至于不隶属藩镇的州郡，由朝廷任命刺史管理。但的是刺史也多以有军功的武人担任，他们也骄横无比，为害不细。不明治道，例为"左右群小"所惑，卖官鬻狱，害剥烝民。几百年的武人专政、分裂割据局面给广大人民带来了无穷的灾难，这就促成了文政治是历史发展的必然趋势。宋太祖以文臣统治人民后，天下渐渐得到苏息，顺应了这种历史趋势。事实上，在10世纪中叶前后，就连北汉统治者及少数民族政权契丹对文人、文治也非常重视。北汉曾支持李筠反叛赵宋，左仆射赵华认为李筠轻易举事，劝北汉主不要出兵援助。后来，李筠果然失败，北汉主对赵华说："李筠无状，卒如卿言。吾幸全师以归，但恨失卫融、卢赞耳！"由是重文学之士。后来赵华告老退隐，北汉主让其终身享受俸禄。当中原的五代十国发生纷争之时，北方的契丹族正在努力发展民族经济和文化，加速封建化社会进程。阿保机契丹国家政权的建立者他受到汉族先进文明的影响和熏陶，重用人才，尤其是汉族知识分子。受到重用的汉族知识分子，积极为阿保机出谋献策，促进契丹封建化进程。阿保机攻打蓟州得到康默记，"爱其材，隶麾下。一切藩、汉相涉事，属默记折衷之，悉合上意。……时诸部新附，文法未备，默记推析律意，论决重轻，不差毫厘"。韩延徽为阿保机所重用，"请村城郭，分市里，以居汉人之降者。又为定配偶，教垦艺，以生养之"。韩知古被阿保机用为"总知汉儿司事，兼主诸国礼仪。时仪法疏阔，知古援据故典，参酌国俗，与汉仪就之，使国人易之而行"。阿保机除了重用汉族文人之外还尊崇儒家学说及儒士，并把儒家创始人孔子，摆在祭祀对象之先看作有大功德者。这是从重文的大趋势而言的。

从宋太祖本人的心理而言，他认为文人是可以信赖的，对武将心存芥蒂。他曾对赵普说："五代方镇残虐，民受其祸，朕令选儒臣干事者百余，分治大藩，纵皆贪浊，也未及武臣一人也。"文人贪浊并非不及武臣，而是在宋太祖看来，文人治国，书生当政，不会像武将那样一旦势力壮大，心生异端，便会对自己的统治构成威胁，因而可以比较放心地使用。太祖的这种心态在许多场合都有所表露。有一次，太祖在宫中设宴与群臣饮酒，翰林学士王著乘醉吵闹。太祖因他是前朝学士优容他便命人将他挽扶出去。王著不走，反而移近屏风，掩袂痛哭，被左右拽之而去。第二天，有人上奏说："王著逼宫门大恸，思念周世宗。"太祖说："他是一个酒徒。在周世宗幕府，我很了解他的情况。况且一介书生哭周世宗，又能怎么样呢？"

说宋太祖轻武，一是相对于前代重武而这时对武将有所抑制而言的；二是相对于重文而言的。从总的情况看，宋太祖对武将的重视程度并不亚于其他朝代及其他君主。他对高级将领和边境将帅甚至可以说是宠爱有加。实际上，他与许多高级将领的关系很好。对武将的抑制主要是针对禁军高级将领而采取的措施，目的是为了加强中央集权和防止分裂割据局面的再现。

## 发展生产，鼓励垦荒

宋太祖在位期间，主要致力于统一战争和加强中央集权。但是，

他并没有因此而忽视发展社会生产，而是把发展农业生产作为一件很重要的大事来抓。他说，只有生产得到发展了，统一战争和中央集权才有雄厚的物质经济基础。宋太祖把农桑之业奉为衣食之源，所以每当春天播种季节，他都要告诫各地地方官劝课农桑，勤勉于政，并且形成制度。根据当时的实际情况，宋太祖把发展生产的重点主要放在采取各种措施招抚流浪人员、减轻农民开垦、负担荒田以及兴修水利上，并为手工业和商业的发展创造了一些条件。

五代以来，兵战不断，使经济生产严重破坏。当时，经济比较发达的北方是军阀混战厮杀的主要战场，焚烧屋庐、屠杀人口、践踏庄稼此种行径时有发生。有的军阀甚至人为制造黄河决口事件，肆意残害人口，损坏耕地、以水代兵和庄稼，致使千里沃壤成为满目萧

农耕图

条，荒凉一片。从关中到齐鲁，从荆襄到黄河两岸，人烟稀少，土地荒芜。就连洛阳城也是"城邑残破，户不满百"。直到宋朝初期才有所改善，京城开封周围二十多个州，数千里的土地至多也只有三分之一是耕种的。南方战祸虽然少一些，但处于各割据政权的统治之下，经不起苛赋和酷刑的重压，离井背乡的人也不在少数，旷闲荒芜的土地随处可见。

宋太祖本人"历试艰难，周知疾苦"，深知对广大农村荒凉凋敝，也很同情。李焘在撰著这一段历史时说："五代以来，常检视现垦田以定岁租，吏掾为奸，税不均适。由是百姓失业，田多荒芜，上（太祖）恻然之。"当然，宋太祖除了怜悯同情之外，他考虑得更多的是土地荒芜对一个新建立的政权来说，不仅意味着劳动力人口的失控和政府的财政收入受到影响，更重要的是涉及面对现实如何维护赵宋政权的问题。因而宋太祖即位后，首先继续实行周世宗时期的度田措施，便命朝廷官员分赴全国各地检视民田，重新核定税额。但规定各地不得借此机会邀功请赏，擅增赋税。不恪尽职守者，即遭贬黜。宋太祖的办法为了减少因赋税繁重不均导致农民与土地相脱离的现象实行度田均税的，吸收更多的农民耕种土地。其次，采取措施鼓励开垦荒田。农民新开辟的荒地实行免税制，地方官吏不得检括，税额以现佃田亩确定，如乾德四年（966）太祖规定"自今百姓有能广植桑枣、开荒田者，并令只纳旧租，永不通检"。只收旧租的规定不仅吸引大批流民回归土地，而且有利于调动了在耕农民的生产积极性。

流民数量增加不仅使政府的财政收入受到损害，而且潜伏着各种社会不安定因素。所以宋太祖在鼓励垦荒的同时，并采取措施招抚

流民的措施。把招抚流民、增加户口作为考核地方官的内容之一，引导地方官设法招抚流民复业。并对复业农民提供种子、耕具等有利条件。背井离乡流亡在外地的农民，各地按路程远近发给口粮遣将其返回本地。对返乡农民回到本地后优加救济，让他们有能力从事简单的再生产，生活有所着落。开宝六年（973），规定各州复业的流民免除当年的蚕盐钱和租税，并免三年的差役，这些措施对流民为田、发展农业生产起到了较好的作用。

## 整顿赋税，为民减负

人民承担的赋税过重，成为宋初制约社会经济发展的重要因素。它一方面使农民脱离耕地，成为流民，造成税源萎缩；另一方面使没有脱离土地的农民缺乏生产积极性。要恢复和发展生产，必须迅速减轻人民过重的负担。

五代十国时期，各割据政权为了增强割据实力，横征暴敛，竞相盘剥百姓。除常赋二税不断加重外，农具税、牛皮钱、盐钱、过桥税、曲钱、矾钱、鞋钱、酒钱等苛捐杂税，多如牛毛。甚至发展到杨柳吐絮、鹅生双黄蛋都要纳税。各地方官为了中饱私囊，纷纷在管辖区内厚敛奉上，肆意搜刮百姓。如后晋末年，宋州节度使赵在礼听说人们对他的离职高兴得如同拔去了眼中的钉子时恼羞成怒，特地请准留任一年，向每家每户征纳"拔钉钱"，当年就攫取税钱一百万文。宋太祖在平定这些割据政权之后，都尽力废除苛捐杂税。合并荆湘后，下令免除荆南、潭州、朗州等地拖欠的租税及其他无名杂税，潭州各县按旧例交纳的杂配之物不再交纳。平定后蜀后，免除辖境内百姓拖欠的所有租税、无名科役及新增赋调，接着清理平定以前的苛捐杂税，凡是没有免除的"烦苛"全部免交，百姓所欠"伪蜀"臣僚的私债也一并废除。平定岭南和江南后，太祖都下令免除以前的苛捐杂税及这些措施无疑减轻身负重敛及旧债的百姓的负担。

与此同时，宋太祖进一步整改五代苛敛的积弊。

第一，彻底废除五代"追县吏会州"的做法。五代以来，每年收税完毕，州府又给县吏下达文书，要求到州府"会文钞"，谓之"会州"。县吏乘机厚敛于里胥以贿赂州吏。里胥如法炮制，"复率于民"，将其负担转嫁给百姓。层层转嫁，最终受害的还是老百姓。因为963年太祖下诏严禁"追县吏会州"，彻底废除了"追县吏会州"。后来，各州府把追催拖欠租税的任务交给管理账目等事务的吏胥孔目官办理，孔目官利用职务的便利，因缘欺诈，为害百姓。宋太祖针对这种状况，于开宝元年（968）五月下令要求从今以后各州府要加强对督催拖欠租税的管理，掌管州府日常行政事务的录事参军必须亲自审阅催税文簿，州府判官也要切实负责，不让胥吏乘机舞弊，上下勾结，多征多收，中饱私囊。

第二，统一收税量器。五代时期，割据政权自制量器，大小不一，而且多用大斗进小斗出的办法剥削农民。宋太祖即位之初严禁私造，颁布了新的度量器具。随着割据政权纳入赵宋版图，宋太祖也同时在其境内推行新的统一量器，废除原来的不规格的器具。如后蜀官仓纳给用斗有二等，受纳时斗盛十升，出纳时斗盛八升六合。平定后蜀后，太祖下令官仓出入都用十升斗。有的官吏利用量器营私舞弊，

宋太祖规定不得用量器公然攫取羡余，概量失平者免官。

第三，按时缴纳，因地制宜。宋太祖沿袭周世宗统一收税时间的制度，确定夏税六月一日起征，秋税十月一日起征。但这只是一个大致的时间规定，因为各地农时早晚不同，农作物成熟的时间相异，因而纳税时间也有早有晚。如夏税，开封府等州府可以五月十五日起纳，七月三十日截止。江南各地可以五月一日起纳，七月十五日截止。秋税，北方大部分地区九月一日起纳，至十二月十五日收毕。江南大部分地区可从十月一日开始收税。对于以物抵两脱的，宋太祖规定："非土地所宜者，勿得抑配。"这一规定避免了有的农民用高价购买当地不出产而又必须缴纳的物品。另外还规定以实物充折两税，如果实物的市价提高了，官府受纳时要以市价为准，不得故意压低价格，从中剥削农民。

第四，缴纳零散税额，要以方便农民为原则。宋大祖规定官府受纳百姓租税，不得称分、毫、合、勺、铢、厘、丝、忽，钱必成文，绢必成尺，粟成升，丝绵成两，薪蒿成束，金银成钱。对不能化零成整者，可以由相应的几户凑成整数向官府缴纳。

第五，革除"代缴"之弊。每个地区的税额是固定的，遇上有人逃亡，税额必然不能足额。以前地方官吏为了足额，往往强迫逃亡人户的亲朋好友或邻居代其缴纳。宋太祖规定各地逃亡民户由州府登记造册上报，核实后另做处理，不得强迫亲邻代其交租。岭南当时有这样一件事，农民有拖欠赋税的，或由县吏代为缴纳，或向兼并之家借贷缴纳，条件是以其妻女作为抵押。宋太祖听说这种情况后，下令严禁以人质为条件由他人代交租税。

第六，严禁官府以各种方式多收多征。除统一度量衡外，官府在受纳租税时，"县令佐毋得两处点检人抄"，重复催征，坑害农民。州府向属县追催租税时，要加强管理，不得纵容胥吏作弊害民。按时按量征收租税虽是考核地方官的标准之一，但太祖严禁以多取赋税作为考核奖赏的条件。他认为赋税溢作，百姓必定不能作为考核的依据。乾德四年（966），一些部门及官吏请求对赋税溢余粟万石、刍五万束以上的场院主吏进行奖赏，宋太祖下令不能执行。他说："出纳之吝，谓之有司。觊规致于羡余，必深务于掊克。……此（羡余）苟非信纳民租，私减军食，也何以致之？"并明确除官定耗损外，严禁在正税之外私设名目多收滥征。为了防止各地官吏收税时营私舞弊，太祖多次从朝廷派遣官员前往各地监督收税，对违反规定者加以

清明上河图

处罚。

　　税收是封建国家财政收入的主要来源，充足而稳定的税源是保证财政开支的重要前提。这一点对宋朝来说尤其重要。当时统一战争需要庞大的军费开支，各项事业百废待兴，财政压力特别大。但宋太祖仍然把减免赋役作为一项重要政策确定下来，凡是统一战争历经之地或发生水旱灾害的地方，宋太祖都必定下令蠲免其地的赋税。乾德三年（965）年初，后蜀刚刚平定，宋太祖就下令军队所过之地川、陕、荆湖大部分地区免除当年夏租的一半或十分之二，城镇居民免交半年屋税。建隆三年（962），河北、陕西、京东各州相继发生旱灾和蝗灾，河北地区尤为严重，太祖下令免除这些地区民户的租税。乾德五年（967）夏秋以来，全国许多地方相继发生水旱灾害，宋太祖恐怕农民流离他乡，命令各州长官劝告农民不要迁移，免除受灾民户赋税，以使人心得以安定。宋太祖还规定，经过各州长吏视察，水旱灾害确实严重的地方，可以不等上报批准即可自行减免。

　　宋太祖通过上述整顿措施，改变了五代以来税目混乱、税额繁重的状况。但仍然有一些苛捐杂税被保留下来。如广南各地在南汉刘铱统治时期，用大容量器纳受民租，缴税一石，实际上要缴纳一石八斗。宋太祖对此进行了一些改革，废除旧量器，改用"省斗"，缴税一石，另外缴纳二升作为"鼠雀耗"。这种加耗随二税缴纳，实际上成为田税的附加税，乃苛捐杂税的一种。除此而外，宋太祖继续征收身丁钱、牛革钱、蚕盐钱等苛捐杂税。不过从总的情况来看，宋太祖时期农民的赋税负担比前代有了大幅度减轻，这是毋庸置疑的。

## 治理水患

农业生产的发展离不开水利，虽然在宋代广大农民仍然是靠天吃饭，但是，卓有成效地兴修水利可以减少自然灾害对农业生产的危害，提高粮食产量，改善人民生活，从而反过来又可促进生产的进一步发展。

黄河的水患是危害农业生产和人民生命财产安全的主要因素，所以宋太祖把治理黄河作为一项重要任务来抓。乾德元年（963），派神武统军陈承昭，征发京城附近地区丁夫数万人，修筑河堤。乾德四年（966）夏秋之际，黄河多处决口，泛滥成灾。派殿前都指挥使韩重赟等督率士卒丁夫数万人，历时二个多月，塞治滑州决口，并修复被毁坏的灵河大堤，使黄河水回归故道。第二年春天，鉴于上一年黄河多处决堤的教训，太祖派遣使臣分别带领畿县及附近州郡的丁夫数万人整治河堤，并规定开封府、大名府以及黄河沿岸的十五个州的长官兼任本州府河堤使，负责修治黄河。此后，加固黄河提防形成制度，每年正月开始加固，春末而毕。

宋太祖对水患非常重视，也要求地方官对水患予以高度重视，及时发现水患，报告水患，清除水患，否则将受到严惩。开宝四年（971），澶州黄河决口，东流泛滥至郓、濮等州境内，淹没农民田无数。地方官却装聋作哑，不及时上报，更未积极组织抢修。宋太祖非常愤怒，派人调查。结果属实，通判姚恕处以弃市，知州杜审肇被

广济河

罢职。

这件事发生后，宋太祖更加重视对水患的防范，他说："朕每念河渠溃决，颇为民患，故署便职以总领焉，宜委官联佐治其事。"于是，特在沿黄河两岸十七州府设置河堤判官一名，以本州府通判担任。没有通判的地方，以本州府判官担任。开宝五年（972）夏，黄河又多处决口，太祖派颍州团练使曹翰征发士兵及丁夫五万人进行修治，不久，堵塞了所有决口。黄河频繁泛滥，令宋太祖深深为这忧虑。他广泛征求治河意见，曾经亲自召见《禹元经》作者田告，询问治水之道。隐居未仕的王德方呈上修治黄河水害的文字，宋太祖赐予他同学究出身。

除了经常巡视、加固河堤外，宋太祖还设想通过改善黄河两岸的环境来控制水势泛滥，要求各地方官带领民众在河岸种植树木。这算得上是一项治本的防治水患措施。

太祖时期虽未彻底根治黄河，但通过上述措施大大减轻了黄河的水患。

除了黄河之外，太祖也非常重视对其他河道的疏浚。特别是京城开封附近的河道，宋太祖给予了更多的关注，通过疏浚和连通，在不长的时间里，逐渐形成了以京城为中心的四通八达的水路交通网络。

汴水（河）沿东南方向穿过京城，连接黄河、淮河、长江是一条重要的水上运输通道。南方的物资依赖此河运到开封，维持京城军民和官吏日常开支及生活的各种费用。史称"汴都（京城）仰给漕运，故河渠最为急务"。宋太祖针对汴河淤沙严重的特点，经常征调民夫或士卒进行疏浚，及时修复因洪水泛滥冲毁的河堤。开宝三年（970），汴水在宋州宁陵县决口，太祖派人征发宋州、亳州民夫填塞。

960年，太祖派人开挖疏浚蔡河，并在河口设置斗门以调节水量。第二年，派陈承昭率领从京畿、陈州、许州征发来的数万丁夫，从新郑导引闵水与蔡河交汇，贯通京师，向南经过陈州、颍州，直达寿春，又过了几年，陈承昭又督率数千丁夫凿渠从长社导引溵水至京城，与闵河汇合。这条水渠开成后减少了所经之地水患，闵河的漕运功能也得到更大的提高。

五丈河是从京城向东通向山东的一条河渠。961年，太祖命令给事中刘载到定陶督率曹州、单州丁夫三万人，疏浚五丈河，从京城北，历经曹州、济州、郓州等地，通达东方漕运。五丈河虽然开通了，但淤泥严重，不利于行舟。太祖命令陈承昭在京城之西，夹汴河造斗门，从荥阳凿渠一百多里，导引京、索二水通城壕汇入斗门，这段河

流称为金水河。金水河的水流通过汴水口上的水槽东汇于五丈河，使京城东北的漕运线路更加四通八达。新水门建成时，宋太祖还兴致勃勃地亲临观看。五丈河于开宝六年（973）改名广济河，为北宋漕运四干线（四条金带）之一。

宋太祖对这些河流的疏浚和贯通，一方面便利京城漕运江南和山东的粮食和物资；另一方面还具有蓄水、泄水和通航的功能，可以有效地保护农业生产。同时，也促进了京城开封的经济发展和繁荣。

## 赈济饥民

赈济饥民在宋太祖统治时期是一项重要的发展生产的措施，在当时具有很积极的作用。宋初，小农经济经历唐末五代几百年战火的洗劫和割据政权统治者残暴的剥削，变得相当脆弱，几乎接近崩溃的边缘。既缺乏再生产的能力，更经不起天灾人祸的袭击，食不果腹的饥民到处都是，严重制约着社会生产的恢复和发展。宋太祖采取措施赈济饥民，帮助饥民渡过难关，取得了一定的成效。

史载，宋太祖一朝开仓赈济饥民几乎从未中断过。这一方面说明当时农民贫困之至；另一方面也说明了宋太祖对这个问题的关注程度之高。在即位的当月，宋太祖就派使臣到各地对饥民进行赈贷救济。李重进叛乱被平定之后，浩劫之后的扬州，阖境凋敝，百姓生活艰难。宋太祖决定对扬州城中的居民进行赈济，每人米一斛，十岁以下者减半。第二年秋末，濠州、楚州农民面临饥荒，太祖命令二州长吏开仓救济饥民。这年年底，户部郎中沈义伦出使吴越回到京城。他沿途看到扬州、泗州百姓饿死很多，主张把当地尚存的百余万石军储拿出来救济饥民，来年秋收后补还新粟。这一主张立即遭到有关部门的反对，认为如果来年仍是荒年，如此巨大数额的军储将无法得到偿还。宋太祖开始也有犹豫，但很快就转而支持沈义伦的主张，于第二年正月命令当地地方官开仓放粮，赈济饥民。这一年，沂州、蒲州、晋州、慈州、隰州、相州、卫州等地的饥民都得到了程度不同的赈济。

流民

此后，每年都有一些灾荒严重地区的饥民得到官府的赈济范围遍及全国南北各地。不断改革赈济方式，各地地方官要经常检查辖区内的灾荒情况，可根据本地灾荒程度决定是否进行赈济，不必等待上报批准，必要时由朝廷派遣使臣监督执行情况。仓储不足的地方发生饥荒，可以调运邻近地区的粮食，以解燃眉之急。如乾德二年（964），正值青黄不接之际，灵武饥民数量大增，救济粮源匮乏。太祖命令调运泾州粮粟三万石赈济灵武饥民。太祖还经常提醒地方官要亲自抓好仓储管理，经常检查，绝不能让粮食损坏。仓吏要忠于职守，不得以职权谋私，否则要受到严惩。

为了减轻官府赈济的压力，太祖曾设想恢复前代实行过的义仓制度，官府在征收二税时，随之另外输纳一斗储藏起来，用于灾荒年份赈济饥民。后来，考虑到百姓，负担过重，义仓制度仅实行了二三年便被废除。但宋太祖的备荒设想并没有停止。遇到好的年成，粮食丰收，太祖就命令地方官告诫农民想方设法多储积一些粮食，"或值灾荒，不至匮乏"。同时，提倡节俭，严禁赌博、游惰及浪费粮食。这不失为一种积极的备荒措施。

宋太祖时期对饥民的赈济解了灾民的燃眉之急，一方面有利于安定人心，稳定社会秩序；另一方面有利于减少流民数量扩大劳动力的来源，有利于农业生产虽然这种赈济的范围有限，程度不同，但毕竟有益于社会，有益于人民、对社会生产终归是一件益事。

## 发展商业手工业

或许是出于统一战争的需要，太祖对手工业尤其是造船业较为重视，他多次亲临造船务。这些宋初制造的船只在平定南方各国的战斗中发挥了重要作用。因为漕运粮食和物资，调运军需物品，需要大量的船只和其他运输工具，相应的制造业也应运而生，如宋太祖确定各地财政收入除必要开支外，全部运送京师，因而用于运载钱帛粮食等物资的交通运输工具，显得十分缺乏。开始为了应付急需，只得向百姓租借。但这样终不是长久之计，对百姓的骚扰也不可避免，所以这个办法实行不久宋太祖就补充规定上供钱帛等物资所用的舟车不得再向百姓租借，而由官府提供。这样势必需要发展相应的舟车制造业，以满足需要。运输战争物资一般需要轻车，所以太祖曾专门下令各州制造轻车以适应馈运军需物资的需要。

从宋太祖行赏绢帛之多之重可以推知这时的纺织业很发达。平蜀后建成的绫锦院就是最好的证明。开宝五年（972），平蜀后得到锦工数百人，宋太祖特在京城设置绫锦院安置他们，并命令常参官进行监督管理。周翰曾监绫锦院，他曾用树枝抽打锦工，被人告到宋太祖那里。宋太祖非常愤怒，责问周翰说："你难道不知道别人的皮肤和血液与自己没有差异，而忍心肆意毒打别人？"虽然因为碍于情面，宋太祖没有处罚周翰，但从中也可看出太祖对锦工及该行业的重视。宋太祖对商业、手工业的重视及采取的措施为宋代商业、手工业的繁荣奠定了很好的基础。

宋太祖时的商业贸易主要有官府专卖和民间自由贸易两种形式。宋朝建立后，沿袭前代传统，对盐、酒、茶、矾等日常消费品的生产、运输和销售全面实行垄断经营，即常说的禁榷专卖制度。宋太祖所实行的专卖制度与前代基本相同，只是对违反专卖规定的处罚比前代有所放宽。宋太祖虽然一再强调严禁私贩，但对私贩的处理却越来越放宽。如后汉初，犯私曲者弃市，后周规定私贩至五斤者死罪。宋太祖认为后周的规定过严，于是在即位的次年规定百姓犯私曲至十五斤、私酒入城至三斗者处以极刑，其余按等治罪。宋太祖还认为前代的盐法过于严酷，规定官盐擅入禁地贸易至十斤，煮盐至三斤者，处死。到了乾德四年（966），宋太祖对上述规定又放宽了：官盐擅入禁地贸易至一百斤，煮盐至五十斤者，处死。私造酒曲至城郊五十斤以上，至乡间一百斤以上；私酒入禁地二石以上者，处死。李焘记载

完这个规定后说："法益轻，而犯者鲜矣。"李焘所言只触及表面现象，在现象的背后却存在着这样一个事实，即入宋以来，随着商品经济的发展，上述日常消费品在民间贸易中所占比例越来越大，原有的规定已经无法适应商品经济发展的形势，迫使宋太祖不得不一再放宽处罚规定。另外，从当时的实际情况看，宋太祖时期的专卖制度也不是绝对的。如河北旧禁盐，建隆末年宋太祖始令邢州、洺州、磁州、镇州、冀州、赵州六州城外二十里可通行盐商。至开宝三年（970）四月，宋太祖又下令废除河北各州盐禁，允许盐商自由贩卖，过商斤税一钱，坐商斤税二钱。岭南平定后，盐法与荆湖地区相同，但酒曲不实行专卖。

朝廷从盐、茶、酒等商品的专卖中获取了巨额收入，仅淮南蕲、黄州、舒州、庐州、寿州五州茶的专卖收入每年就高达一百万缗。因此，在宋太祖时期，专卖制度对解决政府财政收入困难，维护中央集

太庙

权具有一定的积极作用。

官府对民间商贩货物除了特殊规定外，都要征收过税和住税。二者的税率因时因地有所不同，但大致为百分之二和百分之三。各州县包括部分关镇设有税务负责收税。为了保护商旅的利益，防止各地税务对商旅的欺压，太祖时颁布了商税则例，在税务、官署、交通要道张榜公布应纳税的商品种类、数量。有了这个则例，征税人员就不敢擅自增加税率，保护了民间商业贸易的有序发展。

对少数关系到百姓生计的特殊货物，宋太祖根据实际需要往往给予免税。如岭南风俗，疾不呼医。开宝八年（975）平定南汉后，宋太祖下诏对于向岭南贩卖的生药免税。这样有利于内地的各种药物向岭南流通，对当地人民治疗疾病有一定好处。

商业贸易的发展离不开作为交换媒介的货币。一般来说，统一的国家，必须有统一的货币，这样才有利于商品经济的发展。但赵宋政权是在五代十国分裂割据的基础上建立起来，它所面临的形势是极其特殊而复杂的。无论是铜钱还是铁钱，五代十国各割据政权大多都铸造过使用过，其质量、单位、大小各不相同差别很大。周世宗为了解决币制的混乱和不统一问题，曾经规定铜器铜像全部集中起来用于铸钱，但并没有从根本上解决问题。宋太祖代周以及陆续平定各割据政权后，曾注意了统一货币的问题，但也没能立即统一币制。这是因为当时铜钱十分缺乏，不可能有足够数量的铜钱作为全国统一的货币。所以，宋太祖根据实际情况实行了分地区使用规定货币的政策，实现了币制的局部、相对的统一。

乾德五年（967），开封府报告说，民间所铸小钱每十钱才重五

钱半，其极小薄者仅重二钱半。针对这种极其混乱的状况，宋太祖下令各州轻小恶钱及铁镴钱等，限期一月，全部送缴官府。期满不送缴者治罪，敢于私铸者弃市。这是对中原一带而言的。其他地区如原后蜀、南汉、南唐统治地区，根据实际情况，没有立即取消平定之前其辖境内流通的钱币，而允许继续使用。同时，国家开始设监铸钱，如铸造新币"宋元通宝"，并再次申明严禁私铸钱币，严禁铜钱流入两川以及赵宋政权辖境之外的地区，违反者处以重刑。由国家铸钱有利于商品流通，促进商业繁荣。

虽然这样做，铜钱还是不敷使用。同时，金属货币不便携带的特点也越来越严重地阻止了商品交换的进一步发展。为了解决这些问题，"太祖时，取唐飞钱故事，许民入钱京师，于诸州便换"。开宝三年（970），在京城开封设置便钱务，商人存入钱后获得票券，凭票券到各州可以支取现钱。这种汇兑方式解决了金属货币携带不便的问题，给商人从事贸易活动带来了极大的便利，促进了商品流通。

## 整饬吏治

唐末五代以来，武夫悍将把持朝政，君弱政乱，吏治大坏。这种混乱局面不改变，就无法实现国家的统一和富强，宋太祖下了很大决心，用了很大力量整顿吏治，以期出现一个生机盎然的政治局面。

宋太祖建政之初从中央到地方各级政府旧有的官吏除留用前代的官吏外，又多方选拔有才能的人进入各级官府。随着一批旧官僚被淘汰以及刚刚统一的地区需要大批精明强干的官员进行统治，所以人才一度匮乏。如距开国已十一年的开宝四年（971），各道幕职、州县官尚缺八百多员。因此，选拔官吏成为太祖一朝的要务。

太祖选拔官吏多种途径并举，如科举、荐举等。科举取士前文已述。荐举是选拔官吏的重要渠道之一。太祖曾就所需不同类别的官吏多次下令在任的各级官员进行举荐。建隆三年（962），命令翰林学士、文班常参官曾经担任过幕职、州县官的人各自举荐能够担任宾佐、令录者一人，有才德者，即使是近亲，也在推举之列。开宝三年（970），命令各州县官吏分别考察百姓中孝悌闻名、德才兼备的人，满五千户可推举一人，如确有奇才异行者，不受此数限制通过举荐广泛快捷选拔官员，显示了太祖急需人才的迫切心清。但这绝不意味着一哄而上，滥举滥用。因为那些被举荐上来的人必须具有真才实学，名实相符，有的还要加以面试，不合格者不仅不能录用，而且举荐的人也要连坐治罪。其次，举荐者还要对被举荐者的为政情况负责，若当官后贪污受贿，畏懦无能，政事不举，举主也无一例外地要受到惩处。史载，建隆二年（961）初，太仆少卿王承衎因举官失实，被贬为殿中丞。开宝九年（976），宋太祖命令翰林学士李昉等三人在礼部贡院一起阅试各地以孝弟力田及有文武才干的名义推荐上来的四百七十八人，发现他们"所习之业，皆无可采"。特别是濮州以孝悌名义推荐上来的多达二百七十人，宋太祖对此感到惊讶，于是到讲武殿亲自召问，结果都不符合要求。又按他们自己所言"能习武"试以骑射，却都纷纷从马上跌落下来。宋太祖说只能隶兵籍，这些人"号泣求免"。结果被全部退回，并"劾本州官司滥举之罪"。尽管如此严格，还是有少数人通过各种不正当手段而侥幸获得官职，如左

拾遗高锡所指出的"近廷臣承诏各举所知，或有因行赂获荐者"。因此，宋太祖采纳高锡的建议，悬以重赏，鼓励近亲、奴婢、邻里对以不正当手段获荐者进行检举揭发。这样基本上堵塞了举荐官吏中以权谋私的漏洞，保证了举荐官吏的质量，从而为吏治清廉打下了较好的基础。

随着选拔的人才担当起职位，对他们的考核和管理就成为必要的环节。在官吏的考核上，宋太祖一朝主要是奠定基础，制定了一些基本的考核程序和办法。宋太祖曾一度果断地废罢了沿袭已久的"岁月序迁之制"。废除"岁月序迁之制"，表明宋太祖想不拘一格启用自己认为应该选拔的人才，事实上也陆续有一些官吏被越级擢升。但不久宋太祖就意识到如果完全打破资序递升百官，那么整个国家的人事行政秩序就会陷入混乱。于是，他要求大臣制定适合宋初实际的有关量才授官（铨选）原则，作为人事部门考核差遣官吏的依据。

建隆三年（962）十月，宋太祖下令认可有关部门呈上新删订的《循资格》和《长定格》。《循资格》和《长定格》其实是中国古代任官制度中论资排辈、依序递升原则的具体标准和条件，从唐朝中叶开始颁行，后唐时曾予以修订。乾德二年（964）正月，宋太祖命令翰林学士承旨陶谷等与吏部官员重新详细审定《循资格》及《四时参选条》。这年二月，太祖批准了翰林学士窦仪等呈上的《新定四时参选条件》，初步规定了官员注授差遣程序和办法：

诸州印发春季选人文解，自千里至五千里外，分定日限为五等，各发离本处，及京百司文解，并以正月十五日前到省，余季准此。若州府违限及解状内少欠事件，不依程式，本判官罚直，录事参军、本曹官殿选。诸州员阙，并仰申阙解条样，以木夹重封题号，逐年入递送格式，其百司技术官阙解，亦准此。季内不至及有漏误，诸州本判官以下罚直、殿选，京百司本官奏裁。诸司归司官合格日，四时奏年满，俟敕下，准格取本司文解赴集，流内铨据状申奏，依四时取解参选。

　　这里的"殿选"意为推迟参选注官，如殿一选，即推迟一年参选注官。"员阙"指因各种原因出现的空位或新设机构需要的官员。"格式"指吏部格式司，各州、百司每季将阙额递交到这里，由该司予以核实。这年七月，太祖批准了中书门下呈上的《少尹幕职官参选条件》，它对各级官员按资序迁升、升官的顺序、何种情况下正常迁升、何种情况下暂缓或推迟迁升、迁升所具备的出身和年限等等都做出了具体规定，比二月的参选条格更为完善，更为详尽。

　　开宝六年（973），宋太祖

宋代科举考试图

命令参知政事卢多逊、知制诰扈蒙等人对上述选格及陆续颁布的有关制书，考正违异，补其缺漏，削去重复，参校详议，采纳悠久可用的条文，制成《长定格》和《循资格》。其中《长定格》内容涉及旨限、选数、集人、取解、科目、出身、检勘、铨司、注拟、减选、加选、南曹、年满、用缺、考课等等。在十来年的时间里，曾经先后三次删订、颁布《循资格》和《长定格》，可见宋太祖对官吏选用考核的重视程度。经过反复修订的上述选格和标准成为宋太祖时期量才授官的基本依据，使宋初的官吏管理工作走出了唐末五代时期的混乱状态，步入了正常轨道。

如果说《循资格》《长定格》是考核官吏任职资格的话，那么对官吏任职期间所作所为的评价就是考核官吏任官的实绩。前者通称"循资"，后者则称"考课"。

对地方官吏的考核办法，一般一周年为一考，不足一周年不得成考，由上级官府组织考校优劣。三考没有迁替，又历一周年，书为第四考。已书政绩，不再重计。衡量政绩的有无，户口增减是标准之一。州县户口以现数为准十分增一，刺史、县令各进考一等。若减少一分，降考一等。科纳赋税十分拖欠一分以上，降考一等。因公事旷废被殿罚者，降考一等。因户口增加减三选（提前三年参选注官）以上，县令赐予章服（以图文为等级标志的礼服），主簿可升秩晋阶，提高品级。能使流民复归农田，也可提前晋职。各地官廨及仓库的毁坏及修缮情况，在节度、观察、防御、团练使以及刺史、知州、通判等地方官员离任时都要记录在册，幕职、州县官受代其职时，对书于各自的考课表上。如损坏不全，当事人要推迟一年注拟差遣；如修葺建置而且不烦扰百姓，则提前一年注拟差遣。这样规定的目的在于督促官员对损坏的建筑设施随时维修。主管盐曲、市征、地课等事务的知州、通判、判官、兵马都监、县令等官员都要亲自管理，每月向三司报告收入情况，任满考校好坏优劣，分别评定等级，作为升迁、晋级的依据。欺隐盗用者，依法严惩，告发者重赏。建隆三年（962）颁行的《捕盗条》规定了县令、县尉捕盗的期限，共有三限，每限二十天。第一、二限内捕获者，令尉各自提前一年参选注官。在第三限内捕获者，令尉各自加转一阶官。三限期满未能捕获，县尉罚一月俸禄，县令罚一半。县尉三罚、县令四罚，则推迟一年参选注官，推迟三年停官。县令、县尉与盗贼战斗而全部捕获，并赐绯服，县尉可晋县令，提前二年参选注官，县令另外予以擢升。地方官之间层层监督，州县官为政不力的，由判官、录事纠举，状子与长吏共同署名上报。判官、录事为政不利的则由长吏考察监督。县令、县尉非因公事频繁扰民，判官、录事负责上报违反规定者的罪状。不按要求履行职责者，记在考课表上。地方官吏考核等级一般分为上中下三等，上、下等较少，中等居多，有时为了对考核为中等的众多官吏加以区别，常常把他们分成中上、中中、中下三等。

　　朝廷官府各个部门的官员由于其职责不同，考核办法也略有不同。三司作为全国最高财政机构，由盐铁、度支、户部三部组成，所以凡事三部判官要共同商量，从长计议，务求处理得当，应当用文书通报别司，询问了解详细情况。别司接到公文后，必须尽力回报，具明可否。若有延迟违背，当行黜责。若或因而更改，符合实际，具文上报，充作课绩。若询问过所有部门，尚不能决定，可向各路转运使

大观通宝

询问利害与否。转运使接到公文，也应同中央有关部门一样回应报告。若当军期，自当另论此例。三司使若行遣未当，本部判官必须提出意见和建议。即使是奉旨施行，也可指出。各部判官分别设置簿籍，用于批书课绩，与判、使官员联合署名。每至年终，考查比较，共议黜退升进。特殊情况之下，也可不待年终。三司各部置推官一员，总断各案公事。三司使若发现三司判官等官员在发号施令、操作事务过程中有不当之处，也可记录在册。各地转运使若认为三司施行的举措有不便于民者，可直接上报，不得隐瞒，连同自己的意见或建议一起每季进呈，以其作为考订等级和升降的依据。朝廷官府主持官吏考核的南曹、铨司、门下省三个部门也要接受考核。如从官员的磨勘考核到拟定官职、对换差造总共给一个月的期限，其中南曹八天，铨司十五天，门下省七天。如果因课绩不明或出现过错，需要有关部门配合考核的，不在此限，另按规定办理。规定时限的目的在于提高考核官吏人员的办事效率。

对官吏的考核是一项非常复杂的工作，宋太祖在短短的数年中建立起一套较为完整较为系统的考核各级官吏的办法。这些办法大多为太祖的后继者所继承，并在此基础上逐步完善，于是形成了宋代完备、系统、精密的官吏考核体系。

应该说，宋太祖所制定的考核官吏的程序和办法仍然以"循资"为主，大多数官吏仍然是按资递迁，没能突破论资排辈的藩篱。但他主观上曾努力克服论资排辈给量才授官带来的不利影响，并在一定程度上摆脱了论资排辈的束缚。例如，他曾多次破格提拔中下层官吏，有时政绩突出的官吏，不经过考核程序，由文部南曹直接将姓名报到中书门下者考察，量才授官，越级提升。用这种方法来克服铨选只凭资历、"英俊或沉于下僚"的弊端。这就是说，没有劳绩的官吏原则上不可升迁，而具有才能、多有政绩的官吏应该并不完全受资历原则的限制而得到升迁，从而在一定程度上限制了庸人的仕进之途。

宋太祖在选拔人才的时候尤为慎重，做到了审慎择人。

什么样的人适合做什么样的官，宋太祖心里是比较清楚的。他常说，富家子弟只知道饮酒弹琵琶，哪里知道民间疾苦！于是规定：凡是以资荫得到出身者，都应先派其监当场务，不可任为亲民官。乾德元年（963），翰林学士王著因酒失被贬官，谁来代替王著呢？宋太祖说："翰林，深严之地，应当选择谨审宿儒来担任。"范质说："窦仪清介谨厚，但在后周时已从翰林学士迁拜端明殿学士，今又为兵部尚书，恐怕难以复召。"宋太祖说："这个职位非窦仪不可，你当去转达我的意见，希望他能再次就职。"窦仪于是再入翰林为学士。

宋初，从中央到地方，官员都很匮乏，宋太祖招揽人才的心情也很迫切。但他并没有因此忽视官僚队伍的素质，降低任用标准，而是采取了一种特别审慎的择人用吏原则。这个原则的内容包括在逐步清除前代择人用吏的弊端的基础上所确立的用人的三大指向和

第六章 治国方略

二大重点。

宋太祖择人的三大指向：

一是才能为本，资序居次。上文述及在制度上太祖考核官吏虽然仍然以资序为主，但在用人的方向上却努力做到以才能为本。宋初幕职州县官即选人，品级分为四等七阶，注拟差遣从两府司录到县尉分为十等（十选），若按年限资序，这些低级文臣尤其是其中才能卓著者巩怡很难有晋升的机会。宋太祖早已考虑到这一点；为了不埋没这些低级文官中的优异人才，常常超等提拔使用。重视才能的择人指向，一方面保证了政府机构的工作效率，有利于封建政府政策措施的贯彻执行；另一方面有利于抑制官僚队伍中因循守旧、办事拖拉的不良风气。

二是树立榜样，自警自奋。安守忠在永州、兴元、汉州等州府当地方官，颇有政绩。特别是在汉州，正当宋军平蜀之时，军队费用开支巨大，军需补给不济，安守忠慷慨助以私钱。后来，宋太祖在其他官吏赴任前总忘不了告诫说："安守忠在蜀，能自律己，汝见，当效其为人。"对清廉自律的好官吏，太祖总是勉励鞭策，树为其他官员学习的榜样。而对为政腐败的官员，除依法惩处外，又将其作为反面教材，告诫官吏不能效仿。西京留守向拱在河南府专事修饰园林第舍，纵酒淫乐。后来左武卫上将军焦继勋调来当知府，宋太祖语重心长地对焦继勋说："西洛久不治，卿无复效向拱也。"焦继勋果然不负所望，到任视事一个多月，扭转了混乱的社会秩序。太祖用正反两方面的典型激发各级官吏自警自奋，择善而从，从而达到"人思自效"的用人效果。

三是召对亲试，择优黜劣。这是宋太祖用人的一个独特之处。无论是派使臣出使，还是官吏赴任，宋太祖都要召来面谈一番，谆谆教诲，进行勉励或告诫。对即将步入仕途的士人，宋太祖一般也要亲自召对面谈，看看该人到底具备什么才能，适合担任哪方面的职务。宋太祖这样做的目的是为了择优黜劣，把好用人的最后一关。开宝六年（973），宋太祖召京师百司吏七百多人，见于便殿，亲自问试，不合格者达四百人，都被勒退。

宋太祖审择用人的重点放在两个方面，一是刑狱之官，这关系到人民的切身利益。五代乱世，禁网繁密，藩镇列郡恣意施刑。直到宋朝初年仍然是刑典废弛，所以，宋太祖一方面"刑乱世用重法"；另一方面经常亲自折狱虑国，务求刑治慎明。随着政权的初步巩固，疆土和人口的增加，宋太祖更加留意刑政，逐步建立健全法制，尤其重视刑狱官员的选择。

他期望御史、大理寺等主管刑狱的官员能像西汉时期的张释之、于定国那样，既能严格按法处刑，又能审慎决狱，使天下没有冤

宋代青白釉执壶

民。宋初，各地州府任命牙校为马步都虞侯及判官断狱，往往多失其中。开宝六年（973）七月，宋太祖下诏废除这一做法，改马步院为司寇院，挑选新及第进士、考中《九经》《五经》科者及资序相当的选人为司寇参军，专治刑狱。如果刑官判狱失当，或贪污受贿、曲情枉法，都要受到惩处。建隆二年（961），金州民马从玘的儿子马汉惠是个无赖，曾害死其弟，又偷鸡摸狗，为害乡里。马从玘便同其妻及次子一起杀了马汉惠。防御使仇超、判官左扶判马从玘等三人死罪。宋太祖得知后十分愤怒，认为量刑不当，以"故入死罪"命令有关部门予以弹劾，结果仇超、左扶都被除名，杖流海岛。建隆三年（962），河南府僧尼法迁，因私用本师财物，按法律规定不当判定死罪，判官卢文翼以盗论处，置于极典。卢文翼因而被除名，与此案有牵连的法曹参军桑植被削夺两官。二是边疆将帅。宋太祖对边将的选任，主要凭借功劳。这些边将多多少少都有缺点，如骄恣专横，好大喜功，不恤士卒等。但只要他们忠于朝廷，不过分刻薄边民，能镇抚少数民族，经常率兵打胜仗，太祖就经常予以召见，厚赐赏，多勉励。太祖对边将的选任明显有别于文臣和内地的武将。这一区别完全是由当时的客观形势所决定的。

太祖对边将如此优惠，如此宠异，意在责其边功。从实际情况看，宋太祖的期望基本实现了。这些将领大多能临尽职守，安边御众，屡立战功。正因为这些边将肯以死效力，太祖在位期间才没有边患之忧，才可能从容地进行统一中国的战争。

鉴于五代贪官污吏害国害民的情况，宋太祖把严惩贪墨枉法作为整肃吏治、励精图治的重要举措。史载："宋兴，承五季之乱，太

祖、太宗颇用重典，以绳奸慝。"贪赃枉法之官不除，政治绝对算不了清明，政权也不会得到稳定和巩固，宋太祖深知这个道理。既如此，那么以严刑峻法惩治贪枉之官就势所必然。

宋太祖为了整肃吏治，对严惩贪赃枉法的官吏下了很大的功夫，尤其对以下几种人进行了严厉的惩治：

第一种人，玩忽职守者。凡不能尽职尽责的官吏，或减俸或免官，或除名或降职。

第二种人，营私舞弊、以权谋私者。这种人借手中的权力或职务之便，置国家利益于不顾，为了满足一己私欲，不择手段侵吞国有钱物。这种人绝大部分都被处以极刑。如隐没官府钱物、监仓奸盗、盗用官钱、擅税竹木、盗卖官船、抑人售物等都属于此类行为。

第三种人，枉杀百姓者。对制造冤狱或利用断案残害百姓的官吏大多处以极刑。事后发现的也不能免，照样予以追究。

第四种人，贪赃受贿者。这种人或被处以死刑，或被除名、决杖流配，从太祖朝所处理的贪墨案件中，贪污受贿的既有文臣，又有武将；既有中央官员，又有地方大吏。宋太祖对此类案件均严惩不贷，多次申明官吏受赃同十恶、杀人罪一样"不原"，即不予赦免。

第五种人，经商营利者。官吏经商最易导致吏治腐败。宋太祖时期官吏经商已较为普遍，如身为宰相的赵普就曾经商营利。对这类人的处理一般是采用重刑。

宋太祖虽然对惩治贪官污吏不遗余力，但也有手软的时候，甚至有姑息、纵容之嫌。对宰相赵普的违法行为包庇纵容更说明了这一点。有一次，宋太祖突然来到赵普家里，当时吴越王钱俶准备送给赵

宋太祖传

白釉瓷灯

普的书及海物十瓶恰好放在门外，赵普出迎，来不及隐藏，被宋太祖发现。宋太祖问赵普这些都是什么东西，赵普如实回答。宋太祖一边说这海物必定上乘，一边让赵普打开看看，原来都是瓜子金。

赵普惶恐，慌忙谢罪说："臣未发书，实不知此，若知此，当奏闻而却之。"宋太祖却笑着说："但受之，无害。彼谓国家事皆由汝书生耳。"坚持让赵普收下。赵普曾贩木秦陇、经营邸店谋利，宋太祖得知后也未置可否，这不能不说是对贪墨之官的姑息纵容。

但从总的情况看来，宋太祖严惩贪赃枉法，收到了较好的社会效果，五代时期贪官污吏横行的现象在一定程度上有所改观。

宋太祖整饬吏治，取得了较为明显的成效，使其在位期间政治清明，为宋朝以后的强大打下了良好的基础。

## 改善世风

"唐季接五代，或三四年，或五六年，乱离涂炭，冤号天地。金血之气，铄尽冲和，愁苦之声，求息不暇。"在那动荡不安的岁月里，中原武夫，崇尚武力，穷兵黩武，搅得社会一片混乱，世风日下，社会风气颓废至极，社会风气的醇厚与否与社会治乱密切相关。从开国之日起，宋太祖就十分重视整治社会风气，移风易俗，努力开创一个良好的开端。在加强中央集权、进行统一战争和恢复发展经济的同时，宋太祖通过各种渠道，改善社会风气，力图以淳厚的社会风气带动整个社会由大乱走向大治。

在中国封建社会里，天命迷信长盛不衰。唐季五代，社会动乱，天命迷信更是泛滥一时。王朝的兴衰更迭，个人的荣辱福祸，无不被看成是上天的旨意，神祇的显灵。这种影响一直延续到宋初。从维护赵宋统治的角度出发，励精图治的宋太祖严禁他人从事或宣扬天命迷信，除非这种天命迷信对宋太祖加强统治有利。太祖还严厉禁止私习天文术数，搜缴与天命迷信有关的书籍，违者重罚。这些书籍的流传，对人们进行天命迷信活动起着推波助澜的作用，禁止其流行有助于禁止天命迷信活动。宋初严禁天命迷信，有利于改变污浊的社会风气，把人们的思想精力集中到有益的事业方面。

宋初，不少地区很落后。人们患了病，不就医治疗，却行巫乞鬼，往往因得不到及时医治而悲惨死去。周去非谈到岭南的情况时说："痛哉！深广不知医药，唯知设鬼而坐致殂殒。"此种恶俗，由来已久，亟待改变。

966年，太祖命令"诸州长吏察民有父母亲属疾病不视医药者，深惩之"。太祖下敕令，严惩生病不视医药者，目的在于积极引导人们相信医药，以医药除去疾病。在这方面，一些地方官吏起了很好作用。范旻知邕州，邕州旧俗重视祠祭，患病的人不去治疗，"但益

杀鸡豚，徼福于淫昏之鬼"。范旻下令禁止，拿出自己的俸禄购买药物，亲自调和，给患者服用。这样获得痊愈的患者有几千人。范旻亲自为民祛巫，用医药给人们治病，用事实使人们懂得医胜于巫的道理，为乡风民俗的转变做出了贡献。

患病求巫在很大的程度上是人们缺乏必要的医学科技知识所导致的。在"医药之书，人命攸系"的指导思想下，宋朝从太祖开始就十分重视医药书籍的编集和普及。如《开宝本草》《方书》《普救方》等。开宝八年（975），琼州报告说当地俗无医，人们患病只知道求巫祝。太祖下令颁给这些地区《方书》《本草》等医书。宋太祖引导人们祛巫就医是历史的进步，有利于社会风俗由从蒙昧向科学和文明转变。

仁孝是中华民族传统美德之一，宋太祖在位期间曾大力提倡。莱州掖县崇善乡辑俗里徐承珪曾为赞星县令，父母去世后归葬父母，率兄弟负土成坟，园中瓜瓠异蔓同实，异根草木枝干连生。兄弟及其族人之间衣服相让，同甘藜藿。宋太祖得知后深受感动，特下诏改崇善乡为义感乡，辑俗里为和顺里，目的在于劝导人们孝顺和睦。并州太原人刘孝忠对母亲十分孝敬，母亲患病三年，他尽心竭力服侍。母亲去世后，他到富家为佣奴得钱以葬。富家被他的孝行所感染，收其为养子。后来养父双目失明，他就像服侍他的母亲一样服侍养父。宋太祖于开宝二年（969）亲征太原时特地予以召见，慰问勉励。

除正面引导外，宋太祖还严厉惩处违背封建仁孝原则的行为，将其作为反面教材，告诫人们不得效仿。子女不赡养老人，不归葬父母，都为封建礼教所不容。宋初，父母在世而子女另立门户的现象比较普遍。宋太祖认为父子异居，"伤败风化，莫此为甚"。所以，他多次下令祖父母、父母在世，子孙不得别籍异财，地方官要经常告诫，有违反者按有关法律规定处罚。宋太祖提倡仁孝对形成良好的社会风气起到了一定的推动作用。

太祖下令黄河渡河沿岸居民多栽榆树和柳树，沿岸州县居民要广泛种植桑枣、榆树、柳树及土地所宜之树木。宋太祖积极鼓励种植树木，保护鸟兽，维持生态平衡，保护自然环境。宋太祖多次下令地方官劝导人们种植树木，禁止乱砍滥伐。这些措施有利于防止水土流失，减少河流淤塞，既畅通了漕运线路，又给大自然增色不少。

宋太祖还加强对珍禽奇兽的保护。早在太祖即位的第二年，太祖就颁布禁止采捕诏令，把维护野生动物的生存作为一项制度确定下

黄河渡河沿岸栽种榆、柳树

来。太祖还对岭南的象给予特别保护。开宝六年（973），下令禁止岭南各州人民捕捉大象，没收用于捕象的器械，全部送交官府。这些规定适应野生动物的生育成长规律，有利于维持自然生态平衡。

太祖进入东京汴都不久，"闾巷奸民往往乘便攘夺"地痞无赖公开抢劫，气焰极为嚣张。太祖针锋相对，"索得数辈斩于市，被掠者官偿其赀"。严惩此辈，以两文就尤收到了杀一儆百、稳定民心的作用。宋初，社会上及军队中的无赖流氓或集伙或单独盗窃、抢劫、诈骗，专横一方，为害乡里。宋太祖对这些人的惩处和打击十分严厉，首恶分子一般都处以死刑。为了防止不良之人利用祭神、集会的机会滋事闹事，扰乱社会秩序，宋太祖禁止"军民男女结义社"，禁止敛钱结社，禁止赛神；为祭神而举行的集会和竞渡游戏也在取缔之列。

宋初，有一些不法分子利用经济犯罪来扰乱社会秩序，宋太祖规定私铸钱币处以死刑。开宝四年（971），下令禁止伪造黄白金，告发者，赏钱十万。不久，开封府将王玄义等十二名伪造黄白金者捕拿归案，宋太祖下令决杖流配海岛。为杜绝类似现象，太祖规定今后有敢复伪造黄白金者，弃市。商品交易中的不法行为也在禁止之列。太祖规定百姓鬻卖布帛不得掺假，以劣充优。药品关系人命，更不能造假。发现此类现象，地方官吏要加重捕获，重置其罪。

宋太祖对释道兼容并蓄，但不能容忍一些人打着释道的幌子干一些不法之事，或披着释道的外衣从事有伤风化的活动。宋太祖平定扬州李重进叛乱后回到京城，左右街僧夹道出迎，而皇建院僧辉文等携妇人在传舍酣饮作乐，被人告发，审讯属实。辉文在大庭广众之下被杖杀，僧录琼隐等十七人被决杖流配。

社会风气的改善虽是一个循序渐进的过程，但只要统治者重视，仍然能在较短时期内取得一定成就。宋太祖力图从各个层面采取措施，禁止不良社会风气的产生，取得了较好的社会效果，直接促成了宋初政通人和励精图治的局面。

## 第七章　帝王风范

### 孝子仁兄

宋太祖是将门之后，他的祖上曾任藩镇从事、御史中丞、刺史等职。父亲赵弘殷（宣祖），年轻时骁勇无比，善长骑射。由于战功卓著颇受后唐庄宗的青睐。唐庄宗对其信任有加，留典禁军。后晋、后汉、后周率兵东征西讨，多立有战功。赵弘殷后唐时娶了定州安喜杜氏为妻，即后来的杜太后。她生有邕王赵光济、宋太祖、宋太宗、秦王赵廷美、夔王赵赞、燕国长公主、陈国长公主五个儿子，两个女儿。太祖从小受到家庭的熏陶，喜欢骑射，所以浪游一段时间后，开始了他的戎马生涯。

宋太祖一生深受其母亲的影响和教诲。后周显德年间，宋太祖为定国军节度使，母亲被封为南阳郡太夫人。陈桥兵变宋太祖回到京城后，人们奔走相告："点检已做天子。"其母喜不自禁，回答说："我儿一向有大志，今天终于如愿以偿了。"宋太祖即位后，母亲被尊为皇太后。按照惯例，宋太祖即位之后在朝堂上叩拜老母，宫廷大臣纷纷祝贺。其母却闷闷不乐。左右大臣不解其意，人们常说"母以子贵"，而今儿子做了天子，做母亲的为何不愉快呢？大臣们哪里知道，原来杜太后正在为儿子的政治前途和命运担忧。她说："我听说当皇帝很不容易，天子位于亿万庶民之上，如果治理有道，受到百姓拥护，那么皇位就被人尊崇；如果治理无道，不能有效地统治天下，那么要想做一个普通百姓也是不可能的。这就是我的忧虑之所在。"宋太祖听了这番话很受震撼，表示要按母亲的教诲去做。其母所说的"治得其道"，一是希望太祖当了皇帝后不要贪图安逸和享乐；二是要做到居安思危，善始善终。号称"母范之正"的杜太后确具远见卓识，训诫宋太祖要以《无逸》的思想精神治理天下。《无逸》记载了周公告诫成王不要耽于享乐的言辞。杜太后用心良苦。开国之君若很快走上享乐之道，那么这个国家的消亡也就指日可待了。这是杜太后、宋太祖母子都不愿看到的。

赵光义

宋太祖在兄弟五人中排行老二，长兄和幼弟过早地去世了，宋太祖实际上成了老大哥。宋太祖对其母杜太后十分孝顺，对自己的两个弟弟也呵护备至，曲尽友悌之情，甚至称得上恩宠有加。赵匡义（赵光义，宋太宗）生于

天福四年（939），比宋太祖小十二岁，参与了拥立宋太祖的陈桥兵变。有一次，赵光义忽然生了病，病情很重，昏迷不醒。宋太祖知道后心急如焚，急忙前往探视，并亲手点燃艾草，热灸赵光义的患处。赵光义觉得疼痛，宋太祖就用烧热的艾草在自己身上试验，以便找到灸得不痛的办法，直到赵光义出透了汗，苏醒过来，病情好转，宋太祖才离开回宫。赵光义病情稍愈，宋太祖又去探视问候，赐予他龙凤毡褥。赵光义府第地势较高，宋太祖考虑到用水不方便，曾步行到府第仔细察看，派人想办法做了一个大机轮，把金水河的水抽上来，注入赵光义府第的水池中。工程进行期间，宋太祖多次亲临督察。又有一次，宫中举行宴会，赵光义前往赴宴，一时贪杯喝多了酒，醉得不能行走，更不能骑马。宋太祖亲自搀扶弟弟出宫，一直送到宫外的石阶。宋太祖所做的这一切，在普通人看来也许很平常，可对一国之主来说，确实反映了宋太祖对弟弟的关怀和爱护。在即位后的相当长的一个时期，宋太祖对弟弟赵光义不仅生活上关心，政治上也予以重视，不断地加官晋爵，每次出征，都让赵光义留守京城。宋太祖曾对左右大臣说："光义龙行虎步，生日有瑞兆，他日必为天平天子，福德是我所赶不上的。"如果不考虑后来争夺皇位的政治因素的话，那么，宋太祖赵光义兄弟之间可谓兄友弟恭，正如历史记载所称颂的"王（晋王赵光义）性仁孝，上（太祖）雅钟爱，尹京十五年，庶务修举，上数幸其府，恩礼甚厚"。

宋太祖在世的兄弟三人中，有两人当了皇帝，独有廷美的境遇悲惨。廷美生于开运四年（947），在太祖朝，宋太祖先后授其为嘉州防御使、兴元尹、山南西道节度使、同中书门下平章事，等等。宋太祖对廷美也十分关心和爱护，廷美患病，太祖也是多次亲临探问。廷美的悲惨结局完全是他的二哥宋太宗造成的。赵光义即皇帝位后，对可能威胁他的皇位的人毫不留情地大开"杀戒"，造成"德昭既不得其死，德芳相继夭绝，廷美始不自安"的紧张气氛，兄弟之谊、叔侄之情全部被抛到九霄云外。一些别有用心的人乘机诬告廷美阴谋造反，太宗于是接连贬谪廷美。每贬一地，都派心腹对廷美严密监视。雍熙元年（984）年初，被降为涪陵县公、房州安置的廷美到达房州，在亲兄的屠刀的威逼下，忧郁而死，年仅三十八岁。廷美死后，宋太宗假惺惺地装出一副悲哀的模样，说廷美"自少刚愎，长益凶恶"，贬谪他，是希望他有所悔悟，改进自新。然后又别有用心说廷美的母亲不是杜太后，而是自己的乳母耿氏。这些言辞，无非是为了掩人耳目。实际上，廷美是宋太宗和赵普联手罗织罪名，诬陷致死的。同为杜太后之子，在对待兄弟亲人的情分上，宋太祖、宋太宗的表现却有天壤之别。宋太祖是关心体贴，宋太宗则是猜忌残杀。

太祖有两个妹妹，即燕国长公主、陈国长公主。其中，陈国长公主尚未成年就夭亡了。太祖对妹妹也是友爱至厚。燕国大长公主成年后嫁给米福德，米氏去世后，公主寡居在家。后来，太祖亲自牵线搭桥再嫁给高怀德。燕国大长公主于开宝六年（973）十月去世，太祖悲痛万分。次年年初，他对左右大臣说"明年生日，应当罢废宴会，禁止奏乐"，作为对妹妹的悼念。不久，中书门下省提出："陛下虽然对妹妹友爱至厚，但届时大臣祝寿无以为礼也不合适，希望陛下允许教坊（大常寺所属机构，掌教习音乐，备大宴之用）奏乐。"太祖不得已，听从了中书门下省的意见。

宋太祖先后有三个妻子，贺皇后是太祖的原配夫人，娶于后晋开运初年。贺氏是右千牛卫率府率贺景思的长女。景思为军校时，与太祖的父亲赵弘殷同居护圣营，两家又同为军人家庭，故有袍泽之谊。太祖娶贺氏可谓门当户对。贺氏性温恭顺，动以礼法，可谓是贤妻良母。显德三年（956），太祖为定国军节度使，贺氏封为会稽郡夫人。生有泰国公主、晋国公主二女和魏王德昭一子。贺氏因病于显德五年（958）去世，年仅三十岁太祖对贺氏病故甚是悲痛。建隆三年（962），追册为皇后。谥号为孝惠。太祖的第二位妻子王皇后是贺皇后去世之后太祖聘娶的继室。据记载，太祖当时为殿前都点检，颇有人望。聘娶王皇后，张永德关怀备至，仅出缗钱金帛就有数千，以助纳采，所以太祖一直待张永德甚厚，经常召见张永德畅叙旧故，以为乐事。周世宗对爱将的婚姻也很重

宋代蹴鞠

视，赐予王氏帽子和披肩，封为琅邪郡夫人。太祖即皇帝位的那年八月，册立王氏为皇后。王皇后恭勤不懈，仁慈御下。常服宽衣，佐御膳，善长弹筝鼓琴。早晨起来，喜诵佛书。这一点应该算是太祖与王皇后的志同道合之处。太祖喜欢佛教，教育公主也是佛门口吻，或许曾受到王皇后的影响。王皇后孝敬、聪明，深得杜太后的欢心。婆媳关系很融洽，生子女三人，不幸都夭折。王皇后于乾德元年（963）去世，年方二十二岁。五年之后，宋太祖纳宋氏入宫为皇后。宋皇后是左卫上将军宋偓的长女，母亲乃后汉永宁公主。宋皇后小的时候随母亲入宫朝见皇帝，宋太祖曾赐予帽子和披肩。乾德五年（967），宋偓任华州节度使，宋皇后随母归镇。归镇前，太祖予以召见，又赐予宋皇后帽子和披肩。王皇后去世后，宋氏随母亲一起来祝贺长春节，太祖遂正式纳为皇后，宋氏时年十七岁。宋皇后柔顺好礼，每次太祖处理完政事回宫，都要穿戴整齐，迎接太祖，并帮忙调制饮食。太祖去世后，号称开宝皇后。由于遭到宋太宗的嫉恨，至道元年（995）病故。

## 严父慈祖

宋太祖有四个儿子，长子德秀，其次顺序为德昭、德林、德芳。德秀、德林过早地夭折了，因而德昭、德芳被太祖视为掌上明珠。但太祖并不溺爱子女，相反，他对子女的要求相当严格。当他看到女儿穿着用翡翠羽毛装饰的华丽衣服时，要求女儿把它脱下去，以后再也不要穿这样的衣服，并严肃地告诫女儿要朴素一些，不能带头讲究排

场。其子德昭于乾德二年（964）出阁（出就藩封），按照惯例，皇子出阁就应封王。太祖认为德昭年纪尚小想让他得到历练，不让他一步登天，就先授予贵州防御史。后来又授为兴元尹、山南西道节度使、检校太傅、同中书门下平章事。但是，直到太祖去世，德昭竟没能被加封王爵。直到宋太宗即位后才被封为武功郡王。幼子德芳出阁时也没有封王。这在宋代帝王之子中是不多见的。德昭、德芳在太宗即位后，尽管封了很高的爵位，但宋太宗认为只要德昭等人存在，便会对他的皇位构成威胁，于是视其为眼中钉。太平兴国四年（979），宋太宗率军亲征，灭亡了北汉，于是乘胜进攻契丹，意欲收回被后晋石敬瑭出卖的幽云十六州。行军途中的一天夜晚，军中忽然惊乱，将士们无法找到太宗。于是有人谋立德昭为帝，以安定军心。太宗事后知道这件事后，心中郁郁不乐。回京师之后，因这次北伐契丹先胜后败的缘故，对灭亡北汉战役中的有功将士久不行赏。德昭对此发表意见，以为不妥，该赏的要赏，该罚的要罚。不料宋太宗大发雷霆，竟然训斥德昭说："等你做了皇帝之后，再行赏也不算晚！"宋太宗的疑心太重，德昭有口难辩，被逼自杀。太祖的小儿子德芳无法承受接踵而至的巨大打击不久病亡，年仅二十三岁。至此，宋太祖一系的后代还有德昭的五个儿子及德芳的三个儿子在世。

宋太祖母子、夫妇都对子女儿孙相当喜爱，不像宋太宗一样连自己的亲生骨肉也加以残杀。杜太后对儿子、宋太祖对兄弟姐妹乃至儿孙都充满了慈爱，从而使帝王家庭在残酷的政治斗争中平添了一份天伦之乐。据记载，德昭的次子惟吉刚刚满月，太祖就让人用车子推到内廷，特地精选了两位有经验的妇女照看抚养。惟吉有时半夜啼哭，太祖一定亲自起来抚抱，逗着他玩。三岁的时候，太祖为他做弱弓轻矢，以金钱作为靶子，让惟吉游戏射箭，结果十发八中，太祖显得十分高兴，十分惊奇。五岁开始，每天读书诵诗。太祖曾射飞鹰，一发而中，站

汝窑豆青釉飞凤纹执壶

在旁边观看的惟吉高兴得跳了起来。太祖见状，也情不自禁地笑了起来。回家后，用黄金铸造了一些小奇兽、瑞禽赐予惟吉。惟吉经常乘坐小乘舆和小鞍鞍马，由内侍拥抱，跟随太祖出入。太祖去世后，惟吉才六岁，昼夜哀哭，饮食俱废。经孝章宋皇后再三劝说，小惟吉才肯进食。宋皇后对小惟吉也是抚养备至，亲自为他洗澡。这一切小惟吉铭记在心中，后来真宗把太祖、宋皇后的画像、服玩、器用赐予惟吉，惟吉岁时奠享，哀慕甚至。

太祖还有六个女儿，申国、成国、永国三公主，都早亡。魏国大长公主（昭庆公主）嫁给了王审琦之子王承衍。鲁国大长公主（延庆公主）嫁给了石守信之子石保吉。陈国大长公主（永庆公主），嫁给了魏咸信。

## 宽厚豁达

宋太祖宽厚仁恕，豁达大度，在许多事情上，都表现出一代帝王宽阔的胸襟。据记载，太祖即位进宫之初，看见宫嫔抱着一个小儿，太祖问这是谁的孩子，宫嫔回答说是周世宗的儿子。当时，范质、赵普、潘美等人站在旁边，太祖回头询问赵普等人怎么处理，赵普等人说："干掉他。"潘美与另一个将帅靠后站着，没有作声。太祖问为什么不作声，潘美不敢回答。太祖可能觉察到潘美等人心怀顾虑，于是明确表明自己的态度，太祖说："即人之位。杀人之子，我不忍做这样的事。"潘美这才说出自己的想法："臣与陛下北面侍奉周世宗，劝陛下杀了这小孩，即负周世宗；劝陛下不杀，那么陛下必定会怀疑我。"太祖说："周世宗的儿子在名分不宜为你的儿子，就给你为侄子吧。"潘美于是抱养了这个小孩。太祖后来再没有过问这个孩子的事情。宋军平定西蜀后，太祖下诏后蜀统治者孟昶进京。当时有人秘密上奏说："孟昶统治西蜀三十年，西蜀距京城数千里，请求擒捕孟氏，并且杀掉他的臣僚，以防途中发生意外的变乱。"太祖看到奏言，在其后批示说："汝好雀儿肠肚。"太祖不仅没有捕杀孟昶及其臣僚，而且派人准备御府供帐、鞍马车乘到江陵迎接孟昶及其臣僚。孟昶的母亲李氏也随孟昶到了京城，太祖命令左右把李氏用轿子抬到宫中，对李氏说："国母，您千万自好自爱，不要有任何担心，也不必思念故乡，过一段时间，我当送您回家。"李氏说："送我回哪里？"太祖说："当然是西蜀。"李氏说："我家原本为太原，倘若我能够归老太原，那将是我最大的心愿。"当时，太祖已经有北伐北汉的打算，听李氏这么一说非常高兴，并表示等到平定了北汉，一定送李氏回太原。

宋太祖仁恕大度不仅体现在怎样对待后周及其他被平定的割据政权的人和事上，在其他许多事情上都体现了这一点。有一次，太祖吃饭的时候，有一条小虫子在食器边缘爬行，他连忙对左右侍者说："不要让掌膳者知道。"这样的事情要是发生在其他封建君王的身上，掌膳者恐怕是难逃一死的，太祖却轻而易举地把事情掩盖过去了。太祖曾经阅读《尧典》，感触颇多，他说："尧舜之世，四凶之罪，只从投窜，为什么后来法网变得越来越紧密了呢？"基于这样的认识，太祖十分留意刑政，在位的后半期，犯大辟罪者只要不是情节特别恶劣的，大多都能得到宽免，没有处以死刑。据当时有关部门统计，从开宝二年（969）至开宝八年（975）的六年间，太祖下令宽恕死刑罪犯多达四千八百人。

宋太祖当了皇帝后，赵普多次劝他打击报复那些过去对他不友好及讲过他的坏话的人，宋太祖却没有这样做。太祖说；"若尘埃中可识天子、宰相，则人皆物色之矣。"宋太祖在后汉时曾跟随过董宗本，董宗本的儿子董遵诲依仗父亲的权势，经常欺侮赵匡胤。他曾对赵匡胤说；"我多次梦见城上有紫云如盖，又梦登高台，遇到百余丈长的黑蛇，须臾之间化为龙，向东北方向飞腾而去，雷电雷电紧随其后。这是什么征兆呢？"显然，他想让赵匡胤夸赞他，以后能做高官。每当此时，赵匡胤只好认输，默不作声。又有一次，两人一起谈

论兵战的事情，董遵海因理屈而发怒，拂衣而去。赵匡胤即皇帝位后，董宗海为骁武指挥使。董宗海心知不妙伏地请死。太祖命令左右将他扶起，对他说："你还记得往日紫云如盖及黑蛇变龙的梦吗？"就在这个节骨眼上，董遵海的部下得知董氏与太祖之间的嫌隙，乘机上诉其不法之事十多余。董遵海诚惶诚恐，等待处置。出人意料，太祖却没有追究，并且告诉他说；"我刚下令赦过责功，怎么可以纠缠以前的阵年旧事呢？你不要忧虑，我将录用你。"太祖将边镇通远军交给他治理，董遵海果然立功，受到太祖的嘉奖。太祖还将自己穿的珍珠盘龙衣赐予他。有人说董遵海是陛下的臣子，不能享受如此贵重的赐物。太祖说；"我将近戎重地委任给他，不以此为嫌。"宋太祖又了解到董遵海的母亲在幽州，患难如何，杳无音信。于是，太祖重赂边民，偷偷迎接回他的母亲，送到董遵海那里。这段君臣情谊生动

永安陵前的石雕

地体现了宋太祖为人豁达的一面。

但是，宋太祖不是丝毫没有打击报复心理，他也有心胸狭窄、公报私怨的时候。右拾遗杨徽之当年曾对周世宗说过，赵匡胤有人望，不宜典掌禁兵。赵匡胤即位后，准备寻找借口诛杀杨徽之。太祖之弟赵光义劝阻说："杨徽之，乃后周忠臣，不应当重罪。"于是，调杨徽之为天兴县令。郑起，后周显德末年为殿中侍御史，看到赵匡胤手握禁兵大权，又在禁兵中很有威望，于是写信给范质，说这件事非同小可，绝不能掉以轻心。范质没有采纳郑起的意见。有一次，郑起在路上遇到太祖，郑起故意不让道，而且横绝而过。对这些事，太祖起初不动声色地让他出掌淇州市征。后来因别人密奏他嗜酒失职，太祖乘机贬他为西河县令。

李崇矩曾与宋太祖同府共事，相与厚善，每年太祖过生日，李崇矩都要派儿子李继昌携带礼物祝寿。太祖对李崇矩一家印象很好，想选择李继昌为女婿，李崇矩谦让，不敢高攀，没有同意。李继昌自己也说不愿意。李崇矩只得另外为儿子聘妇。太祖知道后非常生气，总想找机会打击李崇矩的锐气。后来，李崇矩将自己的女儿许嫁给宰相赵普之子，太祖知道后更不高兴。这时，跟随李崇矩几十年的门客郑伸帮了太祖的忙，让太祖找到了借口。郑伸品行不端，渐渐地得不到李崇矩的信任和优待。郑伸怀恨在心，于是击登闻鼓，状告李崇矩接受太原人席羲叟贿赂的黄金，私托翰林学士扈蒙授予席氏甲科，并举军器库使刘审琼为证。太祖相当愤怒，召刘审琼诘问。结果，刘审琼知否认完全是郑伸胡编乱造。太祖没有抓到确实的把柄，也无法将小崇矩定罪。但将李崇矩罢为镇国节度使，而赐予郑伸同进士出身，任

为酸枣县主簿。这一打一拉中，公报私怨的痕迹相当明显。

总的来说，太祖的胸怀、心态在大多数时候是健康的，基本上能做到关心臣僚，体贴臣僚。凡文武大臣患病，太祖都要亲临探视，并派御医前往治疗。开宝二年（969），客省使卢怀忠出使江南回朝，中途生病，被抬回京师。太祖闻讯后，派太医诊视，亲手和药赐予卢怀忠，并对他说："我曾用过这药，很有效，你尽管放心使用。"乾德二年（964）年底，宋朝兵分两路进攻后蜀，战事进展顺利。有一天，京城开封下起了鹅毛大雪，宋太祖在讲武殿处理政事。由于天气寒冷，殿中置设毡帷，太祖戴着紫貂裘帽。宋太祖即景生情，对左右侍者说："我穿戴得这样厚实，还觉得寒冷，那么西征将帅士卒冲犯霜霰，处境必定相当艰难。"说完，即解一裘帽，派人送到战争前线赐予陆路统帅王全斌。这两件事说明太祖对臣僚部将有一定的人情味和同情心。开宝元年（968）正月，皇宫修缮完毕，太祖给每个门赐了名，然后端坐寝殿，命令洞开诸门，只见诸门端直轩豁，没有拥蔽，于是对左右大臣说："此如我心，少有邪曲，人皆见之矣。"这句话在一定程度上是太祖豁达性格的表白。

## 兼听则明

宋太祖深信"兼听则明，偏听则暗"的道理。因此，自他即位后，就非常重视从不同渠道多方了解社会的真实情况，为决策提供可靠依靠。宋太祖即位后，为了了解到社会的真实情况，特别是人心的向背，多次独自一人便装出访。说不准，哪天就会从某一功臣家门路过。宰相赵普每天处理完政事，退朝回家不敢脱衣冠，因为太祖时常来家里商量国家大事。有时尽管天下大雪，太祖也会不期而至。有人劝谏太祖不要轻易出宫，因为赵宋政权刚刚建立，人心还没有完全安定，频繁微服出访，如果遇到意外后悔莫及。太祖坦然地回答说："帝王的兴起，自有天命神助。执意地向往，不一定可以得到，而有意拒绝也不一定拒绝得了。想当初，周世宗见到将领中的方面大耳者都格杀勿论，而我终日侍候在他的身边，却没有遭到不幸。如果命中注定应该当天子，别人怎么夺也夺不去。天生不应为天子，就是闭户深宫也是徒劳无益的。"从此，太祖微服出行的次数更加频繁了。遇到劝谏者，他就对劝谏者说："有天命的人，可以代替我做天子，我不禁止你。"言辞之中流露出得意和自信之情。

后来，宋太祖感觉到他一个人微服出访不可能了解到更多的情况，所以他又派遣耳目寻访京城内外的形势。史载，太祖即位之初，想全面了解京城内外之事，命令军校史珪博访广采。哪曾想史珪察访到几件事，报告给太祖。经太祖检验核

定窑提梁壶

实，全部属实，史珪因而得到太祖的信任，迁升为马军都军头，领毅州刺史。史珪利用皇帝的信任，渐渐地开始作威作福。当时，德州刺史郭贵权知邢州，国子监丞梁梦升权知德州。郭贵的族人和亲吏，在德州多为奸恶，梁梦升一一绳之以法。郭贵因而对梁梦升十分仇视。郭贵一向与史珪友善，于是派遣亲信到京城向史珪告密，企图利用史珪的影响罢除梁梦升。史珪将密函内容全部记录在案，打算找机会向太祖报告。有一天，太祖忽然对史珪说："近来中外所任官吏，皆得其人。"史珪连忙接过话茬说："今之文臣，也未必都得其人。"于是，一边拿出揣在怀中的记录进呈给大祖，一边接着说"例如，梁梦升权知德州，欺侮刺史郭贵，几至于死。"太祖说："这一定是刺史所为不法所致，梁梦升是真正的精明强干的官吏。"宋太祖一边拿起史珪记录的文字，下令内侍送付中书，一边说："就以梁梦升为赞善大夫好了。"内侍已经走远了，太祖又将其召回，说："授为左赞善大夫，仍为德州知州。"史珪才不敢再作声。史珪曾听说京师有百姓购买官物不给钱或少给钱，就派遣手下的人秘密侦察，告其诬罔。被告者很多人都被处死，这样一来京师的店铺有的巧夺天工甚至白天都关门闭户。太祖获悉这一情况后，立即下令今后购买官物不得随意增损价钱，欺罔官钱，一经发现以枉法论处。自从这件事之后，史珪的话太祖很少采纳。后来，史珪因泄露宫中秘密，被贬为光州刺史。

兼听则明，偏听则暗。太祖处理问题一般都要依据自己掌握的实情，不听信一面之词。因而他能够深得民心。杨承信曾参加平叛李筠的战斗，随后调任护国军节度使。当杨承信到达治所中时，有人告杨承信蓄意谋反。杨承信本为叛臣之子，其父杨光远在后晋时曾据青州反叛朝廷。杨承信所处境遇极为险恶。宋太祖的态度将直接决定杨承信的前途和命运。所幸的是，太祖没有偏听偏信，而是，先派遣作坊副使魏丕借赐予杨承信生辰礼物之机，顺便察看是否有谋反迹象。结果，魏丕回来报告说，根本没有造反的迹象。杨承信于是化险为夷。

乾德二年（964），吏部尚书张昭与翰林学士承旨陶谷共同掌管官吏铨选，陶谷诬奏左谏议大夫崔颂嘱托给事中李珪将自己的亲信授为东畿县令，引张昭做证。宋太祖听说这件事很生气，为了弄清事情原委，召来张昭当面说清此事。张昭知道其中的隐情，在太祖面前脱下帽子，大声说陶谷欺罔皇上。太祖因而弄清了事实，有关人员受到惩处。平定后蜀之初，禁军军校吕翰聚众叛乱。军中士卒有很多人参与其党，有人请求诛杀他们的妻子和儿女。太祖觉得问题很严重，不可草率行事，于是召来枢密使李崇矩询问有关情况。李崇矩说："叛亡之徒当然应该戮其妻儿，但查看档案，符合诛杀的人尚有万余人。"太祖说："朕恐怕其中有不少是被其强迫参与叛乱的，并非士卒的真实愿望。"于是，下令全部释放。吕翰知道后也渐渐失去了信心，不久败亡。由于太祖善于听取多方面的意见，弄清事实真相，从而避免了一场更大的动乱。

宋初社会脱胎于五代，各种人际关系错综复杂，其间的恩恩怨怨时常演绎新奇的故事。许多投机钻营者纷纷出笼，大显身手，以诬告他人为能事，企图达到进身的目的。严酷的现实要求宋太祖处变不惊，认真对待每一件诬告事件，在掌握事实的前提下妥善处理。这既是加强赵宋中央集权的需要，又是维护清明吏治的需要。为了

做到兼听则明，宋太祖一方面坚持亲自处理国家大事，虽说不上事必躬亲，也算得上事事过问。在位期间，多次亲临教船池，教习水战；亲临教场，督率士卒骑射；亲临造船务，督促造船；亲临国子监，勉学劝学；亲自考查官吏，量才授任；亲录系国，清明刑政……太祖每天的工作日程都排得满满的，甚至晚上还要通宵达旦地处理政务。这些情况反映了宋太祖

宋代自在观音坐像

励精图志的决心和认真细致的工作态度。另一方面坚持随时就有关政事亲自召对文武官吏，努力掌握第一手材料，以佐判断。唐宋以来，文武官员朝见或辞别皇上，一般由御史台通报阁门，由阁门官吏引接到内殿与皇帝见面。有一次，宋太祖召见关南兵马部署张仁谦咨访边事，连值正街前殿无人值班，没有办法进见。太祖很奇怪，责问有关部门。有关部门说惯例向来如此，太祖觉得不妥，影响随时了解情况，于是在程序上做了改革，命令从此以后官吏朝见，先赴内殿接受

召对，然后再赴正衙前殿辞谢，有紧急使命者可免正衙辞谢。

智者千虑，必有一失。宋太祖虽然主观上想做到明察秋毫，但毕竟政务繁重，不可能事事都能弄个水落石出。他自己就曾贪图快捷办错了不少事，也曾受过奸臣蒙蔽，冤枉过正直忠良。张琼曾舍命救过太祖，太祖即位后，擢张琼掌典禁军。后来，殿前都虞候赵光义任开封府尹，太祖说："殿前卫士如虎狼者不下万人，非张琼不能统制。"于是，提拔张琼为殿前都虞候。张琼性格粗暴，当时军校史珪、石汉卿正在受宠，红得发紫。张琼看不起他俩，目之为巫媪。史珪、石汉卿因而恨之入骨。张琼曾擅选官马乘骑，又纳李筠的仆从于麾下。史珪、石汉卿抓住这些"把柄"，馋言张琼豢养部曲百余人，作威作福，禁旅畏惧，还说张琼曾诬毁皇弟赵光义为殿前都虞候时的事。当时，太祖已经颁布郊祀制书，准备郊祀此，正欲肃静京城，加强社会秩序和治安管理。太祖召张琼当面讯问有关他的"不法之事"，张琼自然不会"认罪"。太祖发怒了，命令杖击。石汉卿一看时机到了，举起铁挝奋击张琼的头部，将张琼击昏在地，被人拖出，交给御史府审问。张琼自知在劫难逃，行至明德门，解下所系皮带留给他的母亲，然后自杀。不久，太祖得知他家没有什么资财，只有奴婢三人，非常后悔，便责问石汉卿说："你说张琼养部曲百人，人在哪里？"石汉卿说："张琼所养者一人相当百人。"太祖明知受到蒙蔽，却没有把石汉卿、史珪治罪，只是优恤张琼家属，任命他的哥哥为军官了事。一件并不难弄清的事件，由于太祖的疏忽而成为冤案。

泾州马步军教练使李玉，性情凶狠狡猾，与彰义节度使白重赞有隔阂。一天，李玉与部下阎承想策划谋害白重赞，先派人暗地里购

买了一副马缨，并伪造了一份制书，说白重赞蓄意谋反，命令夷灭其族。李玉自持伪造的制书和马缨，向都校陈延正报告说："派人将这些东西带到朝廷去。"陈延正得到马缨和假命令书后，却把这些东西全部交给了白重赞，白重赞密封其书上报朝廷。宋太祖见状十分惊骇，核查制书，皆为诈谬。于是，命令六宅使陈思诲日夜兼程，前往泾州擒获李玉和阎承恕。结果，李玉、阎成恕服罪弃市。太祖从这件事中受到启发，命令各州今后凡涉及有关机密的制书，都要详细审核检验印文笔迹，谨防上当受骗。总体来看，宋太祖基本上做到了不受或少，受外界影响，或亲自审问，或派人进行周密调查，从而比较稳妥地处理了大量这类的事件，减少了冤假错案的发生。

## 知人善任

宋太祖虚怀纳谏，知人善任，在中国古代帝王君主中是很突出的一个，这也是宋初政治比较清明的根本原因。赵普是赵匡胤的佐命功臣，做了十年的宰相，深沉刚毅，办事果断。赵匡胤对他尤为信赖，经常到赵普家里就国家重大政策、人事安排的有关问题征求意见，像统一战争中的"先南后北"策略、集中行政权财权以及削弱高级禁军将领兵权的"杯酒释兵权"等重大举措，基本上都出于赵普之谋。赵普在宋初的人事安排上费尽心机，经常向赵匡胤荐贤举能。有一次，他推荐一个人可以做某官，宋太祖不同意擢用。第二天，赵普又推荐这个人，宋太祖还是不同意用。第三天，赵普仍然推荐那个人，要求予以任用。宋太祖勃然大怒，抓起赵普的奏折，撕成碎片，摔到地上。赵普不动声色，跪下地把纸屑捡起来，回家贴补好，第四天继续推荐那个人，一直到宋太祖同意任用为止。宋初百废待兴，需要很多有

螭首金杯

作为的治国安邦的人才。当然，推荐上来的人不可能全是皇帝所喜欢的人。不过，在赵普等人的坚持下，宋太祖有时也能改变自己的态度，从而在人事关系上维护封建政权的大局。有一次，一位将军立了战功按规定应当升官，但宋太祖一向讨厌这个人，当然未获批准。赵普反复劝解，请求批准。太祖发怒问道："我就不给他迁升，你能怎么样？"赵普平静而严肃地说："刑以惩恶，赏以酬功，古今历来如此。何况，刑和赏不是陛下您一人专有的，怎么能以个人的喜怒好恶来决定呢？"宋太祖听不进这样正确的建议，拂袖而去。赵普跟在后面。太祖进入宫中，赵普就恭敬地站在宫门外，很长时间不离开。最后，宋太祖终于回心转意，同意那人升官。

前文说到宋太祖心中很清楚什么样的人适合担任什么样的职务，其实，什么地方什么部门需要什么样的人去进行治理，太祖心里也是很清楚的。且不说边境将帅的任命需要合适的人，就拿治理西京洛阳来说，他选用焦继勋代替向拱，使"久不治"的洛阳一举"肃安"。

符颜卿久镇大名府，专恣不法，属邑都无法得到治理，社会秩序混乱不堪。太祖决定特选精明强干的官吏前往主持县政，于是任命大理正奚屿知馆陶县，监察御史王祐知魏县，杨应梦知永济县，屯田员外郎于继徽知临清县。后来，太祖得知周渭颇有才干，又选用周渭知永济县，他为政果断，执法公正，颇受重用。其他如勉令窦仪就职翰林学士、任命李处耘权知战争活动之后的扬州、不用伶人卫德仁为刺史等等都体现了太祖量才授任的用人之道。

太祖用人的重点和难点是用谁率军平定割据诸国以及平定后谁去进行统治。在这方面宋太祖也相当成功地做到了知人善任。曹彬等率领宋军从水路经长江三峡征伐后蜀，官兵一心，战争进展顺利，而且没有杀害无辜。当初，有些将领很想杀人越货，每次都被曹彬及时制止，所以峡路宋军始终秋毫无犯。宋太祖听到这个消息，高兴地说："吾任得其人矣。"据史载，武陵、辰阳、澧阳、清湘、邵阳五州依山阻水，几十万少数民族族众在五代时经常侵袭边境，杀掠民畜，岁岁不得安宁。太祖平定荆湖后，"思得通蛮情、习险扼而勇智可任者，以镇抚之"。辰州瑶人秦再雄，武健多谋，在五代屡立战功，少数民族族众都愿意听他指挥。宋太祖招其进京经过考察，知其可用，于是将一路政事全部委任给他，并任命少数民族首领为刺史，授任其子为殿直，厚加赏赐，让他自辟吏属，拥有一州的全部租赋。秦再雄因而感恩戴德，誓死报效朝廷。到任后，训练士兵，让士兵都能披甲渡水，历山飞堑，捷如猿猴。又选用能言善辩的亲校二十人，出使各部落，宣讲朝廷的安抚政策。各部落纷纷表示归顺朝廷。太祖闻悉，非常高兴，再次召秦再雄到朝廷，再次对他进行嘉奖。后又任命他为辰州团练使，他的门客王允成为辰州推官。由于秦再雄竭力尽心守卫边境，所以终太祖之世，没有出现"蛮陌"之患。五州幅员千里，不增一兵，不费帑庾，而边境安宁，"由神机驾驭一再雄而已"。

"用人不疑，疑人不用"，对选准了的人才大胆使用，毫不怀疑，是宋太祖知人善任的重要特点。如将帅杨信以笃实、田重进以忠朴、刘遇以淳谨、刘廷翰以武勇名闻一时，"故皆终始委遇而不替"。尤其是殿前都虞候杨信（又名杨义）善御士卒，"精白一心"，颇受大祖信任。有一年，散指挥都知杜延进（又作杜廷进）与同伙十九人阴谋作乱，事情败露，太祖夜里打开玄武门，派人召来杨信擒捕，黎明皆获。杨信的廨舍紧挨宫廷的北面，有一次，太祖命令御龙直在后池里教习水战，鼓噪之声不绝于耳。杨信听到噪声不测其故，身着黑色绨袍火速赶到苑门。见到太祖，太祖命令他坐下，然后对他说："我在教习水战，没有其他意外的事情。"太祖一边目送杨信离去，一边对侍臣说；"真忠臣也。"杨信一次暴疾之后丧失了说话的功能，太祖亲临第舍探视，并赐予缗钱。因杨信忠直，太祖命令他掌军如故，而且"委任之不疑"。杨信虽然不能说话，但指顾之间，众皆禀命，申明纪律，肃然有度。杨信有名叫田玉的童奴，天资聪慧，善于揣度杨信的心意。每次向皇帝奏事、指挥军事、戒敕部下、宾客寒暄，杨信都要回头看看田玉。画掌为字，田玉悉知。于是田玉代替杨信陈说，轻重缓急，尽如其意。

与许多封建帝王用人求全责备相比，宋太祖则善于用其所长，甚至用其长护其短。太祖有一次与赵普议事有所不合，太祖说："安得宰相如桑维翰者与之谋乎？"赵普回答说："使维翰在，陛下也不

用，盖维翰爱钱。"太祖说："苟用其长，也当护其短，措大（读书人）眼孔小，赐予十万贯，则塞破屋子矣。"宋初人才一度缺乏，后周的旧僚及各割据国

宋朝官印

的官吏不少有这样或那样的缺点，金无足赤，人无完人，倘若一味地求全责备，那么必然很难找到可用之人。用人所长是宋初所面临的政治形势的需要。

宋太祖能做到知人善任，与他平常重视对臣僚的了解和考察密不可分。他有一个小笔记本，谁具有哪方面的才能都随时记下来，为量才授任做好准备。有时，太祖把自己看重的人才派到某地某部门加以锻炼试用，如果真是个人才，就果断任以大事。平定扬州李重进叛乱后，太祖任命内客省使王赞知扬州军府事。王赞乘舟前往，不幸在闾桥溺死。宋太祖对左右说："是杀吾枢密使也！"宋太祖为何如此伤心呢？原来王赞为河北诸计节度使，五代以来，姑息藩镇，有关部门不敢对藩镇的违法行为依法惩处。王赞以振举朝纲为己任，深得太祖

赏识。太祖知道王赞的才干可任大事，所以派他前往治理兵火之余的扬州，准备进一步大用，王赞却遽然而死，太祖为失去一位有才干的官吏而深感怅惜。沈义伦为平蜀军的随军转运使时，严格遵守太祖的命令，不掠夺人口和财货。进入成都后，特意找到一个寺庙住下，饮食素淡，拒绝后蜀臣僚敬献的珍奇异宝。离蜀东归朝廷，随身携带的箱子中，仅有数卷图书。宋太祖知道沈义伦为政清廉，于是擢用为户部侍郎、枢密副使。宋太祖经常利用各种机会和渠道了解官吏的各种情况，从中获悉官吏的信息，便于从中择优任用。李穆擅长文学，为朝廷起草文书不尚华靡而崇雅正，改变了五代以来的弊病。

宋太祖有一次对与李穆有同学之谊的卢多逊说："李穆性情仁善，文辞方面很突出，其他方面尚没有显露才能。"卢多逊回答说："李穆操行端直，临事不以生死而改变自己的气节，属于仁而有勇一类的人才。"宋太祖从这次平常的谈话中获知李穆所具备的另外才能，他说："果真如此的话，我当擢用他。"当时太祖正准备讨伐南唐，将帅都安排好了，只是没有出师的借口。太祖打算先派人出使江南，召李煜朝见皇帝，正在物色使臣人选。当太祖从卢多逊口中了解了李穆仁而有勇时，于是派遣李穆出使江南。李穆果然不负所望，出色地完成了出使江南的使命。

宋太祖知人善任，产生了深远的影响力，大多数文武臣僚因而愿效死力。有一次，太祖到讲武池，在水边观习水战，言谈之中发出感慨："人皆言志身为国，然死者人所难，言之易耳。"在旁边的步军都虞候、保顺节度使李进卿立即回答说："如臣者，令死即死耳。"一边说，一边跃入池中。太祖急忙命人将李进卿救起。对于后周及平

定的各割据政权的臣僚，只要忠于朝廷，太祖都亲自嘉奖，甚至弃瑕录用，如徐铉等人"皆承眷礼"。另外，如卫融、张洎虽然"应答不逊，犹优假之"，所以即使是"疏远寇仇，无不尽其忠力"。

宋太祖在位十几年中，只要对政治稳定、经济发展有利的意见，大多能虚心接受，并付诸实践。为了更广泛地了解下情，听取更多的意见，宋太祖特设置登闻鼓，每次听到鼓声，多亲自接待来访者，有的意见与事实有出入，他也不责罚。有些意见，则交给臣僚商讨，作出处理决定。乾德二年（964），前开封户曹参军桑埙击登闻鼓，诉吏部执行官吏考核标准前后矛盾，"已当为望县令，乃注中县"。宋太祖决定在尚书省召集有关官员商议讨论，大家都认为桑埙所诉情况属实，意见正确，满足了桑埙的要求，并提升桑埙为殿中丞。为了保证言路畅通，保护上书言事人的生命安全，宋太祖特制作了一块神秘的誓碑，告诫赵宋统治者永远不得杀士大夫及上书言事之人。从不杀上书言事之人这一点来说，既保证了言论的相对自由，又为皇帝了解民情提供了较为畅通的渠道。

# 第八章　为政之道

## 虚心纳谏

宋太祖善于纳谏善于虚心听取臣下意见，从善如流，从不刚愎自用，独断专行，这是太祖很重要的一个优点。太祖在位期间，曾经发生这样一件事。翰林学士欧阳炯性情坦率，不拘小节。太祖知道他有雅喜长笛的特长，于是召他到便殿演奏乐曲。御史中丞刘温叟知道这件事后叩开殿门，请求见太祖。他劝谏太祖说："禁署之职，典司法命，不可做伶人事。"太祖解释说："朕近来听说孟昶君臣溺于声乐，欧阳炯官至宰相，尚习此拔，因而被我擒获。所以召欧阳炯演奏，是想验证一下此语是否虚妄。"刘温叟谦虚地辞谢说："臣愚不识陛下鉴戒之微旨。"从此以后，太祖再也没有召欧阳炯奏曲。又有一次，刘温叟晚上回家，途中要路过宫门。宋太祖正与几个内侍在明德门登楼。在前边引路的侍役将这一情况报告给刘温叟。刘温叟下令引路侍役继续前行如同往常一样从宫门经过。第二天，刘温叟请求召对，对太祖说道："人主非时登，那么近侍都希望得到恩惠，京城诸军也希望得到赏赐。臣所以在宫门前用仪仗队呼喝开路而过，是想让大家明白陛下非时不登楼。"实际上，刘温叟的意思是提醒太祖今后不要随便登楼，太祖虚心接受了刘温叟的建议。

宋太祖虚心纳谏，其中赵普和赵光义的建议和意见被采纳得最多。赵普经常纠正宋太祖错误或有失身份的言行。开宝二年（969），宋太祖亲征北汉，驻跸潞州。当时各地转运的军需物资全部在那里集中，城中车乘大增，造成道路堵塞。宋太祖听说后，以为是故意稽留，准备治转运使的罪。赵普急忙劝谏太祖说："军队刚到，而转运使获罪，敌人知道后，一定以为我军储备不足，无法威慑敌人，应当选择善于处理繁重难办事务的官吏治理此州。"宋太祖接受赵普的劝谏，没有治转运使的罪，任命王祜管理潞州。王祜很快到任，发遣车乘，行路畅通无阻。

地方文武官吏的意见和建议，宋太祖也予以广泛采纳。李谦溥为隰州刺史十年，敌人不敢侵犯边境。他招收的将领刘进，勇力绝人。由于李谦溥待之甚厚，故得其死力，经常往来巡边，以少胜多。北汉统治者视刘进为心腹之患，遂打算实施反间计除掉刘进。晋州节度使

宋代定窑温酒壶

赵赞得到了北汉的反间蜡书，上报朝廷。太祖命令将刘进押送朝廷。李谦溥先把刘进找来盘问事情缘由，刘进请求一死。李谦溥表示要以宗族四十口人命保全刘进，于是上书太祖说："刘进为北汉人所恶，此乃反间计。"奏书送到朝廷，宋太祖恍然大悟，急忙命令释放刘进，并对他进行赏赐。

为了便于听取意见，了解民情，宋太祖经常鼓励大臣或平民百姓上书言事，并形成制度，"每五日内殿起居，百官以次转对，并必须指陈时政得失，朝廷急务，或刑狱冤滥，百姓疾苦，咸采访以闻，仍须直书其事，不在广有牵引。事关急切者，许非时诣阁上章，不得候次对。"转对制度无疑有利于广开言路，下情上达。

宋太祖经常就治国安邦的有关事宜召来相关的人员来讨论、咨询，从中寻找解决的办法。黄河历来肆虐为患，治理黄河成为国家当务之急。宋太祖曾专门发布诏书："凡搢绅多士，草泽之伦，有素习河渠之书，深知疏导之策，若为经久，可免重劳，并许诣阙上书，附驿条奏。"并表示一定亲自阅览有关建议，用其所优，予以嘉奖。当时东鲁逸人回合著有《禹元经》十二篇，宋太祖闻悉召见田告，向他询问治水之道，田告的回答令宋太祖十分满意。宋太祖准备授予官职，因田告本人要求回家奉养老父而罢官。

治国之策也是宋太祖经常求访的内容。真定隆兴观善于养生的道士苏澄，后唐、后晋数次被召见，都没有应召。契丹国主也曾对他加以笼络，苏澄也对其置之不理。宋太祖即位后，召见苏澄，对他说："朕作建隆观，思得有道之士居之，师岂有意乎？"苏澄回答说京师人多喧闹，不适宜居住。太祖并没有勉强他。开宝二年（969），宋太

祖亲征太原未果，在返回途中到真定隆兴观向苏澄探访养生之术，苏澄回答说："臣养生，不过精思炼气耳。帝王养生，则异于是。老子曰：'我无为而民自化，我无欲而民自正。'无为无欲，凝神太和。昔黄帝、唐尧享国永年，用此道也。"宋太祖听了苏澄"无为无欲"的阐述耳目为之一新，非常高兴。处士王昭素对《易经》颇有研究，著《易论》三十三篇，学者多从之游学。宋太祖闻其声名，决定召见他。王昭素当时已年届古稀，太祖问他："为什么不做官？以致相见

北宋定窑白釉孩儿枕

恨晚。"要求王昭素讲解《乾卦》。当讲到"九五飞龙在天"句时，王昭素严肃地说："此爻正当陛下今日之事。"并援引证据，议论朝政。太祖非常高兴，乘势以民事民生求访。王照素诚实无隐，一一道来。太祖更加赞赏。又问治世养身之术，王昭素说："治世莫若爱民，养身莫若寡欲。"太祖十分欣赏这两句话，将其书写在屏风上，时刻警醒自己。无为无欲、爱民寡欲在一定程度上成为宋太祖制定政策、治理国家的指导思想。"刑乱世用重法"，加强中央集权，扭转

唐末五代以来的混乱局面，当然离不开严刑峻法，但涉及民生问题时，宋太祖基本上做到了轻徭薄赋，给人们生活出路。这既是安定人心的需要，又是巩固政权、长治久安的出发点。

## 恩威并用

　　宋太祖处理国家大事、驾驭文武臣僚的重要手段，就是信赏必罚，恩威并用。宋太祖命令王全斌、曹彬等人率军进攻后蜀，临行前，太祖对各位统帅说："凡攻克城寨，只需把兵器、粮草封存起来，钱帛全部分给将士，我想得到的，只不过是百姓和土地罢了。"并再三告诫军队所到之处，不得殴掠吏民，焚荡庐舍，剪伐桑柘，开挖丘坟，违反者以军法处置。然而除了曹彬等率领的水路军队外，王全斌等人率领的陆军各部，并没有按太祖的规定去做，他们日夜狂欢唱饮，不理军务，纵情声色，让部下掠夺女子和财货，蜀人苦不堪言。曹彬多次要求班师归京，王全斌等人持不同意见。宋太祖从各种渠道了解了王全斌等人

曹彬

的恶劣行迹，乾德五年（967）正月，同时召回统军将领。王仁赡在接受太祖责问时，历数请将过失，但他承认："清廉畏谨，不负陛下任使者，惟曹彬一人耳。"曹彬一向忠于职守，这次又独自保持清洁廉政的本色，于是宋太祖决定对曹彬优加奖赏，封曹彬为宣徽南院使、义成节度使。曹彬到朝廷辞谢说："征讨后蜀的将领都获罪，唯独我受奖赏，我怎么能心安呢？我不敢接受陛下的奖赏。"宋太祖回答说："你有功无过，又不骄傲自大。如果你真犯有一点过失，王仁赡难道会替你隐瞒吗？惩恶劝善，赏功罚罪，是国家必须执行的法典，你就不用推辞了。"太祖在奖赏曹彬的同时，命令中书调查王全斌等人杀戮降兵、掠夺人口财货激起变乱的罪状。王全斌等人对自己所犯下的罪过供认不讳，经过京城文武百官裁决，王全斌等人罪当大辟。太祖考虑到他们曾经为平蜀立有战功，特地从轻处罚，王全斌贬为崇义军节度观察留后，王仁赡贬为右卫大将军，崔彦进贬为昭化军节度观察留后。宋人吕中评论说："我太祖之兴，其用兵行师、伐叛吊民，尤切留意于赏罚之际。王全斌、曹彬，平蜀将帅也，曹彬有功无过，则擢用而不疑；王全斌贪恣致乱，则贬降而不恤。"

宋太祖是和平代周的，他对新旧文武臣僚大多百般优待，恩惠有加。但是他不是无限度地骄纵，而是有一定尺度的。他曾表示他不会像后唐庄宗那样对部属对臣僚有求必应，若不尊从命令违法乱纪，将以法定罪，绝不徇私情，严重者当以剑谋之。曹彬率军征讨江南，潘美为副将。出发之前，太祖一边授予曹彬宝剑，一边严肃地说："副将以下，凡不听从指挥的，斩之。"站在一旁的潘美等将领面容失色，不敢仰视。由于太祖善于恩威两用，有赏有罚，所以朝廷内外上下、文武百官无不敬佩，信服。

统治者要做到"信赏必罚"就必然实现自己许下的诺言，否则就会伤及臣民的情绪，使他们工作的积极性有所下降。曹彬率军平定南唐，出师前，太祖许愿说："等活捉了李煜，平定了江南，我将委任你为使相。"宋代亲王、枢密使、留守、中书令、节度使兼侍中、同平章事等宰相官衔的称做使相。南唐战获胜后潘美就祝贺曹彬高升。曹彬平静地又说："不要这样。我们这次出兵江南，仰仗大宋天威，遵循皇上授予的战略，因此才取得胜利，我个人有什么功劳呀！况且，使相不是极高的官职吗？"潘美不解地问："你这话是什么意思？"曹彬回答说："北汉尚没有平定。"言外之意，平定了北汉，将授予有功将领什么官职呢？回师京城后，宋太祖对曹彬说："本来应当授你为使相的，然而刘继元割据的北汉尚未平定，望你暂且等一等，再为我率军攻取太原。"太祖赐予曹彬数十万缗钱，作为奖赏。曹彬回到家以后，见布钱满室，长叹道："好官也不

王全斌

过多得钱罢了，何必要当使相呢！"李焘说宋太祖"爱惜爵位，不妄与人"。其实，太祖原有自己的思想，他希望将士齐心协力，平定北汉。没想到反而打击了将帅的积极性。另外，太祖运用赏罚手段时，掺进了个人好恶、恩怨的色彩，对一些人和事的处罚带有打击报复之嫌。

## 擅用诡计

多年的政治实践和政治斗争赋予作为皇帝的赵匡胤，为政处事，工于心计，惯用阴谋手段的特性。义武节度使孙行友控制定州藩镇多年，宋太祖即位后，孙行友内心极其不安，多次上表请求解官归山，都未被驳回。孙行友更加恐惧，于是缮治兵甲，准备割据山寨叛乱。孙行友的行迹被太祖知道后，宋太祖派人会同地方武力，"伪称巡边"出示诏书，命令孙行友举族归朝，孙行友毫无觉察之际，便仓皇听命。到达朝廷后，即对他进行审讯。事情查实后，下令削夺其官爵，禁锢私第。没用一兵一卒，即从容地实现了自己的意志。到了开宝五年（972），荆南、后蜀、南汉相继平定，宋太祖把精力渐渐转到平定南唐上来。这时南唐虽外示畏服，修藩臣之礼，而内缮甲募兵，阴为战守之计。林仁肇为南唐名将，勇猛善战，镇守长江，宋太祖视之为心腹大患。成为平定南唐的阻力，宋太祖为了铲除林仁肇。宋太祖用重金贿赂南唐的侍者，窃取林仁肇的画像，将画像挂在一个专门的屋子里，然后引来江南使者来此屋，并故意询问是何人，使者回答说是林仁肇。于是又乘机离间，说："林仁肇即将来投降宋朝，先持此为信。"又指空着馆舍告诉使者："这将赐予林仁肇。"使者回国后便将这一切禀告南唐国主。南唐国主信以为真，竟将林仁肇毒死。宋太祖假他人之手，不费吹灰之力便除掉了一个强有力的对手。

宋代瓷器

宋朝以前，宰相面见皇上，皇上必赐坐，还常常赐予茶喝，君臣议事非常从容，故有"坐而论道"之说。宋太祖即位后，任用周旧臣范质、王溥为宰相。二人因自己是前朝旧臣，没有参与拥立太祖，加之太祖本人英武，两人心存畏疑，所以每有政事就先写好札子进呈，太祖审阅后作出批示，然后执行。有一次，宰臣范质等人上殿奏事，依然列坐两侧。太祖说："我两眼昏花，看不清楚，可把奏折送将过来。"当宰臣离开座位走到皇上面前时，太祖暗中使个眼色，让内侍把宰臣的座位给撤走了。从此，宰臣在皇帝面前，站着奏事，成为固定的制度。其实，太祖此时正是年富力强的时候，"眼花"这回事，只是他为了显示皇帝的威严而耍的一个小小的阴谋诡计而已。太祖所施的最大的阴谋当是陈桥兵变。有的阴谋实际上是阳谋，如"杯酒释兵权"。这些前文已叙述过了，在此不加多说。

宋太祖是靠兵变夺取政权的，因而他总是心存怀疑，唯恐部下，重演篡夺帝位的把戏。太祖即位后，方镇及高级将领多专横跋，太祖的所谓十兄弟更是傲慢专横。有一次，太祖召来方镇将帅，授予他们

宋代白玉镂雕凤凰坠佩

弓剑，并和众人骑马到市外郊游。酒过三巡，太祖忽然对大家说："此处僻静无人，你们当中谁要当皇帝，可以杀了我，然后登基为帝。"诸将帅听皇帝说出此话，深感惊疑，个个跪在地上发抖。太祖再三叫众人起来，可无一人敢起。太祖乘机说道："你们既然想要我当天下之主，那么你们就应当尽一个做臣子的职责，今后不得再骄傲自大。"各位将帅叩头拜谢，连呼万岁。

在这种精神压力下，宋太祖患上了多疑猜忌的心病。一听说某地，尤其是边境地区某人手握重兵，太祖就会派人前往监军，或是派人暗中监视，或突然袭击，命令归朝。保义节度使袁彦，性情凶率，政出群小，人们心里很恨他。袁彦听说宋太祖即位，日益加强修补整治兵了。宋太祖命令潘美前往监军，见机行事。潘美单骑入城，谕令袁彦朝见皇帝，袁彦果然前往朝廷。太祖事后说潘美不杀袁彦，而且能让他来朝见，"成我志矣"。表现出一副得意扬扬的样子。成德节度使郭崇听说太祖受禅当了皇帝，时常偷偷啼哭。监军陈思诲秘密将这个信息上报了太祖，说常山靠近契丹，郭崇心怀不满，应该尽早除掉以绝后患。太祖说："我向来知道郭崇笃于恩义，他时常涕泣是因为感激所致。"太祖虽然这样说，但心里却对郭崇放心不下，多疑猜忌的性格特征终于显现，他决定派人暗中监视郭崇的一言一行。郭崇听说朝廷派使者来侦探动静十分害怕，向部下询问对策。有人建议郭崇一切按部就班，郭崇照做了，迎来送往、处理政事如从前一样。使者回朝面见太祖说郭崇不会谋叛。这时太祖大悦，说："我本来就知道郭崇不会造反。"这一番"事后诸葛亮"的表演，充分地展现了太祖多疑猜忌的心态。

太祖对杨庭璋的跟踪监视也证实这一点。李筠反叛时，曾派遣使邀约使杨庭璋加入。杨庭璋深明大义，俘捉了李筠的使者，上报太祖并呈献攻取李筠的策略。杨庭璋的姐姐，是后周太祖之妃。于是，宋太祖怀疑杨庭璋有异志野心，并命令郑州防御使荆罕儒为晋州兵马铃辖，以便随时伺察杨庭璋的动静。扬庭璋虽知此事但还是装做若无其事荆罕儒每次到杨庭璋府中。随从都持刀佩剑，杨庭璋一律开怀接纳，没有一点儿提防的意象，所以荆罕儒没有查到任何蛛丝马迹。太祖又急命杨庭璋到朝廷，杨庭璋接到命令的当天即单车就道，独自前往。事实上，宋太祖对杨庭璋的猜忌怀疑完全是子虚乌有。

王夫之在《宋论》中指出，宋代"其得天下也不正，而厚疑攘臂之仍；其制天下也无权，而深怀尾大之忌"。这种状况和局面是由宋太祖开其先河的。宋太祖处理人事关系处处设防，在猜疑心态的支配下不断增设机构和官员，使其互相监视，牵制。宋代，君臣上下，群臣之间，事事要琢磨，处处须谨慎。整个国家以屈抑英才作为稳固统

治的上策。领兵在外的将帅，都以安身为为主名哲保身，害怕违功立业而引起祸端。这种不正常状况的恶性发展，最终导致人心不齐、钩心斗角、人浮于事的严重后果，小人得以乘隙而入，挟势弄权。这是宋太祖没有料到的。随着宋太祖创设的猜疑之法被作为"祖宗家法"一代一代地传承，赵宋王朝所面临的各种社会矛盾应一，其亡国已只是时间问题了。

# 第九章　禀性和爱好

## 崇俭抑奢

宋太祖一直崇向节俭朴素。后蜀平定后，太祖得知其国君孟昶服用奢侈，至于溺器也用七宝来装饰，于是命令左右将其打碎。他说：

"蜀主用七宝装饰溺器，那应当用什么来盛食物呢？奢侈如此，想不亡国，可能吗？"太祖把俭朴提高到国家兴亡的高度来认识，的确见识非凡。他认为，皇帝及其皇室成员应该具有朴素节俭意识，不能带头过奢侈华靡的生活，这样影响很不好。他多次下令除掉乘舆、衣服、帽子上面的珠宝之类的饰物。他的女儿曾经穿着贴着绣花用翡翠羽毛装饰的华服进入宫中，宋太祖看见了，便对她说："你把这件衣服脱

宋代白玉带沁坐龙

下来给我，从今以后不要再制作穿戴这样华贵的衣服了。"公主笑着回答说："这样一件衣服，能用得了多少翠羽？"太祖说："问题并不是这样简单。公主穿上这种衣服，宫里宫外的人就会竞相效仿，京城翠羽的价格就会涨起来。百姓为了追逐利益，辗转贩易，杀生害命的人就会多起来，其根源在你那里。你生长在富贵之家，应当自爱，怎么能开这种坏事的头呢？"

有一次，公主、皇后看到太祖的乘舆并不豪华富丽，便在一起议论说："皇上当了这么久了，难道还不能用黄金来装饰车子吗？"太祖听到后说："我拥有四海，宫殿全部用金银来装饰，也可以做得到。但我是为天下守财，怎么可以妄用！古语说得好：以一人治天下，不以天下奉一人。当皇帝的如果只想到把自己奉养好，那么天下的人靠什么生活呢？你们以后不要这样说了。"宋太祖对自己所处的地位以及自己的行为有可能带来的后果都有比较清醒的认识。所以，宋太祖不仅能在思想认识上树立节俭的意识，而且能以身作则。经常穿的衣服，是洗濯再三的旧衣服，而且没有华丽的色彩，多是素色。寝殿的苇帘，缘用青布，少有艳丽的装饰。宫闱帘幕也无文采之饰。太祖经常拿出赐予部属左右麻屦布裳说："这是我过去穿过的。"弟弟赵光义有一次参加宫中宴会，不经意说了句："陛下服用太草草。"宋太祖却严肃地回答说："你不记得住夹马营中的日子了？"这是提醒弟弟及自己要记住过去艰苦的日子。宋太祖作为一国之君，能这样想，这样做，实在是难能可贵的。

宋太祖不但自己重视节俭，也要求广大人民发扬节俭这一中华民族的传统美德。他多次下令，劝民勤耕，收打粮食过程中注意颗粒归仓，不要浪费，丰收之年也不要糟蹋粮食，应乘势多储积一些粮食。嫁娶丧葬应从简办事。

后来平定南汉，太祖再次用奢靡亡国的教训警醒自己。南汉国主刘铱曾在海门镇招募能采珠的士兵二千人，号"媚川都"。凡采珠，必定要用绳子一头系着石头一头系于脚，沉入几百尺深的水中，危险性甚大，每年溺死者甚众。刘铱所居栋宇，都用采挖来的玳瑁、珍珠、翡翠等装饰，穷极侈靡。宋军到达南汉，一把火烧了这些东西。潘美等人在灰烬中拾得一些玳瑁、翠珠献给朝廷，并且言及采珠何其危险。太祖急忙命令内侍将其拿给宰相看，并迅速下令废除"媚川都"，废黜采珠。宋人吕中就太祖抑奢崇俭评论说："创业之君，后世所视以为轨范也；宫闱之地，四方所视以为仪刑也。一人之奢俭者虽微，而关于千万世者为甚大；致谨于服色者虽小，而关于千万里者为甚远。"宋太祖作为开国创业之君，以身作则，抑奢崇俭，为各级官吏和后继者树立了榜样。宋初成为宋代历史上少有的俭朴之世，是与宋太祖的崇俭意识及所形成的俭朴之风是分不开的。

## 好学不倦

宋太祖性格比较内向。他虽然行伍出身，但与那些缺少文化素养的赳赳武夫大不相同，他酷嗜看书，虽行军打仗，也手不释卷。听说民间有奇书，往往不惜千金购得。后周显德年间，跟随周世宗攻打淮南，有人向周世宗告密，说："赵匡胤攻下寿州，私自运载货物，达数车之多，都是一些贵重的东西。"周世宗将信将疑，派遣使臣前

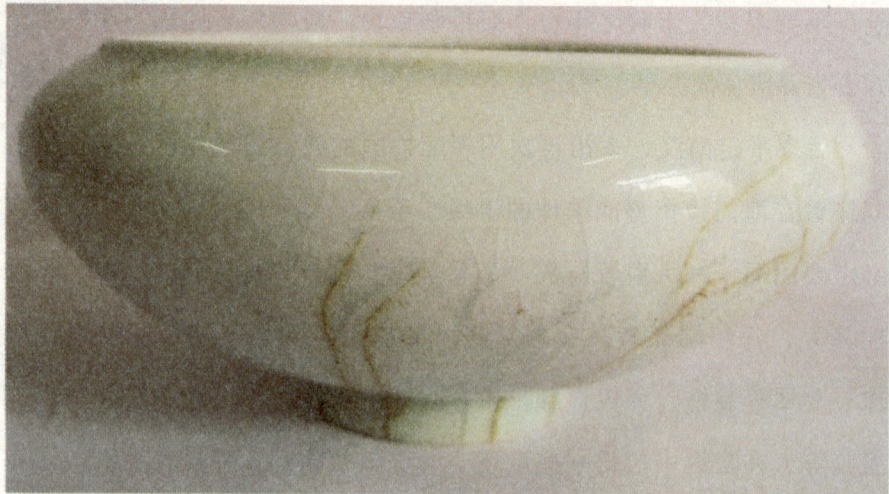

宋代景德镇窑影清瓷器

往检查，打开所有的箱子一看，只有书籍数千卷，并没有什么贵重东西。周世宗急忙召见赵匡胤，对他说："你刚刚做我的军事将帅，为我开辟封疆，应当努力坚甲利兵，要这么多书干什么？"赵匡胤顿首道："我没有奇谋上赞圣德，承蒙皇上重用为将帅，常常担心完不成任务，因此聚书观看，为的是从中学到知识，广见闻，增智虑。"

即位后，宋太祖更喜欢读书，经常派人到史馆去借书看。兵部郎中、知制诰卢多逊担任史馆修撰、判馆事后，总是预先派人打听太祖所要借阅的书目，然后预先通读，在心中对该书的内容有个大概的了解，等待宋太祖问询。而每当太祖问到涉及书中内容的问题时，卢多逊自然是对答如流，往往令同僚佩服不已。

宋太祖不仅自己好学不倦，还经常劝导文武臣僚和皇室子弟读书。赵普在他的劝导下养成了读书的习惯，终日手不释卷。赵普在年轻时，并没有多少学问，只是对吏事较为精通。做了宰相后，太祖经常劝他多读书，否则在朝廷难以立足。赵普于是有了好学不倦的习惯，每天处理完政事回到家中，就关起门，从书箱中取出书来，"读之竟日"。于是，从书中获取了丰富的知识，"少习吏事"的赵普临政处事，更是如虎添翼，得心应手。赵普去世后，家人打开箱子一看，原来是《论语》二十篇，所以有赵普半部《论语》治天下的说法。对于武将，太祖也鼓励他们读书，他说："今之武臣，欲尽令读书，贵知为治之道。"皇室子弟更应该读书，他曾对秦王侍讲说："帝王的后代，应当多读经书，知道历史上治乱的情况。"

　　太祖有明确的读书目的，即"广见闻，增智虑"。劝导文武臣僚读书的目的也十分明确，就是知为治之道，知治乱大体。具体一点说，就是吸取书本上的知识以及历史上的经验教训，提高自己的知识水平和办事能力。读过书后，他经常召集大臣一起讨论历代王朝的治乱兴衰及其执政者的得失。开宝七年（974）闰十月二十日，监修国史薛居正等呈上新修的《五代史》一百五十卷，第二天，宋太祖就谈出了自己的心得体会，他说："昨观新史见梁大祖暴乱丑秽之迹，乃至如此，宜其旋被贼虐也。"乾德四年（966），太祖策试制科举人的时候，同翰林学士承旨陶谷等人一起谈到历代帝王得失问题，他说："则天，一女主耳，虽刑罚枉滥，而终不杀狄仁杰，所以能享国者，良由此也。"史称宋太祖"留意听断，专事钦恤"，对御史台、大理寺等部门的官员的任用特别严格审慎，这与太祖注意吸取历史上的经验教训有关。他曾对御史台官员冯炳说："我每读《汉书》，见张释之、于定国治狱，天下没有冤民，这正是我所期望于你的。"太祖曾立有一条"家法"刻在碑上，藏于秘室之中，即不杀士大夫及上书言事人，这条家法的制定，也是宋太祖善于吸取历史上的经验教训的结

果。

宋太祖爱好读书，很重视收藏书籍。唐末五代之际，兵火战乱相继，图书散亡甚多，部分流落民间。在统一战争过程中，宋太祖对各国的图书极为珍视，想尽办法加以搜罗和收藏。平蜀后得书一万三千卷，平江南后得书二万卷。乾德四年（966），太祖专门为搜求、征集民间藏书颁布诏令，凡是官吏、百姓献上的书籍，由史馆查看篇目，凡馆中没有的书就加以收纳。为了鼓励人们献书，规定献书人都可到学士院接受关于做官的道理的策试和询问，符合任职务件的记录下姓名，然后上报太祖。这一年，涉弼、彭干、朱载应诏献书，共计一千二百卷，受到奖励，赐予科名。通过向民间征集书籍，迅速丰富了国家藏书，仅史馆藏书量即很快增至八万卷。丰厚的藏书为随后大型类书的编纂准备了物质条件。

太祖读书较多，有一定的文学修养，有时善于借助诗来表达自己的志向和想法。他早年四处漫游，有一天，看到几个文人对着冉冉升起的太阳吟诗。面对此情此景，他禁不住也吟出几句来：

> 欲出未出光辣达，
> 千山万山如火发。
> 须臾走向天上来，
> 赶却残星赶却月。

这首《日》诗文词朴实，吟出了朝阳不凡的气势，也吟出了太祖希望找到机会一展才华的心情。攻下荆湖后，太祖派使者到后蜀侦察。使者回来后，太祖问道："剑外情况如何？"使者说："但闻成都满城诵朱长山《苦热》诗曰：'烦暑郁蒸无处避，凉风清冷几时来？'"太祖说："此诗意甚明，及蜀民思吾之来伐也。"江南国主李煜归朝之际，太祖对李煜说："闻卿能诗，可举一联。"李煜思之良久，列举了一首咏扇诗："揖让月在手，动摇风满怀。"不料，宋太祖回答说："满怀之风何足当！"很明显，太祖的意思是再强大的割据政权也挡不住宋军的攻势。

## 酷爱饮酒

宋太祖酷爱饮酒。他经常饮酒，这个习惯是从年轻时形成的。后周太祖郭威登基后，任命曹彬在镇守澶渊的义子柴荣帐下做供奉官，为柴荣掌茶酒等。与曹彬是同事宋太祖那时也在柴荣帐下供职。宋太祖曾向曹彬索要官酒喝，曹彬说："这是官府的酒，我不敢擅自给你喝。"曹彬于是自己出钱买酒给太祖喝。太祖即位后，曾谈及周世宗

宋代三彩陶龟形壶

的旧吏，说："不敢负其主者，独曹彬耳。"每年在宫殿里，宫殿后苑，金明池的船中，固子门外的树林里，国子监，迎春苑，玉津园都留下了太祖饮酒的记录。对太祖来说，饮酒至醉是常有的事。有时因酒醉说话无节制，弄得大臣人人自危。据《续资治通鉴长编》载，太祖即位的第二年三月二九日，太祖到作坊射箭宴饮，酒酣耳热，对前凤翔节度使兼中书令王彦超说："你从前在复州，我前往投靠你，你为何不接纳我？"弄得王彦超惊慌失措，只得弯腰顿首说道："当时臣只不过一介小刺史，勺水怎么能容纳得了神龙呢！如果我当初接纳了陛下，那么陛下也不会有今日！"太祖大笑而罢。王彦超却因此惊恐不已。太祖以这件事为例，说出了自己的心里话："沉湎于酒，对做人有什么好处呢？朕有时因宴会至醉，整个晚上都后悔不已。"

宋太祖虽然认识到沉湎于酒对自己、对国家都有百害而无一利，表示出悔恨的意愿，但并没有因此改掉饮酒的嗜好。有时在宴会上，他还要求臣下多敬他几杯。右仆射魏仁浦曾经陪侍春宴，太祖笑着对魏仁浦说："何不劝我一杯？"魏仁浦于是敬献一杯。有的将领或大臣本不会饮酒，但在太祖的反复劝导下也渐渐学会了饮酒。王审琦是宋初的功勋将领，向来不会饮酒。有一次宴会作陪，太祖酒酣之际仰天长叹，感慨地说："酒，天之美禄；审琦，朕布衣交也。方与朕共享富贵，何靳之不令饮邪？"然后对王审琦说："天必赐卿酒量，试饮之，勿惮也。"王审琦接受太祖的好意劝导，饮了十杯竟没有尝出苦涩之味，从此，侍宴时也可以开怀畅饮了。

太祖嗜酒，可对大臣饮酒，尤其是醉酒失态十分反感，一般都要加以处罚。建隆二年（961）八月，国子《周易》博士郭忠恕饮酒过量，与太子中舍符昭文追逐哄闹朝堂。御史予以弹劾，郭忠恕斥责台吏，毁夺奏章。太祖大怒，结果郭忠恕因酒失贬为乾州司户参军，符昭文免官。开宝二年（969），西川转运使、礼部郎中李铉醉酒，被贬为左赞善大夫。翰林学士、中书舍人王著嗜酒成性，不拘小节，曾经乘醉酒夜宿娼家，被巡吏抓获，太祖知道后当时没有做出处理。不久，王著在禁中值班，又喝得酩酊大醉，并夜叩宫门，要求见皇帝。太祖命令中使引接上殿，太祖借着烛光一看，只见王著披头散发，满嘴酒气，完全是一副大醉模样。这次太祖发怒了，新账旧账一起算，降王著为比部员外郎。乾德元年（963），翰林学士缺人，宰相想用杜镐。范质说："近来王著因酒失罢除了翰林学士一职，杜镐酗酒，比王著更厉害，难道这样的人可以用吗？"结果，杜镐升官未果。事实上，早在一年前太祖就因杜镐"恃酒不逊"而没有同意授予他谏议大夫之职。

由于太祖自己嗜酒，所以一方面对臣下酗酒不满；另一方面又劝导臣下饮酒，于是导致对臣下酗酒的处理有时也采取放任姑息的态度。开宝三年（970）年初，太祖在广政殿设宴，太子太师王溥、太子太傅武行德、左金吾卫上将军王彦超都喝得酩酊大醉，仪态失常。御史弹劾，上报到太祖那儿，却不了了之。

太祖爱好饮酒，曾引出不少逸事。刘鋹在统治南汉时，多用毒酒害死臣下。宋平南汉后，刘鋹来到开封。有一天，太祖乘肩舆到讲武池，其他官员尚没有到齐。刘鋹到得早，太祖下令赐予刘鋹酒喝。刘鋹吓得面如土色，边端起酒杯，边哭泣道："臣承祖父基业，拒违朝廷，劳工师致讨，罪固当死，陛下不杀臣，今见太平，为大梁布衣

矣，愿延旦夕之命，以全陛下生成之恩，臣未敢饮此酒。"根据他的经验，刘铢以为太祖在酒中下了毒。太祖见刘铢心存疑窦，笑着说："朕推心置腹，安有此事！"说完，命令旁边的侍从取来刘铢酒杯中的酒，当着刘铢的面一饮而尽，又另外赐予刘铢酒。刘铢感到十分惭愧，顿首致谢。

## 围场田猎

太祖喜欢围场田猎。据记载，宋太祖打猎始于即位的第二年秋天。大概过程是打猎之日，先出禁军为围场，作为打猎的场地，五坊以鹰犬相随。太祖亲御弧矢，若射中走兔，从官贡马称贺。中午休息一会儿，召近臣赐予饮食。到太阳落山时回宫。自此以后，每次出猎都如此。亲王以下射中者，赐予马。975年农历九月初三，宋太祖又像往常一样在近郊打猎，在追逐一只兔时，坐骑忽然跌倒，太祖从马上摔在地上。这本来是一件很平常的事，太祖却冲着马发怒，并举起所佩的刀，向马刺去，直至杀死了马。马本无过，却遭到杀害。事后，宋太祖自己也觉得行为过分，十分悔恨地说："我作为一国之主，轻事畋游，不是马的过错呀！"太祖特别愧疚，所以他决定从此不再从事劳民伤财的打猎活动。此前，太祖打猎，每年少则一次，多则三五次。他一生中最后一次打猎距离他去世刚好一年。

另外，太祖还喜欢踢球和射箭。太祖喜欢踢球，现藏于台北博物馆中的南宋画家苏汉臣的《太祖蹴鞠图》，栩栩如生地描绘了宋太祖和赵普、石守信、赵光义、楚昭辅、党进等文武臣僚一起击球的情景。太祖有时还请踢得好的文武臣僚到宫中进行踢球表演。

射箭是宋太祖的拿手好戏。在宫苑"宴射"的记载贯穿他当皇帝的始终，有

宋太祖蹴鞠图

时他还亲自教习卫士射箭。太祖的射箭水平也极为高超。有一年，契丹使者来访，太祖让契丹使者跟随自己到近郊打猎。太祖亲射走兽，矢无虚发，百发百中。契丹使者在旁边看得目瞪口呆，连呼"万岁"，并且私下对翻译人员说："太祖皇帝神武无敌，射必命中，前所未见也。"

# 第十章　太祖之死

## "烛影斧声"

　　天有不测风云。宋太祖在三十三岁那年登上帝位，拼搏十载，赵宋王朝初具规模，他使当时的中国社会从分裂走向统一，从动荡走向稳定。正当他雄心勃勃准备再创辉煌的时候，却猝然而死年仅五十岁，可谓是千古憾事，时值开宝九年（976）十月，距他建立赵宋王朝近十七年。在宋太祖去世的那一年年初，他的弟弟赵光义率文武臣僚三次上表，请求为其加尊号为"广运一统太平圣文神武明道至德仁孝皇帝"，被他拒绝。宋太祖若有所思地说："如今北汉尚未平定，幽云十六州尚未收复，怎么可以称得上一统太平呢？"言辞之间，既流露出踌躇满志的欣喜，又隐匿着夙愿未

宋太祖发明长翅帽

酬的忧伤。另一方面，太祖在对赵宋王朝的前途和命运充满信心的同时，也不无忧虑之心和焦急之情。进攻北汉无功而返，统一幽云十六州地区也只是处于设想阶段，即准备从契丹手中用经济手段赎卖回来。这条道行不通，就用武力来解决。无论哪方法，实施起来，都绝非易事！除此之外，随着赵家政权逐渐巩固和稳定，统治集团内部尤其是皇族内部的矛盾渐渐浮出水面。一向猜疑、惯施阴谋的宋太祖，没能有效地阻止这种矛盾的激化，最终成为皇族内部矛盾尖锐化的牺牲品。

关于宋太祖之死，一千多年来一直流传着烛影斧声的传说，人们对此千古之谜的分析和猜测，仁者见仁，智者见智，众说纷纭。

对于宋太祖之死，官方正史系统的各种史籍都没有记载太祖的死因及经过。依据《实录》《国史》成书的《宋史·太祖本纪》的记载十分简略，仅有"帝崩于万岁殿，年五十"一句话。

太祖猝死之谜幸依靠民间私人著述，后人才隐约得知一二。

《续湘山野录》是北宋神宗时的僧人文莹所著，在这部书里，留下了有失关太祖之死的一些蛛丝马迹。

祖宗（太祖）潜耀日，尝与一道士游于关河，无定姓名，自曰混沌，或又曰真无。每有乏则探囊金，愈探愈出。三人者每剧饮烂醉。生善歌《步虚》为戏，能引其喉于杳冥间作清之声，时或一二句，随天风飘下，惟祖宗闻之，曰："金猴虎头四，真龙得真位。"至醒诘之，则曰："醉梦语，岂足凭耶？"至膺图受禅之日，乃庚中正月初四也。自御极不再见，下诏草泽遍访之，或见于辕辕道中，或嵩、洛间。后十六载，

《资治通鉴》藏书柜

乃开宝乙亥岁也，上已袚禊，驾幸西沼。生醉坐于岸木阴下，笑揖太祖曰："别来喜安。"上大喜，亟遣中人密引至后掖，恐其适，急回跸与见之，一如平时，抵掌浩饮。上谓生曰："我久欲见汝决克一事，无他，我寿还得几多在？"生曰："但今年十月廿日夜，晴，则可延一纪；不尔，则当速措置。"上酷留之，俾泊后苑。苑吏或见宿于木末鸟巢中，止数日不见。帝切切记其语。至所期之夕，上御太清阁四望气。是夕果晴，星斗明灿，上心方善。俄而阴霾四起，天气陡变，雪雹骤降，移仗下阁。急传宫钥开端门，召开封王，即太宗也。延入大寝，酌酒对饮。宦官、宫妾悉屏之，但遥见烛影下，太宗时或避席，有不可胜之状。饮讫，禁漏三鼓，殿雪已数寸，帝引柱斧戳雪，顾太宗曰："好做，好做！"遂解带就寝，鼻息如雷霆。是夕，太宗留宿禁内，将五鼓，周庐者寂无所闻，帝已崩矣。太宗受遗诏于柩前即位。逮晓登明堂，宣遗诏罢，声拗，引近臣环玉衣以瞻圣体，玉色温莹如出汤沐。

文莹，本系草泽僧人，大约生活在北宋真宗至神宗朝期间。虽隐居山林，但留心世务，具有史才。常出入于达官显贵之家，交游多为馆殿名士，如石扬休、丁谓、欧阳修、苏舜钦、元绛、王安国等人。曾收集到宋初至神宗熙宁期间二百多家文集，其中的"君臣行事之迹"等方面的资料尤为珍贵。有这样两个条件，文莹的记载就显得比较可靠。

著名史学家司马光的《涑水记闻》则记载了太祖死后，太宗如何即位的有关情况：

太祖初晏驾，时已四鼓，孝章宋后使内侍都知王继隆召秦王德芳，继隆以太祖传位晋王之志素定，乃不诣德芳，而以亲自一人径趋开封府召晋王。见医官贾德玄先坐于府门，问其故，德玄曰："去夜二鼓，有呼我门者，曰'晋王召'，出视则无人，如是者三。吾恐晋王有疾，故来。"继隆异之，乃告以故，叩门，与之俱入见王，且召之，王大惊，犹豫不敢行，曰："吾当与家人议之。"入久不出，继隆促之曰："事久将为他人有矣。"遂与王雪中步行至宫门，呼而入。继隆使王且止其直庐，曰："王且待于此，继隆当先入言之。"德玄曰："便应直前，何待之有？"遂与俱进，至寝殿，来后闻继隆至，问曰："德芳来耶？"继隆曰："晋王至矣。"后见王，愕然，遽呼官家曰："吾母子之命，皆托官家。"

宋太祖究竟是什么原因而死的？怎样死的？是病死的？还是被人害死的？检阅各种史籍后仍然是一个谜。如果说太祖是因病而死，显

然证据不足。任何历史文献都没有太祖死前生过病的记载，也没有医官给太祖看病或大臣入宫探问病情的记载。相反，在临死前几个月，他曾频繁出行视察，还到过西京洛阳。看来，他的身体还相当健康。十月二十日晚至次日晨几小时之内，却不明不白地突然死亡，显属蹊跷。如果说被害致死，那么凶手又是谁呢？

穹庐式鹿纹骨灰罐

从种种迹象看，关于太祖之死宋太宗难逃干系，或者说太祖是太宗直接或间接谋害致死的。

其一，据《续湘山野录》记载，太祖死前数小时，曾召赵光义入宫，商议传国大事。当时宫中没有其他任何人在场，只有赵光义。饮酒之后，兄弟二人在烛影里进行过一番搏斗，而且传出了斧子戳地的声音。是夜，赵光义"留宿禁内"。因而太宗赵光义谋害太祖的可能性最大，他具备谋害的条件和时间。

其二，据《涑水记闻》载，若太祖死时，赵光义不在宫中，而在晋王府的话，但这并不表明他与太祖之死无关，也就是说赵光义仍脱不掉与宋太祖之死一事的嫌疑。一方面，赵光义完全可能在谋害了太祖之后逃回晋王府。宋末遗民徐大焯在《烬余录》就曾记载说太宗赵光义曾乘太祖病重之机，调戏太祖宠妃费氏，被太祖发现，太宗于是杀了太祖，然后"惶窘归邸"，惊慌狼狈逃回晋王府邸。这充分说明这种情况的可能性是存在的。还有另外一种可能性，就是宋太宗坐镇晋王府，指使别人谋害。另一方面，赵光义实际上预料到太祖将不久于人世，所以他在太祖临死前后对如何应付即将到来的事变思想上有所准备，也就是说，赵光义对太祖之死是心中有数的。他安排医官程德玄预先坐在晋王府门前，当宋皇后派内侍王继恩前往召德芳入宫时，王继恩却违背宋皇后的命令，不是前去召德芳，而是直接前往晋王府召赵光义。王继恩在晋王府门前遇到程德玄，问他为何坐在这里，程德玄回答说，不久前有人叩他的门，通知他晋王赵光义召见

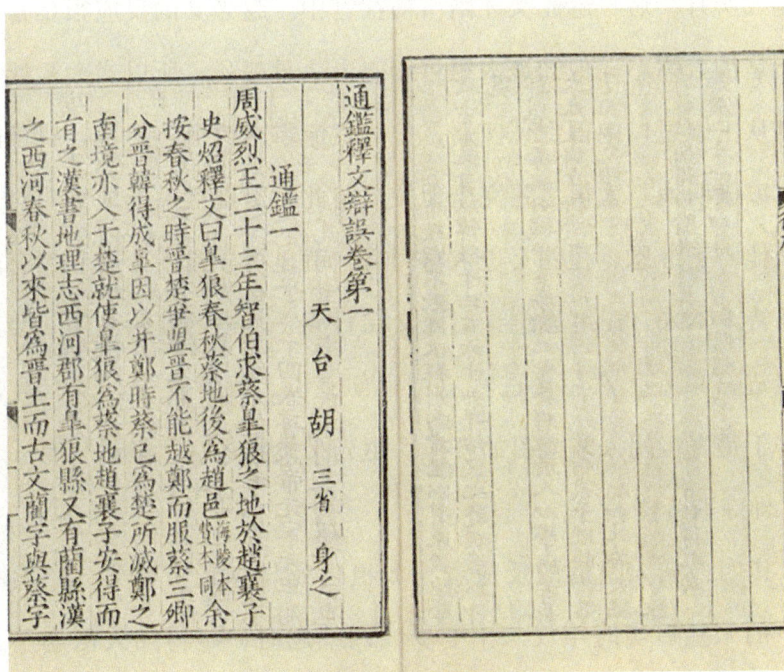

《资治通鉴》书影

他，他以为赵光义患病，因此来到府门等候。从程德玄的角度而言，晋王召他，应当然在很大程度上与治病有关，而且三更半夜召见，当是急病。既然如此，程德玄为何不立即入府诊病，而要在风雪之夜干坐在府门傻等！倘若真是赵光义患病，程德玄岂敢有半点马虎而贻误病情！因此连王继恩也感到特别吃惊。这种富于戏剧性的安排，要说没有预谋是不能令人信服的，其中的奥妙恐怕只有赵光义最为清楚。

其三，当王继恩把太祖死亡的消息告诉程德玄及赵光义后，赵光义的反应也很令人费解。王继恩把太祖死亡的消息先告诉了程德玄，二人叩门一起入府见赵光义，并且召他入宫。赵光义大为吃惊，很是犹豫彷徨，不敢马上前往。他说："我应当与家人一起商量。"赵光义入室商量，很久也不出来，直到王继恩催促说"事情拖久了天下将为他人所有"后，赵光义才踏雪前往宫中。赵光义的反应很反常，实际上是欲盖弥彰，他知道太祖将于二十一日晨死，所以当太祖死亡的消息从王继恩口中得到证实后，他故意流露出惊慌、迟疑、犹豫的表情，以表明他与太祖之死完全无关。与此时迟疑犹豫形成鲜明对照的是，他与王继恩、程德玄进入宫门后，就显得异常不冷静和少有的迫不及待。本来，王继恩想让赵光义在直庐（直宿的处所）等一会儿，他先进宫禀报，然后再进宫。可程德玄说，只管进去，哪有等待之理！于是直接闯入宋太祖的寝殿。赵光义抢先入宫，显然只有一个目的，即夺取帝位。

其四，从宋皇后的反应看，太祖之死与赵光义有关。"柔顺好礼"的宋皇后当时年仅二十七岁，四鼓之时，她得知太祖崩于万岁殿，派出内侍王继恩召德芳。当王继恩回到宫中时，宋皇后问道：

"德芳来了吗？"王继恩回答说："晋王到了。"宋皇后见到赵光义，目瞪口呆，急忙叫赵光义为"官家"（宋代俗称皇帝为官家），并央求说："我母子的性命，就全托付给官家了！"赵光义佯装哭泣道："共保富贵，不要担忧。"宋皇后为什么要派王继恩去召德芳呢？显然，在宋皇后看来，太祖不是病死的，而且与赵光义有关，所以她才派王继恩去召德芳。而一旦召来的不是德芳，而是赵光义时，她自然而然就显得异常紧张，同时意识到自己的命运将会不妙，所以她才乞求赵光义保其母子性命。

退一步说，宋太祖死前虽然没有患病的迹象，但也有可能受家族狂躁忧郁症遗传的影响，突患脑动脉破裂（脑溢血）症而死亡。也就是说，宋太祖属于正常死亡。既如此，那么宋初官方文献为什么不予以明确记载呢？宋朝君臣为什么要在太祖之死、太宗即位这些重大问题上讳莫如深，闪烁其词？在这些问题得不到圆满解答之前，要否定赵光义与太祖之死没有关系是不可能的。事实上，赵光义谋害长兄篡夺帝位在当时宫廷内外并不是完全没有知晓，只是赵光义上台后，无人敢冒险传播而已。官修正史对此事不予以明确记载，则显然与太宗之后的皇帝都是太宗一系的子孙有关，他们当然乐意为自己的祖宗避讳此事。

官方正史虽然没有正面披露太祖之死的有关情况，但也留下了对了解太祖之死有关情况有参考价值的记载。

马韶，平棘人，习天文三式之学。开宝中，太宗以晋王尹京邑，时朝廷申严私习天文之禁。韶素与太宗亲吏程德玄善，德玄每戒韶不令及门。九年十月十九日既夕，韶忽造德玄，德玄恐甚，且诘其所

以来，韶曰："明日乃晋王利见之辰也。"德玄惶骇，因止韶于一室中，遽入白太宗。太宗命德玄以人防守之，将闻于太祖。及诘旦，太宗入谒，果受遗践阼。数日，韶以赦免。

这条记载除说明宋初禁止私习天文之严及马韶"预测之神"外，还从一个侧面反映出宋太宗、程德玄与太祖之死的丝缕联系。马韶预测之神实际上得益于从程德玄处所探听到的一些信息。宋太宗、程德玄开始对马韶的"预测"佯装不满而予以关押。可太宗即位不久，马韶就被放了。又过了一个月，马韶从一个布衣超擢为司天监主簿。

《辽史·景帝纪》载："宋主匡胤殂，其弟炅自立。"炅，即赵光义。"自立"一词用得相当巧妙，它表明太宗不是在正常情况下即位的，而是通过非正常手段抢得帝位的。辽朝的史官敢于讲真话，他们不怕砍头。

"自立"的太宗在其即位之初的举动，也可帮助人们认识太祖之死，实际上是太宗策划的一场阴谋。

改元，是封建王朝的重大事典，一般来讲，继位皇帝改元都是在第二年，除非继位者是在正月初一即位的，或者是王朝易姓及遭遇大的变故。这一礼制规定是表示对前任皇帝的尊重。宋太宗开宝九年（976）十月二十一日即位，十二月二十二日宣布改开宝九年为太平兴国元年。太宗改元不俟逾年，有违常例。离年终仅七八天时间了，太宗为何就不能坚持到次年改元呢？其间必定隐藏着不可告人的目的。

赵光义没能实现他对宋皇后所说"共保富贵"的诺言。即位之初，太宗在表面上故作姿态，表示朝廷内政外交都依照太祖时形成的惯例办理。在调整人事安排时，对皇室加以安抚。以皇弟永兴节度使

沈园

兼侍中赵廷美为开封尹兼中书令，封为齐王。以太祖子山南西道节度使、同平章事赵德昭为永兴节度使兼侍中，封为武功郡王。以太祖子贵州防御史赵德芳为山南西道节度使、同平章事。并下诏太祖和廷美的子女同自己的子女一样，都称皇子、皇女。但是没多久，赵光义就原形毕露，不出数年时间，侄德昭及弟廷美先后被太宗迫害致死。后来，宋皇后去世，太宗竟无视与太祖及其妻子之间的亲情，对宋皇后的地位不予肯定，不想以皇后的礼节安葬，不令大臣服丧。大臣王禹偁对此稍加议论，说了句"后尝母天下，为遵用旧礼"，即受到太宗的斥责，以"谤讪"的名义贬降为滁州知州。太宗还警告大臣今后在这个问题上保持谨慎。太宗对宰相说："人之性分固不可移，朕尝戒勖禹偁，令自修饬。近观举措，终焉不改，禁署之地，岂可复处乎？"这一系列言行算得上是"共保富贵"吗？它除了证明太宗心怀鬼胎外，还能证明什么呢？

宋太祖传

赵光义即位后，对王继恩和程德玄恩宠有加，令人怀疑他们二人在致死太祖、帮忙赵光义即位的过程中立了功，或者说他俩是赵光义在宫中安插的内线或奸贼。

王继恩初侍太祖，"特承恩顾"，累为内侍行首，连名也是太祖赐予的。太祖死的那个夜晚，他受宋皇后派遣去召德芳，善于见风转舵的他却径直去了赵光义的王府，"请太宗入，太宗忠之，自是宠遇莫比"，有一个叫潘阆的，能咏诗，在京城开封卖药，王继恩向太宗推荐，受到太宗召见，被赐进士第。一个宦官能有这样的能量，以至后来久握重兵，欺罔豪横，没有太宗对他的恩宠和庇护是不可想象的。

程德玄，一位普通的医官，"攀附至近列，上（太宗）颇信任之，众多趋其门"。凭忠心，凭在雪夜里守候府门，太宗自然不会亏待他。而且深信医术，用医术帮助赵光义谋害宋太祖也不是没有可能。虽然后来由于他本人"性贪""交结太盛"，官运不甚通达，"然太宗也优容之"。

赵光义即位后，对与太祖有"旧德"的人动了手，如李继勋、李重勋、杨信、党进等人，或调离或解除他们的职务，而且不知何因这些人在太宗即位后不长的时间内均先后去世。与此同时，他大力提拔原晋王府邸的幕僚、军校等人，有的甚至备位枢密。这正反两方面的情况又说明了什么？

## 同室操戈

赵光义为什么向同胞老兄下毒手呢？应该从兄弟二人之间的矛盾说起。

如前文所述，在生活上、亲情上，太祖与弟弟赵光义之间不乏手足之情。但这无法掩盖其间的矛盾和分歧。正如宋太祖所言，至高无上的皇位，谁不想呢？正是对皇位的觊觎和贪恋，促使赵光义撕开亲情的面纱，将斧子无情地砍向自己的亲兄。

宋太祖在代周兵变中，亲弟弟赵匡义扮演了重要角色。当聚集在陈桥驿的将士传出想立"点检"为天子的话后，担任都押衙的李处耘首先将此信息传递给赵光义。赵光义当时担任内殿祗候供奉官都知，他立即跟李处耘一起找到赵匡胤幕府的掌书记赵普共同商议下一步对策。从各种迹象看，赵光义和赵普实际上是这次兵变的幕后策划者，他俩一直在宋太祖与将士之间密秘联络，伺机而发，直接导演将士拥立赵匡胤登上了皇位。清代学者曾明确指出，黄袍加身乃"太宗与赵普所经营筹度"。

正是由于赵光义（为避宋太祖讳，赵匡义改名赵光义）在宋太祖登基过程中起了重要作用，所以他同赵普一样深得太祖器重。先被任命为殿前都虞侯，领睦州防御使。四个月后，太祖率兵，讨伐叛逆李筠，任命赵光义担任大内都点检，留镇京城。对此安排，刚刚目睹陈桥兵变的京城百姓惊奇地议论说："点检做天子矣。更为一天子地

耶，此又人口木简也。"但太祖对由其弟来担任这个要职没有任何怀疑。即位的那年年底，太祖亲征扬州，讨伐叛将李重进，再次命赵光义留守京师。这充分说明太祖对赵光义的信任程度。

杜太后于961年农历六月去世后，太祖遵从母亲遗命，准备将赵光义定为皇位继承人，并付诸施行。七月，以赵光义兼开封尹、同平章事。开封尹这个职务不同凡响，五代以来似乎形成一种惯例，即凡属皇族担任开封尹，就意味着将是当然的皇位继承人。此后，赵光义的地位青云直上。乾德二年（964）兼中书令，开宝四年（971）赐予赵光义门戟十四支。又过了两年，太祖封开封尹赵光义为晋王，朝会排班位居宰相之上。

如果说太祖即位之初，太祖、赵光义，包括杜太后、赵普等人在内都致力于宋王朝不短命、不改姓的话，那么，当赵宋王朝初步稳定

宋陵

之后，这些人的想法就会发生变化未必那么精诚一致了，个人的富贵及权力欲望逐渐膨胀起来。赵光义就是一个典型，他开始必须竭力维护家族利益，帮助哥哥掌稳政权。而一旦赵宋政权没有落入外姓人之手的可能之后，他就没有失去富贵的忧虑了，反而更多地考虑自己的地位、权力及前途。

赵光义在担任开封尹的十几年中，利用得天独厚的地位和条件，在府中广延豪杰，结交了一大批文武臣僚，培养了属于自己的派系势力。据文莹《玉壶清话》卷七记载，赵光义"为京尹，多肆意，不戢吏仆，纵法以结豪俊"。当时，赵光义在京师开封的势力炙手可热。武将党进曾接受太祖诏令，巡视京师，负责京城治安，严禁居民饲养鹰鹞等禽兽。街巷间满脸堆笑有畜养者，他看见后一定要夺过来放生，而且每次都要骂上一句："买肉不拿回家供养你父母，反而用来饲养禽兽，岂有此理。"有一次，他看见一个人手提鹰鹞，招摇过市，党进像往常一样，伸手去夺。那个人大声说道："此晋王鹰也。"原来，此人乃赵光义的亲吏。党进只得满脸堆笑，连赔不是，并奉承亲吏说："你千万要好好饲养它，别让猫狗抓伤着它。"这则逸事被"小民传以为笑"，但它深刻反映出赵光义在开封府的地位与太祖实不相上下。赵光义的羽仪伞从，灿如图画，京师人惊叹说："好一条软绣天街。"

赵光义利用京师开封最高行政长官的优越职位，蓄意拉拢文武大臣，以取得他们的信任和好感。请客送礼是拉拢的常用伎俩。史载，赵光义在开封府听说御史中丞刘温叟清廉正直，家境清贫，曾派府吏送给他一大笔钱，刘温叟不敢当面拒绝，只得先存放在御史府西舍一

个柜子中，请府吏贴上封条标签。第二年端午节，赵光义又派人给刘温叟送角黍、纨扇。送礼者还是上次送钱的那个府吏，他到西舍一看，原来贴的标签竟然原封未动。

赵光义拉拢大臣的另一手段就是在一些大臣遇到困难的关键时刻，利用他的特殊身份和地位，从中为其斡旋解危，以达到收买人心的目的。太祖即位之初，有几次想处罚过去曾与自己作对的人，都赵光义劝说阻止了。获救的文武臣僚当然对赵光义感恩戴德。开宝五年（972）夏，国家仓储粮食短缺，太祖很生气，斥责权判三司楚昭辅，要治他的罪。楚昭辅惶恐害怕，不知所措。危难之际，他直接找到开封府，请求赵光义在太祖面前美言几句。赵光义看准了这是一个结交拉拢大臣的好机会，于是满口应承，他让幕僚陈从信想了个办法，然后禀告太祖。太祖依计而行，事情很快办妥，楚昭辅终于免受惩罚。就这样，赵光义遍置党羽，势力渐盛，威望渐隆，羽翼渐丰。

起初，太祖或出于亲情，或碍于情面，对赵光义势力的发展并没有放在心上，也没有引起应有的警惕，反而显得过于自信。史载，开宝初年，有一个殿前都虞侯（禁军将领）向太祖上奏，说到赵光义在晋王府肆意妄为，罗织党羽，不载吏仆，纵法结交豪杰，希望太祖引起重视，采取适当预防措施。结果太祖不仅听不进意见，而且大发雷霆，他说："我与弟弟晋王雍睦起国，和好相保，粗狂小人，意敢离间我们之间手足之情！"立即下令处死了上奏的将领。

倒是颇习吏事、老谋深算的赵普较早地发现了赵光义罗致心腹、广置党羽问题的严重性，他多次向宋太祖提及，应对赵光义有所警惕和警告。所以赵光义当了皇帝以后，曾说到如果赵普不被罢相，仍在中书主政的话，他就不可能当上皇帝。在赵普去世后，他又曾对大臣说他与赵普"有不足"是众所周知的事情。太祖自己通过一些事例也逐渐认识到赵光义势力的发展是统治集团内部离心的政治力量，不可等闲视之，应该有所防范。

太祖对赵光义发展自己的势力开始打击。宋太祖与赵光义之间的矛盾和斗争渗透到各个方面，以各种形式出现。据《默记》卷下记载，赵光义任开封尹时，有个青州人到京城来打财产官司，带着一个十多岁的小女子。赵光义见她长得秀美出众，想买下，那青州人没有同意。赵光义手下有个叫安习的，自告奋勇愿办成此事。他用银子将青州女子偷偷地买进开封府。不久，太祖知道了此事，下令搜捕安习。开封府只得将安习藏于晋王府邸中，直到赵光义做了皇帝，他才

开封包公祠

被放出来。史载，晋王府邸幕僚曾上奏太祖，请求动用木场一棵大木材制造器用。太祖十分恼怒，在其奏表上批示说："破大为小，何若斩汝之头也！"实际上，太祖并不见得是不忍"暴用"木材，而是想表明他并不事事顺着赵光义，并通过此事对赵光义在晋王府邸的所作所为敲警钟。

太祖对弟弟赵光义有所警觉，有所防范，但对他们之间的矛盾和斗争的处理方式始终没有采取过激的措施，更没有像后来太宗对太祖及其弟侄那样采取凶残的手段来解决皇族内部矛盾。太祖虽然也有猜疑的心理，但这只局限于异姓将领和大臣的身上。如果太祖也像赵光义那样残忍的话，那么他随时都可以找到借口将赵光义杀掉，但他始终没有这样做。赵普作为心腹大臣，对太祖创业、守业起了重要作用，但他对赵光义过分发展势力极为不满。事实上，太祖对赵普的信任和重用，可以在一定程度上对赵光义的势力发展起到抑制作用，使赵普和赵光义在其政治局势中起到平衡作用。不过，后来局势的发展并没有太祖所期待的那样理想。太祖罢赵普的相权，虽说是嫌其专权大甚，但"弗获已"（不得已）的因素也占相当的比例。这个时候，太祖显然倾向于赵光义，所以他一边将赵普罢除，一边对赵光义进行安抚，封之为晋王。这再次表明太祖不想把兄弟之间的关系搞僵，不想激化皇族内部矛盾。

从《续资治通鉴长编》记载的有关内容看，开宝三年（973）以后，尤其是开宝九年（976），即太祖被赵光义谋害的那一年，太祖的表现有些反常，他虽然仍对赵宋前途及当朝政务充满信心，但不如从前之处也非常明显。他加强了对自己的反省，喜欢回忆往事，改掉了一些嗜好，甚至关心起了自己的寿命究竟有多长。这年二月，吴越国王钱俶来朝，太祖派从来没有在重大政治场合抛头露面的儿子德昭到睢阳迎接慰劳，并让另一个儿子德芳出席宫廷正式宴会。

这年三月，太祖到西京洛阳视察，并令赵光义随行。按以往的惯例，太祖每次外出，都是让赵光义留守京师的，此次安排大出人们的意料之外。太祖在西京洛阳逗留了一个月，"还其庐驻跸"，住自己童年住过的房舍。有一天，他用马鞭指着一条小巷说："我记得孩提时代得到一个石马，曾和一些小伙伴玩过游戏，多次被小伙伴偷过。后来我将它埋在这里，不知道还在不在？"随从人员在他指的地方一挖，果然找到了这匹石马。太祖对自己的出生地洛阳怀有深深的眷恋，这里的一草一木、往事不堪回首，宋太祖努力将自己的思绪从遥远的童年时代跃回到现实中来。他曾经想把都城迁到洛阳，遭到一些大臣的反对。赵光义这时也出来说话了，坚决不同意太祖迁都洛阳，甚至"叩头切谏"。最后，太祖还是听从了赵光义的意见。太祖为什么迁都呢？他无非是想通过迁都，摆脱掉赵光义有强大势力的开封府对自己的不良影响。太祖带着赵光义巡视洛阳自有他的良苦用心，是希望通过洛阳之行，勾起弟弟对往事的追怀，从而唤醒弟弟的良知，以达到携手共进的目的，而不要发生同室操戈的悲剧。在离开洛阳的时候，宋太祖来到父亲的陵墓（安陵）前告别，悲痛地哭道："今生今世将再没有机会来此朝拜了！"忧郁之情溢于言表。然后，更衣，取箭，登上阙台，把孤矢向西北方向射去。他指着箭头落下的地方说："这个地方就是我将来的安寝之地。"并将小时候玩的石马埋在此处以做标识。从太祖临终前的心理活动看，他一直没有疏远自己的

黑花婴戏纹枕

骨肉兄弟，对赵光义的防范也一直控制在温和的范围之内。

太祖与赵光义之间的矛盾和斗争，概括来说就是为了争夺皇位。太祖即位伊始，赵宋政权尚不巩固和稳定，那时皇权的威胁主要来自于异姓的高级将领，为了赵宋江山不改姓，赵光义十分乐意为巩固哥哥的皇位出谋划策，这对他自己保持荣华富贵也是必须的。史载，宋初加强集权、稳固统治的各种措施大多是太祖、赵普、赵光义在一起商议制定的。后来，当太祖皇位得到巩固，外姓势力无法构成对皇权的威胁的时候，赵光义的想法就开始转变了，开封尹、晋王毕竟不如皇帝威风，他想君临天下。而这时的宋太祖身体强健，事业正如日中天，这对只比太祖小十二岁的赵光义来说是极为不利的。若等到太祖正常死亡，自己再继位为帝，似乎遥遥无期。同时对急于为帝的赵光义来说无异于望梅止渴。他必须想方设法跨越开封尹、晋王与皇帝之间的这条鸿沟。尤其是赵光义觉察出赵普和太祖或是联手，或是单独行动，对他的势力发展予以制止和打击，就更加沉不住气了，他先发制人，早就酝酿在赵光义心中的阴谋终于在开宝九年（976）十月二十日晚得到付诸实施。所以，"烛光斧影"一幕看似偶然，实则不能算作突然事变，它不过是太祖与赵光义之间的矛盾日益激化的产物罢了。

## 金匮之盟

　　全面了解太祖猝死的真相，应该从皇位继承说起。皇位继承问题，是封建王朝头等重大的政治问题。统治集团内部尤其是皇室内部围绕这个问题往往要展开你死我活、惊心动魄的明争暗斗，宫廷喋血甚至父子兄弟相互残杀的事也屡见不鲜。

　　宋太祖有一个极富远见的母亲，即昭宪杜太后，她极富远见，经历了五代乱世，深知皇位更迭之理。太祖代周后，她以"为君难"的古训教诲儿子，并帮助儿子参决大政。对太祖的重要辅臣赵普，她经常予以抚慰，希望他尽心竭力辅佐自己"不懂事"的儿子。961年农历六月，杜太后病情加重，一向孝顺的太祖亲自煎汤熬药，不离左右。临终之际，杜太后召来赵普进宫听受遗命。杜太后问太祖："你自己知道你为什么能得天下吗？"太祖泣不成声，没能回答。太后接着说："我是自己老死，哭也没用，我刚才跟你谈的是国家大事，你怎么只知道哭呢？"太后又问刚才那个问题，太祖回答说："我之所以能得天下，全靠父母积善积德。"太后说："不对。你能得天下是由于周世宗使幼儿继位当皇帝，人心不附造成的。假若周朝有一个年长的君主，你还能得天下当皇帝吗？你和光义都是我生的，你死后应当把皇位传给你的弟弟。四海至广，万机至众，能立年长的人当君主，实乃社稷国家的福分。"太祖叩头拜谢，哭着说："我一定遵从母亲的教诲。"太后回头示意赵普，让赵普将太后的遗命记录下来，作为

将来皇位继承的依据，不可违背。赵普随即在杜太后床前按太后授意写好誓书，并在誓书的末尾署上"臣普书"三个字。太祖将此誓书藏于金匮之中，命令谨慎可靠的宫人掌管。这就是人们所说的"金匮之盟"的大致内容，或称"昭宪遗命""昭宪顾命"。

由于各种史籍对"金匮之盟"记载的出入颇大，关于这件事也引起后人的争论和猜测。特别是关于太宗昭宪顾命时在不在场的问题，据现有的记载，盟约在太平兴国六年（981）以前，包括太祖在世时都未曾正式公布。但这并不等于说朝廷内外无人知道盟约之事。至少赵宋集团内部的最高层，包括太祖、赵光义、赵普等人都是知道它的内容的。据记载，昭宪顾命时，太祖和赵普在场，太祖同意杜太后关于皇位传递顺序的安排后，由赵普记录下来交给太祖藏于金匮。许多史籍等都说太宗不在场，事后太宗也不知有此盟约之事。就当时情况而言，这似乎不大可能。太宗是杜太后十分宠爱的儿子，"（杜太后）尤爱皇弟光义，然未尝假以颜色。光义每出，辄戒之曰：'必与赵书记（赵普）借行乃可。'仍刻景以待其归。光义不敢违。"由此可知，赵光义平时对杜太后是十分孝顺的。从这个角度而言，杜太后病重病危期间，赵光义如果说杜太后口述盟约时太宗被命令暂时离开现场，那么，凭赵光义与赵普早期的紧密关系，太宗也能千方百计地打听到盟约的内容。事实上，官方正史系统的材料，都称太宗也曾入受顾命。其实，太宗在场不在场并不重要，重要的是他对顾命一事并不是完全不知，而且应是在太祖死前或太平兴国六年以前就知道的。王继恩是个宦官，史籍没有说昭宪顾命时他在场，但当他被宋皇后派遣召德芳，他却"以太祖传国晋王之志素定"而径直去开封府召晋王。像皇位继承人这样重大的问题，要说王继恩知道而经常参与军国大事的赵光义不知道是不大可能的。在太祖死前的十几年中，金匮之盟没有走漏一点儿风声同样是不可能的。至少太祖传国晋王赵光义已有相当多的文武大臣知道。这从一个侧面说明"昭宪顾命"并不完全是假的，也不可能完全是后来伪造的。金匮之盟历宋元明清，很少有史家怀疑它的真实性。近代以来，不少史家从各个角度提出了对金匮之盟的怀疑，纷纷指出它的破绽。多数人认为，金匮之盟是宋太宗即位后与赵普共同伪造的。通过上面对官私记述的分析可知，金匮之盟本身在各种官私记载中互相矛盾之处颇多，从而为后人的怀疑提供了线索。不过，如果说金匮之盟有许多破绽的话，那么否定金匮之盟，说金匮之盟是事后编造的也同样存在破绽。

金匮之盟的内容本身是客观存在的，在杜太后死后及太宗即位之初的皇族人事安排之中都得到了体现。这

昭宪杜太后

天蓝釉窑变葫芦瓶

一点充分说明了金匮之盟不可能全是假的，更不可能是事后编造的。因为太祖在位的后期对皇位继承人的人选想法有所改变，即不一定按金匮之盟的既定顺序传递，所以引起赵光义的不满和怀疑，他一不做二不休，采取断然措施篡夺了帝位。这时是否公布金匮之盟，以此作为即位的合法依据同样没有实际意义。

由于太宗和赵普都知道原始的金匮之盟是"三传约"，即太祖之后传位于太宗，太宗之后传于廷美，廷美之后再回传给太祖之后。这个神秘的盟约，太祖时没有公布，或者说没有来得及公布已经引起了很大的麻烦。太宗即位后，如果仍然长期不公布同样会引起人们的议论或不可避免的意外。而要公布金匮之盟，又必须等待时机，并且以太宗和赵普两位当事人的共同需要为前提。这个时机出现在太平兴国六年（981），太宗、赵普把金匮之盟公布为"独传约"即杜太后遗诏，太祖之后将帝位传于太宗，这是双方的需要，对双方都有利。他俩合作隐瞒了太宗应传国廷美的问题。

在宋太宗即位之初的几年里，"德昭既不得其死，德芳相继夭绝，廷美始不自安，浸有邪谋"。说廷美"浸有邪谋"完全是别有用心的。正好此时有人状告廷美骄恣，"将有阴谋窃发"。怎样处置廷美，太宗想到了远在外地、冷落多年的赵普，他把赵普召了回来。赵普回答说："臣愿备枢轴以察奸变"，这就是人们所说的赵普伸手向太宗要官。赵普随即趁密奏之机，言及昭宪顾命及太祖朝上书自诉之事，这是他的政治砝码。太宗在宫中访得赵普于太祖朝的上章，打开金匮，证实赵普所言无误后，他终于明白了一切。他对赵普说："人谁无过，朕不待五十，已尽知四十九年之非矣。"这话明白无误地告诉人们，太宗对赵普的态度是既往不咎。不久，赵普恢复相位。赵普恢复相位之日，正是廷美得罪之时，这显然不是历史的巧合。

太宗自己做过亏心事，所以他对廷美的防范和控制远远超过了太祖对他的防范和控制。他以小人之心度君子之腹，害怕廷美也来上演"烛光斧影"那一幕。他再次采取了先发制人的措施。不过，他自己并不亲自出马，而是利用他人。他首先试探昭宪顾命的当事人之一赵普，看他愿不愿意帮忙。如果赵普意在这个问题上帮助自己，那么太宗的想法就非常容易实现。有一天，"上（太宗）尝以传国意访之赵普，普曰：'太祖已误，陛下岂容再误邪！'"太宗对赵普的回答相当满意。"太祖已误"是说太祖不该将赵光义定为皇位继承人，这一点与前面指出的赵普在太祖朝对赵光义势力的发展不满并且建议太祖改选皇位继承人是一致的。因为这件事，从前如影相随、关系密切的

宋太祖传

太宗和赵普因此结下了嫌隙。而当赵普忠告太宗"岂容再误",即不应再误传国于廷美之后,二人的嫌隙由此得以冰释。"帝(太宗)疑既释",于是怂恿了一直以此事倾轧赵普的卢多逊,然后对赵普说了句心里话:"朕几欲诛卿"。太宗的这句话是话中有话,一方面反映了太宗从前对赵普的嫉恨;另一方面又隐藏着他现在原谅赵普的意思,暗示二人合好。赵普为相后,经过密谋策划,再三指使人诬告廷美,廷美几年之后死于住所。廷美死后,那个"金匮之盟"就等于一张废纸,太宗可以为所欲为了。

金匮之盟与太祖之死、太宗即位有什么关系呢?首先应该指出,金匮之盟不是太宗为寻求即位的合法依据而伪造的文书,这样做无异于作茧自缚。很长一段时间,太宗总是设法使自己与太祖之死脱掉干系,例如,说昭宪顾命不在场,事后也不知道,太祖死时在晋王府,等等。又对历史记载严加控制,并且从中做手脚,篡改不利于自己的内容。尽管太宗自己认为做得天衣无缝,但仍露出些许蛛丝马迹。官方正史,如《太祖新录》《太祖旧录》《太宗实录》等对金匮之盟事件记载的不一致,本身就说明太祖之死、太宗即位过程中出现过一系列不正常的现象。这些异常现象在当时人们就有各种各样的传闻,即人们所说的"众口咬咬"。私人撰述,如《涑水记闻》《玉壶清话》等将这些口耳相传的内容加以录入,虽不尽真实,但在一定程度上弥补了官方记载的不足,成为人们了解事实真相的宝贵材料。

从这些各不相同的官私记载中人们不难发现,贯穿号称千古之谜的"烛影斧声"和"金匮之盟"事件始终的是皇位继承问题。赵光义在太祖朝虽然是皇位继承人,但为了早图帝位,他不惜刀斧相加,谋害了自己的亲哥哥太祖。篡得帝位后，经过短暂的稳定，他又对他的皇位继承人开了杀戒，弟侄先后冤死，甚至连自己的亲生儿子也不放过。在这个过程中，他玩弄权术，拉帮结派，篡改历史，制造假象，混淆视听，把本不复杂的历史弄得迷雾缭绕。拨开迷雾，我们明白了太祖之死的千古之谜乃太宗一手造成，同时看到了一个贪图皇位、凶残毒辣的真实太宗。

第十章　太祖之死

# 第十一章 奇闻逸事

## 逐鸟逃生

赵匡胤小的时候，与伙伴韩令坤在荒郊一间小土屋内赌钱玩耍，正玩得起劲的时候，突然听见外面鸟雀声喧，很是嘈杂，赵匡胤猜测道："是不是毒蛇猛兽经过此处，所以惊起鸟雀。你我各带有弓箭，正好可以除灭此害。"

说着，与韩令坤走出屋外，放眼观看，却见不远处一群鸟儿在混争恶斗，在激烈的相互啄咬中，羽毛四落，鲜血遍体。韩令坤叹道："雀本同类，却争闹不休，古人所说的雀角相争，便是此意。"

赵匡胤便问："有什么好办法，可为它们解围？"

韩令坤回答："这有何难，把它们驱逐开来不就行了。"

赵匡胤说道："你我乃是好汉，岂效孩童之举！莫如这样，你我二人正有弓箭在手，群鸟相争乃是因狠戾引起，只要我们射死几只暴鸟，以示惩戒，其争自解。"

边说边拈弓搭箭，奋然道："你射左，我射右，看哪个射得中。"

话音未落，只听嗖的一声，右边一雀应声落地。韩令坤不甘示弱，也慌忙抽箭搭弓。登时，已是好几只落地，余雀惊叫着四下飞散。

正在二人兴高采烈地收拾战利品时，突听背后"轰"的一声巨响，仿佛地震一般。赶紧回头，原来是土屋无缘无故地坍塌下去。好险！二人出了一身冷汗，想到如果没有这群鸟雀，岂有命在？悔不该用箭射杀，但后悔已迟，只好拾起死雀，将它们一一掩埋。

## 骇人的冷箭

赵匡胤即位不久，有一次巡视京城的时候，观看"旱教"表演。"旱教"又称"杂乐百戏"，包括武打格斗、鬼神戏、杂剧、马术等，首先表演的是对打。几十名矫健男子，手持各种兵器上场。盾牌木刀、长枪利剑，应有尽有。他们横劈竖砍，花样百出，伴随着精彩的表演，场外喝彩连天，赵匡胤也兴高采烈地看着入神。紧接着，爆

宋代白玉飞天

竹噼噼啪啪地响起，烟火弥漫，更增添了喜庆的氛围。假面披发的"鬼神"上场：又听得另一种悠扬的乐声响起，玉皇大帝与王母娘娘相携而至，众鬼神欢跃迎接。场面之热烈达到白热化，鼓乐的节奏一下子变快，表演者抖擞精神，在场中施展浑身技艺，直使得轰天般的喝彩声此起彼伏。赵匡胤竟忘了做皇帝的庄严，也忍不住一撩袖子，往扶手上一拍，大声叫好。

谁知就在赵匡胤高兴得忘乎所以的时候，一支冷箭"嗖"的一声破空而过，紧擦御辇，射在车后的黄伞上。赵匡胤出了一身冷汗，场面顿时凝固。热闹之后的冷峻尤其令人心惊。赵匡胤匆匆返回皇宫，头脑顿时清醒。

赵匡胤想到此时还不是享乐的时候。

## 藏剑的拐杖

有一次，一位军校向赵匡胤献一拐首，军校十分诡秘地说："陛下试着动一动拐首。拐首即为剑柄，有宝剑藏于拐柄之中。平常可以做拐杖，危急时可以防不测。"赵匡胤接过来看了看，觉得这拐杖很平常，没什么特别之处，便问："此拐有何异？"笑着将其掷于地上，说道："危急关头，此物果足依恃？"那个军校满脸通红，拾起拐杖退出去了。

## 重用张洎

李煜君臣归降后，赵匡胤责问李煜原来的重臣张洎："汝教李煜不降，使至今日。"并出示帛书，正是宋军围攻金陵时张洎起草的调兵增援的诏书。张洎也是凛然不惧，顿首请死，并说道："实臣所为，犬吠非其主，此其一尔，他尚多有，今得死，臣之分也。"赵匡胤本来要将张洎斩首，但听此言语后说道："卿大有胆，朕不罪卿。今事我，无替昔之忠也。"此后，赵匡胤重用张洎，授予张洎太子中允的官职，不久又改任判刑部。

## 熏笼的故事

太祖曾经令后院造一熏笼，命令下达后，竟然数日不至。太祖怒责左右，左右对道："此事需下尚书省，尚书省下本部，本部下本局，然后再复奏，又得旨依，方才制造，尔后进御。这是因手续多，要经过多次请示的缘故。"太祖怒，对宰相赵普说："我在民间时，用数十钱可买一熏笼，今为天子，乃数日不得，何也？"赵普答道："此是来自条例，并非乃陛下所设，乃为陛下子孙设，使后代子孙若非理制造奢侈之物，破坏钱物，以经诸处行遣，须有召谏理会，此条例大有深意。"太祖听此谏言，转怒为喜："此条例极妙。"

## 杖决李霭

太祖喜佛教，曾多次临幸寺院，在其即位初年，曾出现像周世宗统治时期的情形，即把全国各地的铜铸佛像送到京师，然后毁掉，用于铸钱或其他器物。但不久以后，赵匡胤便下令："已经铸成的佛像，不要再毁。"河南有一个名叫李霭的进士，不仅不信佛，还著书数千言，名《灭邪集》，诋毁佛教；并把佛经用针线缝起来当内衣穿。这种亵渎佛教的做法引起僧人不满，并予以上告。结果，太祖将李霭决杖流放沙门岛。

兴慈塔的佛像

## 见王昭素

有一位处士名叫王昭素，少时便聪颖好学，有志向，其忠直达观很少人能比。他每次到市上买东西，都按照卖者的要价给钱，一点儿也不讲价。有人见他这样忠厚，便告诉他所索价并非实价。他却说："你赶快把钱收下，不然，将成为妄语人。"正因为如此，做买卖的人互相转告道："王先生市物，不可虚索其价。"王昭素在居室墙壁间立有积木，有一行窃者被积木所挡不能入内。王昭素发觉后，将室内所有的东西都掷到外面，并对强盗说："汝速去，恐捕者至。"强盗十分惭愧，将东西扔下后仓皇逃遁，从此邑中再无盗贼。他著有《易论》三十三篇，门生满天下。

太祖听说王昭素其人，便在便殿召见。此时，王昭素已七十多岁了。赵匡胤问道："何以不仕？以致相见之晚。"

"不能。"王昭素答。

赵匡胤让王昭素讲《易经》中之《乾卦》，讲到"九五飞龙在天"时，王昭素郑重其事地说："此爻正当陛下今日之事。"然后旁征博引，同时附带着劝赵匡胤利国利民的谏言。赵匡胤十分高兴，向其询问一些民事。王昭素对答如流，且诚实无隐，赵匡胤更加赏识。又问到治世养身之术，王昭素说："治世莫若爱民，养身莫若寡欲。"

赵匡胤十分喜欢这两句话，将其书写下来。月余之后，王昭素数

次求归，赵匡胤见无法挽留，只好随他的意思。同时诏令其为国子博士，以示嘉奖。王昭素最后以八十九岁的高龄去世。

## 修开封城

开宝年间，太祖下令修开封城，工程负责人赵中令上奏修建平面图，取其方直，井井有条。太祖阅后大怒，亲自拿笔涂去，画出"行曲纵斜"的御图，下令照此施工。当时人们对如此弯弯曲曲的城墙大惑不解，以为赵匡胤心血来潮之作，只得按太祖的要求修建。以后历代修缮京城时也囿于祖制，不敢更改。直到北宋政和年间，蔡京擅权，又把城墙改为"方之如矩"的长方形，蝶楼藻饰，美观朴素的气势。到靖康年间，金兵攻城，金将扬鞭城下，观城后夸口此城易破，于是"植（置）炮四隅，随方击之，城既引直，一炮所望"，很容易就将四边城墙轰倒，攻下外城。直到此时，人们才对赵匡胤防患如仪，但已失去原来坚固于未然的远见卓识佩服得五体投地。

## 栽榆柳的苦心

太祖命令，在北宋与契丹瓦桥交界处种植许多榆树、柳树，中间只通一条小径，仅能容一骑行走。太祖在南北交界的开阔地带大规模种植快速生长的榆树、柳树，显然是想借此阻碍契丹骑兵的入侵。然而，他的继承者不明其苦心。在真宗朝，赵匡胤时所栽的榆柳已十分繁茂，好多是合抱之木，交络翳塞。宣和中，宣抚童贯统领军队北取燕云，命令将榆柳全部剪除。如此一来，"胡马南侵，遂为坦途"。

太祖再有长远目光，宏才大略，奈何那些不成器的子孙！

## 林中震藩镇

这年夏季的一天，赵匡胤召集诸藩镇，每人发给一弓、一剑、一骑，也不带侍卫，一马当先，率领众人出固子门，来到一个树林里面。赵匡胤看看四处无人便跳下马来，取出鹿皮酒袋喝了几口。众人跟着下马，看着赵匡胤，不知道他要干什么。

赵匡胤仍然自顾自地饮酒，树林里更加寂静。

良久，赵匡胤扫视了众人一下，徐徐开口道："此处无人，尔辈要做天子者，可杀我而后为之！"

众人做梦也没想到赵匡胤会这么说，都被唬住了，目瞪口呆，等醒悟过来，赶紧下跪，颤抖着连称"不敢"。

赵匡胤便大声说道："你们既然臣服我做皇帝，就要听从我的吩咐，以后再不准你们横行不法，目无天子！"

众人齐呼万岁，表示顺从。

## 一只雀与两颗牙

又有一次，他在禁中后苑打雀，正在兴头上，有人声称有急事要求见皇上，太祖立即接见。但来人所谈的都是一般性的很平常的政

务。太祖非常恼火，责问来者为何谎称急事骗他接见。那人回答说这事比陛下打一只雀紧急。太祖更加恼怒，拿起斧子撞向其口，打掉了那人两颗牙。那人一声不响地把掉在地上的两颗牙捡起来，放在衣袖里。太祖仍不罢休，对那人骂道："你拾起牙齿，想告我吗？"显然，太祖此时忘记了自己的身份，出此粗语，错上加错。那人平静地回答说："臣下能讼陛下，自当有史官书之也。"这句话深深地刺激了宋太祖，因为一只雀，打掉臣下两颗牙。太祖很快悔悟，转怒为喜，赏赐给那个人很多金帛。

## 间谍小长老

赵匡胤准备攻打南唐的时候，他早知李煜崇尚佛教，便派遣一些间谍潜入金陵，化装为僧侣，其中有一位名叫江正，削发后投奔名刹

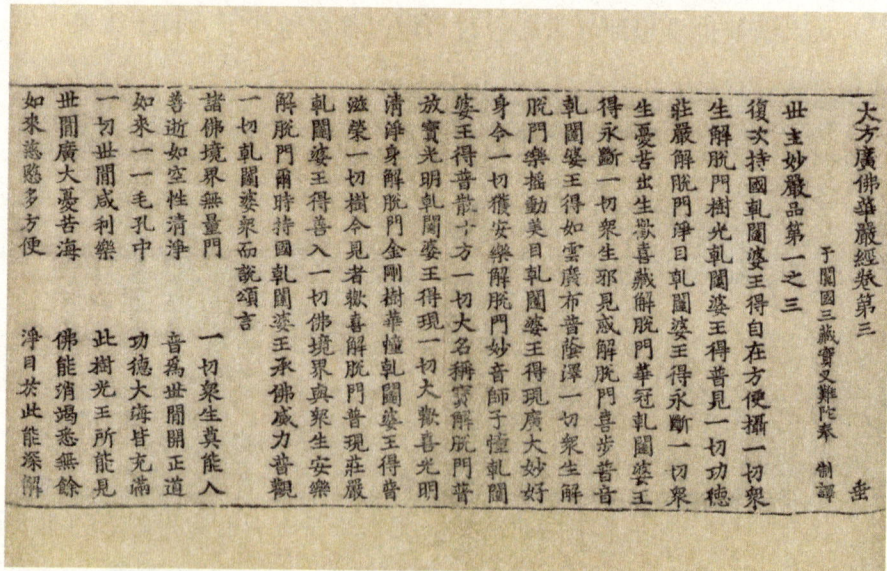

《华严经》（局部）

清凉寺，拜法限禅师为师，佯装修行。他经常跟法限入宫面见李煜，渐渐地获得李煜的好感。等法限禅师圆寂后，江正成为清凉寺住持，法号"小长老"。小长老在宫禁之中出出入入，深受李煜敬重，称其为"一佛出世"。于是，小长老开始全面实施赵匡胤交给他的任务。

小长老一方面密探南唐机密，一方面惑乱李煜。有一次，小长老身着价格不菲的红罗销金法衣来到宫中，李煜认为其太奢侈了，有违佛门法规。小长老却说："陛下读《华严经》，岂不知佛祖亦爱富贵。"李煜顿时语塞，深为拜服，并其倡议下，更加于佛事大肆挥霍，使南唐财政更加枯竭。

# 宋 朝 职 官 表

| | 部门 | 官职 | 品级 | 职权 | 备注 |
|---|---|---|---|---|---|
| 中央官制 | 三师 | 太师、太傅、太保 | 正一品 | | 三师、三公本为秉王使相宰相三加官,唯徽宗时,掌宰相之实权 |
| | 三公 | 太尉、司徒、司空 | 正一品 | | |
| | 三少 | 少师、少傅、少保 | 正一品 | | |
| | 宰相 | 同中书门下平章事、参知政事 | 从一品 | 总理全国政事 | |
| | 枢密院 | 枢密使、副使 | 从一品 | 最高军事机构 | |
| | 门下省 | 侍中、侍郎 | | 佐天子 | |
| | 中书省 | 中书令、侍郎、尚书令 | 正六品 | 佐令 | |
| | 国子监 | 司业、国子博士国子监丞 | 正八品 | | |
| 地方官制 | 路 | 转运司、转运使、副使、判官 | | 掌一路财赋 | |
| | | 提刑司 | | 掌刑狱 | |
| | | 提举常平司 | | 掌常平仓 | |
| | | 提举学事司 | | 掌教育行政 | |
| | 府 | 经略安抚司(史) | | 掌军事民政 | |
| | | 知府事 | 正三品 | | |
| | | 少尹 | | | |
| | 州 | 判某州事(刺史) | 从五品 | 掌州之治 | 宋不设太守、刺史,皆为虚衔 |
| | | 知州 | | 兼指挥军事 | |
| | 军监县 | 知某军事监事知县 | 正七品 | 掌县三治 | |
| | | 县丞 | 正八品 | | |
| | | 主簿 | 正九品 | | |
| | | 尉 | 从九品 | | |

# 宋朝重臣表

| | |
|---|---|
| 赵普 | 字则平，幽川蓟人（今天津人），后周时即为赵匡胤慕僚，策划陈桥兵变主要人物之一，北宋建立后，万任枢密使，门下侍郎，同中书门下平章事、宰相。他建议太祖"稍夺其权，制其钱谷，收其精兵"，削弱藩镇势力。973 年被罢相。太宗继位后又恢复相位。后又罢相，出为西京留守，在罢相之后不断提出建议，992 年病死 |
| 曹彬 | 真定灵寿（河北）人，字国华，北宋名将。后周时为晋州兵马都监，官至引进使，北宋建立后迁客省使兼枢密都承旨。参加灭后蜀之战，因其不滥杀抢掠得到太祖嘉奖，授宜徽南院使，义成军节度使。974 年受命灭南唐，回师后任枢密使。太宗即位后加平章事，封鲁国公。986 年攻辽惨败岐沟关，被降为右骁卫上将军。次年，起为侍中，武宋军节度使。宋真宗赵恒即位后，召拜枢密使，999 年病死 |
| 石守信 | 浚仪（河南开封）人，五代后周时官至殿前都指挥使，义成军节度使，赵匡胤"义社十兄弟"之一，陈桥兵变的重要发动者之一，赵匡胤称帝之后被封为归德节度使，侍卫马步军副都指挥使。961 年，太祖"杯酒释兵权"，被迁为天平节度使，殿前副都点检。曾率军平定李筠、李重进叛乱。984 年病死 |
| 高怀德 | 字藏用，真定常山（今河北正定南）人，五代末军事将领，944 年因作战有功领罗川刺史。945 年被封为先锋都虞侯。跟随周世宗柴荣于高平之战中败北汉军，迁铁骑右厢都指挥使，参与拥戴赵匡胤称帝，被封为义成节度使，殿前副都点检，961 年"杯酒释兵权"之后为归德节度使。曾参与平定李筠、李重进叛乱，973 年加同平章事，979 年从太宗灭北汉，982 年病逝 |
| 王审琦 | 字仲宝，洛阳（今属河南）人，五代时隶周世宗柴荣部下，与赵匡胤相亲厚，入宋为殿前都指挥使，参与平定李筠、李重进叛乱。961 年除权为忠正节度使。969 年从征太原，次年改镇许川，留居京师，后与高怀德并加同平章事 |
| 党进 | 朔川马邑（山西朔县）人，北宋初年军事将领，青年时为后晋杜重威侍从，后补为散指挥使，累官至铁骑都虞侯，北宋初年转本军都校。967 年升任马步军都指挥使，968 年赵匡胤攻北汉，党进因功受奖，升任侍卫马军都指挥使，领镇安军节度使，976 年从征太原，977 年党进改任忠武军节度使，病死 |

# 宋朝世袭表

(1)太祖赵匡胤 (960-976) → (2)太宗赵光义 (976-997) → (3)真宗赵恒 (998-1022) → (4)仁宗赵祯 (1023-1063)

(7)哲宗赵煦 (1086-1100) ← (6)神宗赵顼 (1068-1085) ← (5)英宗赵曙 (1064-1067)

(8)徽宗赵佶 (1101-1125) → (9)钦宗赵桓 (1126-1127) → (10)高宗赵构 (1127-1162)

(13)宁宗赵扩 (1195-1224) ← (12)光宗赵惇 (1190-1194) ← (11)孝宗赵昚 (1163-1189)

(14)理宗赵昀 (1225-1264) → (15)度宗赵禥 (1265-1274) → (16)恭帝赵㬎 (1275-1276)

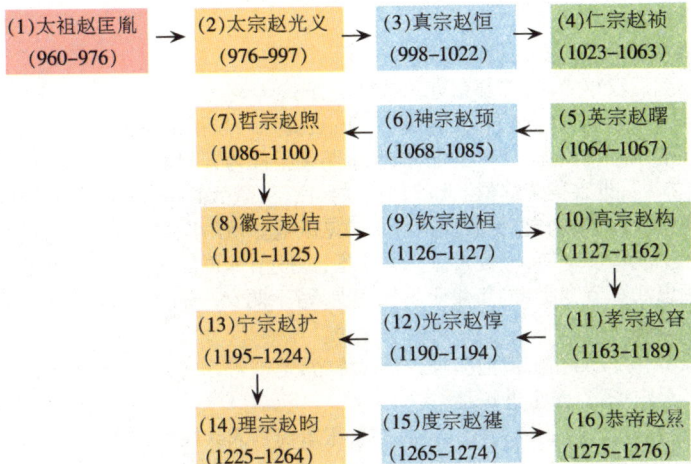

## 宋太祖子嗣表

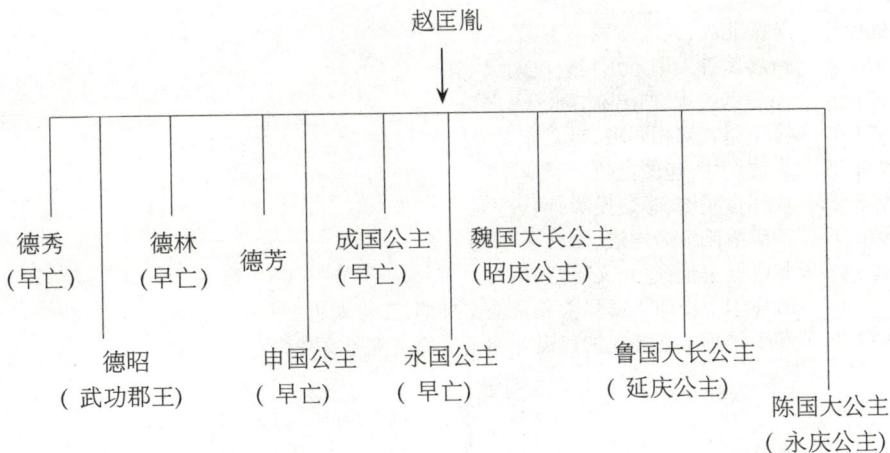

赵匡胤

- 德秀 (早亡)
- 德昭 ( 武功郡王)
- 德林 (早亡)
- 德芳
- 成国公主 (早亡)
- 中国公主 ( 早亡)
- 永国公主 ( 早亡)
- 魏国大长公主 (昭庆公主)
- 鲁国大长公主 ( 延庆公主)
- 陈国大公主 ( 永庆公主)

# 宋太祖大事年表

| | |
|---|---|
| 927 年 | 生于洛阳夹马营 |
| 945 年 | 娶将军贺景思的女儿贺氏为妻 |
| 950 年 | 投奔到后汉枢密使、邺都留守郭威麾下,成为一名士兵 |
| 951 年 | 郭威代汉自立,建立后周,因拥戴有功,被提升为禁军东西班行首 |
| 953 年 | 迁任渭州副指挥史,尚未到任,被皇子柴荣留任为开封府马直军使 |
| 954 年 | 郭威病逝,世宗柴荣继位。北汉与辽联兵南下,激战高平,赵匡胤因功升任殿前都虞侯,领严州刺史,受命整顿禁军颇见成效。957 年,随世宗南征,克寿州,因功迁义成军节度使,检校太保。同年冬,担任前锋再伐南唐,屡战皆捷 |
| 958 年 | 改领忠武军节度使。同年妻子贺氏病逝,留下两女一子,升任殿前都检点,成为禁军最高元帅 |
| 960 年 | 在陈桥驿发动兵变,黄袍加身。开封称帝,定国号为宋,改元建隆。同年平定李筠、李重进叛乱 |
| 961 年 | 杜太后去世。杯酒释兵权,罢石守信、王审琦等人兵权 |
| 963 年 | 灭南平,灭武平 |
| 964 年 | 任赵普为宰相。进攻后蜀 |
| 965 年 | 后蜀主孟昶降,后蜀灭之 |
| 968 年 | 确定先南后北,先易后难的统一战略。群臣上尊号为"应天广远圣文神武明道至德" |
| 969 年 | 亲征北汉,久攻太原不下退兵 |
| 970 年 | 命潘美等人率十州兵进攻南汉 |
| 971 年 | 潘美克广州,刘出降,南汉灭之 |
| 973 年 | 罢免赵普宰相职务,封赵光义为晋王 |
| 974 年 | 进攻南唐,包围金陵 |
| 975 年 | 攻陷金陵城,李煜投降,南唐灭亡 |
| 976 年 | 西幸洛阳。命党进、藩美率军攻北汉<br>赵匡胤去世,赵光义继位,是为太宗<br>翰林学士李琼上谥号为英武圣文神德,庙号太祖 |
| 977 年 | 葬于洛阳永昌陵。加尊谥为启运立极英武圣文神德玄功大孝皇帝 |